中国社会科学院学部委员专题文集
ZHONGGUOSHEHUIKEXUEYUAN XUEBUWEIYUAN ZHUANTI WENJI

中国特色社会主义研究

徐崇温 ◎ 著

中国社会科学出版社

图书在版编目(CIP)数据

中国特色社会主义研究／徐崇温著.—北京：中国社会科学出版社，
2013.1
(中国社会科学院学部委员专题文集)
ISBN 978-7-5161-2056-9

Ⅰ.①中…　Ⅱ.①徐…　Ⅲ.①中国特色社会主义—研究
Ⅳ.①D616

中国版本图书馆 CIP 数据核字(2013)第 002957 号

出 版 人	赵剑英
出版策划	曹宏举
责任编辑	徐　申
责任校对	林福国
责任印制	戴　宽

出　　版	中国社会科学出版社
社　　址	北京鼓楼西大街甲 158 号 (邮编 100720)
网　　址	http://www.csspw.cn
	中文域名：中国社科网　　010-64070619
发 行 部	010-84083685
门 市 部	010-84029450
经　　销	新华书店及其他书店

印刷装订	环球印刷(北京)有限公司
版　　次	2013 年 1 月第 1 版
印　　次	2013 年 1 月第 1 次印刷

开　　本	710×1000　1/16
印　　张	20.75
插　　页	2
字　　数	330 千字
定　　价	66.00 元

前　　言

　　哲学社会科学是人们认识世界、改造世界的重要工具，是推动历史发展和社会进步的重要力量。哲学社会科学的研究能力和成果是综合国力的重要组成部分。在全面建设小康社会、开创中国特色社会主义事业新局面、实现中华民族伟大复兴的历史进程中，哲学社会科学具有不可替代的作用。繁荣发展哲学社会科学事关党和国家事业发展的全局，对建设和形成有中国特色、中国风格、中国气派的哲学社会科学事业，具有重大的现实意义和深远的历史意义。

　　中国社会科学院在贯彻落实党中央《关于进一步繁荣发展哲学社会科学的意见》的进程中，根据党中央关于把中国社会科学院建设成为马克思主义的坚强阵地、中国哲学社会科学最高殿堂、党中央和国务院重要的思想库和智囊团的职能定位，努力推进学术研究制度、科研管理体制的改革和创新，2006 年建立的中国社会科学院学部即是践行"三个定位"、改革创新的产物。

　　中国社会科学院学部是一项学术制度，是在中国社会科学院党组领导下依据《中国社会科学院学部章程》运行的高端学术组织，常设领导机构为学部主席团，设立文哲、历史、经济、国际研究、社会政法、马克思主义研究学部。学部委员是中国社会科学院的最高学术称号，为终生荣誉。2010 年中国社会科学院学部主席团主持进行了学部委员增选、荣誉学部委员增补，现有学部委员 57 名（含已故）、荣誉学部委员 133 名（含已故），均为中国社会科学院学养深厚、贡献突出、成就卓著的学者。编辑出版《中国社会科学院学部委员专题文集》，即是从一个侧面展示这些学者治学之道的重要举措。

　　《中国社会科学院学部委员专题文集》（下称《专题文集》），是中国社会科学院学部主席团主持编辑的学术论著汇集，作者均为中国社会科学院学部委员、荣誉学部委员，内容集中反映学部委员、荣誉学部委员在相关学科、专业方向中的专题性研究成果。《专题文集》体现了著作者在科学研究实践中长期关注的某一专业方向或研究主题，历时动态地展现了著作者在这一专题中不断深化的研究路径和学术心得，从中不难体味治学道路之铢积寸累、循序渐进、与时俱进、未有穷期的孜孜以求，感知学问有道之修养理论、注重实证、坚持真理、服务社会的学者责任。

2011 年，中国社会科学院启动了哲学社会科学创新工程，中国社会科学院学部作为实施创新工程的重要学术平台，需要在聚集高端人才、发挥精英才智、推出优质成果、引领学术风尚等方面起到强化创新意识、激发创新动力、推进创新实践的作用。因此，中国社会科学院学部主席团编辑出版这套《专题文集》，不仅在于展示"过去"，更重要的是面对现实和展望未来。

这套《专题文集》列为中国社会科学院创新工程学术出版资助项目，体现了中国社会科学院对学部工作的高度重视和对这套《专题文集》给予的学术评价。在这套《专题文集》付梓之际，我们感谢各位学部委员、荣誉学部委员对《专题文集》征集给予的支持，感谢学部工作局及相关同志为此所做的组织协调工作，特别要感谢中国社会科学出版社为这套《专题文集》的面世做出的努力。

《中国社会科学院学部委员专题文集》编辑委员会

2012 年 8 月

目　　录

第一编　马克思主义思想路线与中国特色社会主义

第二编　中国特色社会主义道路的特征和意义

第三编　中国特色社会主义理论体系的形成和发展

第四编　关于中国特色社会主义制度、中国模式的探讨

第五编　中国特色社会主义与民主社会主义

序　言

在 20 世纪 50 年代中期我到哲学研究所当研究生时，"打基础"的主要内容是系统学习和研究马克思主义的基本经典，但也接触了不少苏联模式马克思主义的教材和专著；70—80 年代以"西方马克思主义"为研究专业时，我所接触到的思想资料绝大部分是现代西方的思想资料；所以，当在 90 年代初开始联系实际，特别是从经典马克思主义与当代中国马克思主义的比较、从中国特色社会主义与苏联模式马克思主义和"西方马克思主义"的比较的角度，系统地学习邓小平开创的中国特色社会主义理论的时候，就特别感受到它强大的震撼力和冲击力，因为这不仅是马克思主义中国化的最新成果，我们党最宝贵的政治和精神财富，全国各族人民团结奋斗的共同思想基础，而且由于它适应于时代主题的转换，创造性地推进了马克思主义的科学社会主义，这就在世界社会主义运动中发挥了力挽狂澜、震惊世界的作用。埃菲社曾经在 20 年前的一篇年终专稿中评论说："有中国特色社会主义是邓小平为挽救已经解体的苏联的中央集权主义所面临的几乎不可避免要失事的社会主义大船，而向马克思主义者所作的回答"，它"造就了 20 世纪最壮观的经济奇迹之一"。正是从那时开始，我把研究的重点逐渐转向中国特色社会主义研究，并随着中国特色社会主义实践和理论的发展，不断地推进该项研究。

2011 年 7 月 1 日，胡锦涛总书记《在庆祝中国共产党成立 90 周年大会上的讲话》指出："经过 90 年的奋斗、创造、积累，党和人民必须倍加珍惜、长期坚持、不断发展的成就是：开辟了中国特色社会主义道路，形成了中国特色社会主义理论体系，确立了中国特色社会主义制度"，"面对风云变幻的国际局势，面对艰巨繁重的国内改革发展稳定任务，我们党要团结带领人民继续前进，开创工作新局面，赢得事业新胜利，最根本的就是要高举中国特色社会主义伟大旗帜，坚持和拓展中国特色社会主义道路，坚持和丰富中国特色社会主义理论体系，坚持和完善中国特色社会主义制度"。这个讲话把我们党对中国特色社会主义的研究提升到了新的高度，我正是根据这个讲话的精神来编选这部文集，并把它分为五编：第一编马克思主义思想路线与中国特色社会主义；第二编中国特色社会主义道路的特征和意义；第三编中国特色社会主义理论体系的形成和发展；第四编关于中国特色社会主义制度、中国模式的探讨；第五编中国特色社会主义与民主社会主义。

之所以这样编选，另一个重要原因是虽然中国特色社会主义的各个方面、各个部分是相互联结和贯通的，但我的研究却还不够平衡，一般来讲，我过去主要致力于研究道路、理论体系层面上的问题，而对于制度层面上的问题，则主要是结合对中国模式的研究来加以展开的，所以只能把它们放在一起列入第四编；又由于长期以来，民主社会主义一直是我们研究中国特色社会主义过程中的一个干扰因素，因此特在第五编中收入两篇相关的短文，从原则上划清它们之间的界限。

徐崇温

2012 年 6 月于养心园

第一编

马克思主义思想路线
与中国特色社会主义

解放思想，实事求是，不断开拓
马克思主义的新境界

　　自十一届三中全会以来的 30 多年中，我们党领导全国人民成功地走出了一条建设中国特色社会主义的新道路，使社会主义在中国显示出蓬勃生机和活力，取得了举世瞩目的伟大成就。回顾这 30 多年的发展历程，可以清楚地看出，这些成就的取得是和十一届三中全会重新确立、丰富和发展了党的解放思想、实事求是的思想路线分不开的，特别是和邓小平坚持不懈地把它应用于马克思列宁主义、毛泽东思想的学习和研究以及理解和把握，从而不断开拓马克思主义的新境界分不开的。

　　自从一个半世纪以前，马克思、恩格斯使社会主义从空想变成科学以来，国际共产主义运动一直把马克思主义当作自己行动的指导思想，从而使社会主义在 20 世纪上半叶经历了由理想到现实、由一国实践到多国实践的凯旋进军。但另一方面，国际共产主义运动在这个过程中所遭遇到的种种挫折，特别是在 20 世纪 80—90 年代发生的像东欧剧变、苏联解体那样的严重曲折，又说明了对于什么是马克思主义、什么是社会主义，人们并没有完全搞清楚。事情正如邓小平所指出的那样："多年来，存在一个对马克思主义、社会主义的理解问题"，"马克思去世以后 100 多年，究竟发生了什么变化，在变化的条件下，如何认识和发展马克思主义，没有搞清楚"；"我们总结了几十年搞社会主义的经验，社会主义是什么，马克思主义是什么，过去我们并没有完全搞清楚"。①

---

　　① 《邓小平文选》第 3 卷，人民出版社 1993 年版，第 137、291 页。

　　在十一届三中全会以来的 30 多年中，我们党把解放思想、实事求是的思想路线运用于马克思列宁主义、毛泽东思想的学习研究和理解把握的过程，就是逐步搞清楚这个问题，不断开拓马克思主义的新境界的过程。建设中国特色社会主义的新道路，就是在马克思主义的这种新境界中开辟出来的。

一　把马克思主义的基本原理、科学体系同其个别论断明确区分开来，既纠正毛泽东晚年的错误又科学地评价毛泽东、维护毛泽东思想的历史地位

　　在粉碎江青反革命集团、结束"文化大革命"以后，对于搞不清楚什么是马克思主义的一个突出表现，便是对于应该如何认识和理解毛泽东思想没有搞清楚。当时的中央领导提出要用"两个凡是"去对待毛泽东思想的方针，即所谓"凡是毛主席作出的决策，我们都坚决维护，凡是毛主席的指示，我们都始终不渝地遵循"。从政治上说，它企图打着高举毛泽东思想的旗号去坚持毛泽东晚年的错误，阻碍我们党和广大人民拨乱反正的强烈要求的实现；从思想上说，它不是从实际出发，而是从本本出发，企图照抄照搬毛泽东晚年的个别论断，以此去剪裁现实。

　　针对"两个凡是"的错误方针，邓小平先是从要完整、准确地理解毛泽东思想的角度提出批评。他强调"要对毛泽东思想有一个完整的准确的认识，要善于学习、掌握和运用毛泽东思想的体系来指导我们的各项工作"。[①] 在这里，邓小平立论的基础，是把马列主义、毛泽东思想的基本原理、科学体系同它们的个别论断明确地区分开来，强调要从基本原理和由基本原理构成的科学体系上来把握马列主义、毛泽东思想，而不应该把它们肢解、割裂开来，把它们的个别论断绝对化、神圣化。他指出："至于个别的论断，那么，无论马克思、列宁和毛泽东同志，都不免有这样那样的失误。但是这些都不属于马列主义、毛泽东思想的基本原理所构成的科

---

　　① 《邓小平文选》第 2 卷，人民出版社 1994 年版，第 42 页。

学体系。"① 即使这些个别论断就当时当地的条件来说是正确的,"但是在不同的时间、条件对同样的问题讲的话,有时分寸不同,着重点不同,甚至一些提法也不同。所以我们不能够只从个别词句来理解毛泽东思想,而必须从毛泽东思想的整个体系去获得正确的理解"。②

接着,邓小平又从马克思列宁主义、毛泽东思想的精髓——实事求是的角度去批评"两个凡是"的错误方针。

1971年,由姚文元修改、张春桥定稿的《全国教育工作会议纪要》,曾经提出过"两个估计":估计"文化大革命"前17年的教育战线是资产阶级专了无产阶级的政,是"黑线专政";估计知识分子的大多数世界观基本上是资产阶级的,是资产阶级知识分子的。尽管这样的"两个估计"明显地不符合客观事实,但由于《纪要》是经毛泽东画了圈的,教育部的主要负责同志就背上了包袱,在拨乱反正中不敢大胆说实话,这显然是"两个凡是"的错误方针在作祟的典型表现。

针对这种情况,在同教育部主要负责同志谈话时,邓小平指出:"《纪要》是毛泽东同志画了圈的。毛泽东同志画了圈,不等于说里面就没有是非问题了","毛泽东同志在延安中央党校题词,就是'实事求是'四个大字,这是毛泽东哲学思想的精髓,'两个估计'是不符合客观实际的","如果反对实事求是,反对从实际出发,反对理论和实践相结合,那还说得上什么马克思列宁主义、毛泽东思想呢? 那会把我们引导到什么地方去呢? 很明显,那只能引导到唯心主义和形而上学,只能引导到工作的损失和革命的失败"。③ 邓小平从这个角度对"两个凡是"的批评,从逻辑到历史地直接启动了实践是检验真理的唯一标准的讨论。

十分明显,在这里,解放思想,把人们的思想从迷信、禁锢中解放出来,打破习惯势力和主观偏见的束缚,是实事求是地观察和分析问题的根本前提。正是在解放思想、实事求是的思想路线的指引下,党的十一届三中全会开始纠正毛泽东晚年的错误,果断地作出了把国

① 《邓小平文选》第2卷,人民出版社1994年版,第171页。
② 同上书,第43页。
③ 同上书,第66—67、118页。

家工作重点从以阶级斗争为纲转到以社会主义现代化建设为中心，从停滞封闭转到改革开放等战略决策，这才为开创社会主义事业发展的新时期奠定了基础。

但是，解放思想，冲破"两个凡是"的禁锢和束缚，毫不含糊地批评和纠正毛泽东晚年的错误，还只是问题的一个方面。问题的另一个方面是，毛泽东毕竟为我们党和中国人民解放军的创立和发展，为中国各族人民解放事业的胜利，为中华人民共和国的缔造和我国社会主义事业的发展，建立了永不磨灭的功勋。就毛泽东的一生来看，功绩是第一位的，错误是第二位的，毛泽东创造性地把马列主义运用到中国革命的各个方面，指出了中国夺取革命胜利的道路，而且老一辈革命家都参与了毛泽东思想的建立和发展，毛泽东思想不仅过去引导我们取得革命的胜利，现在和将来还应该是中国党和国家的宝贵财富。所以，对毛泽东的评价、对毛泽东思想的阐述，不仅涉及毛泽东个人，而且同我们党、我们国家的整个历史分不开。要实事求是、恰如其分地评价毛泽东和毛泽东思想，就必须科学地评价毛泽东，维护毛泽东思想的历史地位。邓小平指出："对毛泽东同志晚年错误的批评不能过分，不能出格，因为否定这样一个伟大的历史人物，意味着否定我们国家的一段重要历史。这就会造成思想混乱，导致政治的不稳定。"[1] "毛泽东思想这个旗帜丢不得，丢掉了这个旗帜，实际上就否定了我们党的光荣历史"；"我们不会像赫鲁晓夫对待斯大林那样对待毛主席"。[2]

正是由于邓小平坚持不懈地把解放思想、实事求是的思想路线运用于毛泽东思想，把它的基本原理、科学体系同个别论断明确地区分开来，才正确地解决了既纠正毛泽东晚年的错误，又维护毛泽东和毛泽东思想的历史地位这个关系党和国家前途命运的重大问题。反顾赫鲁晓夫在苏共二十大上全盘否定斯大林，给苏联和国际共产主义运动造成严重的思想混乱和政治不稳定，最终导致东欧剧变、苏联解体，更加凸显出邓小平运用解放思想、实事求是的思想路线所作出的这个历史性贡献的伟大意义。

---

[1] 《邓小平文选》第3卷，人民出版社1993年版，第284页。
[2] 《邓小平文选》第2卷，人民出版社1994年版，第298页、第34页。

二　从中国的实际出发运用马克思主义基本原理，提出社会主义初级阶段理论，解开不发达国家建设社会主义的世纪性难题

在社会主义现代化建设的问题上，对于什么是马克思主义没有搞清楚的一个重要表现，是对于应该怎样把马克思主义理论和本国的社会主义建设实际结合起来的问题没有搞清楚。

马克思主义不是教条，而是行动的指南，因而对于马克思主义基本原理的实际运用，随时随地都要以当时的历史条件为转移；列宁不是在书本里，而是在实际生活中，找到革命道路，在落后的俄国干成十月社会主义革命的，毛泽东也不是在书本里，而是在实际生活中，找到在落后的中国夺取新民主主义革命胜利的途径的，这些本来是一些耳熟能详的马克思主义的基本知识和典型实例。然而，翻开世界范围内社会主义建设的历史来看看，却不难发现，除了列宁在 1921 年实行新经济政策等少数场合以外，几乎全都在不同程度上存在着不顾本国经济文化较不发达的基本国情，去照抄照搬马克思、恩格斯设想的发达资本主义国家在革命胜利后建设社会主义的某些论断，从而离开了本国生产力的现实发展水平，在社会主义建设中盲目地追求公有化程度的提高的偏向。

在这方面，领头的是斯大林。就方法论来说，斯大林只承认列宁主义是帝国主义和无产阶级革命时代的马克思主义，而不承认列宁主义同时又是马克思主义和俄国革命实际相结合的产物，他认为承认这一点"就是把列宁主义从国际无产阶级的学说变成俄国特殊情况的产物"①。这说明他不知道普遍性是和特殊性相互联结的，虽然普遍性存在于一切过程中，并贯串一切过程的始终，但这种普遍性却只存在于特殊性之中，共性包含于一切个性之中，无个性即无共性。所以，马克思列宁主义的普遍真理和各国的具体实际相结合，这句话本身就是普遍真理，是社会主义事业兴旺发达的关键，哪里没有实行这种结合，哪里的社会主义事业就遭到挫折和失

① 《斯大林全集》第 8 卷，人民出版社 1954 年版，第 14 页。

败。然而，在斯大林那种只要普遍性，不要特殊性的形而上学的影响下，苏联共产党长期以来一直把马克思列宁主义和本国革命实际的结合、把社会主义发展道路的多样性当作什么"反共的民族主义"来胡砍乱批。而就从本国的基本国情出发，来确定自己所处的社会主义发展阶段和应当采取的相应政策来说，斯大林又存在超越现阶段，急于向共产主义过渡的思想，早在1936年宣布建成社会主义的时候，斯大林就用生产资料的公有化程度去顶替生产力和生产社会化方面的标准。第二次世界大战结束以后，斯大林再次不顾苏联生产力发展还不高的水平，提出要建设无阶级的社会主义社会和逐渐向共产主义过渡的任务，在1952年的苏共第十九次代表大会上，斯大林又把这规定为苏共的主要任务。不仅如此，斯大林还推行大党大国主义，把自己的经验写进作为世界共产党人"必读教科书"的《政治经济学教科书》，把苏联模式强加于兄弟党和兄弟国家。赫鲁晓夫虽然全盘否定斯大林，却又照搬了斯大林这个超越生产社会化、急于向共产主义过渡的错误方针，在1959年苏共二十一大和1961年苏共二十二大上，赫鲁晓夫甚至提出了到1980年苏联要基本建成共产主义社会，以及各社会主义国家大致同时过渡到共产主义的设想。在苏共领导的带领下，东欧国家的领导也滋长和发展了这种超越生产社会化、急于向共产主义过渡的错误思想。在我国，毛泽东虽曾提出以苏为鉴，力图找到一条适合中国的工业化道路，但并没有从苏联离开了本国生产力的发展水平，盲目追求公有化程度的提高的错误倾向中吸取教训。相反地，还把这种错误倾向和所谓越穷越要革命的想法结合在一起，一度认为"共产主义在我国的实现，已经不是遥远将来的事情了"。结果是使生产关系人为地超越了生产力的发展，从而使得社会主义制度的优越性不能得到充分发挥，社会主义国家在社会主义建设中普遍地、再三再四地遭到挫折。这些挫折又反过来使一些人对在经济文化较不发达的国家能够在一定条件下跨越资本主义的充分发展时期去建设社会主义这一客观事实产生动摇和怀疑，使它成为20世纪的一个世纪性难题。

解开这个世纪性难题的关键在于，要从本国的国情出发去运用马克思主义关于建设社会主义的基本原理，而不是从理论、原则出发，让客观现实削足适履地去适应理论和原则。邓小平说："我们多次重申，要坚持马克思主义，坚持走社会主义道路。但是，马克思主义必须是同中国实际相结合的马克思主义，社会主义必须是切合中国实际的有中国特色的社会主义"，"离开自己国家的实际谈马克思主义，没有意义"。① 而在这个问题上，最大的实际就是对我们所处的社会主义发展阶段的基本国情要有一个准确的把握。

1987 年 8 月，邓小平在会见意大利客人时指出："我们党的十三大要阐述中国社会主义是处在一个什么阶段，就是处在初级阶段，是初级阶段的社会主义。社会主义本身是共产主义的初级阶段，而我们中国又处在社会主义的初级阶段，就是不发达的阶段。一切都要从这个实际出发，根据这个实际来制定规划。"② 党的十三大以此为立论基础，展开了关于社会主义初级阶段的系统论述，强调我国正处在社会主义的初级阶段，也就是说，我国社会已经是社会主义社会，我们必须坚持而不能离开社会主义，而另一方面，我国的社会主义社会还处在初级阶段，生产力水平远远落后于发达资本主义国家，这就决定了我们必须经历一个很长的初级阶段，去实现别的许多国家在资本主义制度下实现的工业化和生产的商品化、社会化、现代化。在党的十五大上，江泽民又总结了党的十一届三中全会前后的历史经验，指出"我们在建设社会主义中出现失误的根本原因之一，就在于提出的一些任务和政策超越了社会主义初级阶段。近二十年改革开放和现代化建设取得成功的根本原因之一，就是克服了那些超越阶段的错误观念和政策，又抵制了抛弃社会主义基本制度的错误主张"③。总之，必须把我国已是社会主义社会，又还处在初级阶段这两种国情统一起来认识和把握，不因社会主义而忘记初级阶段，也不能因为初级阶段而背离社会主义。在为什么必须实行现在这样的路线和政策而不能实行别样的路线和政策的问题上，我们必须用这样的认识去解决种种矛盾，澄清种种疑惑。

20 世纪的世界社会主义运动的历史经验说明，经济文化不发达的国家，在特定的政治经济形势下，用与西方国家不同的方法创造出发展文明

---

① 《邓小平文选》第 3 卷，人民出版社 1993 年版，第 63、191 页。
② 同上书，第 252 页。
③ 《中国共产党第十五次全国代表大会文件汇编》，人民出版社 1997 年版，第 14 页。

的根本前提，跨越资本主义发展的历史时期而过渡到社会主义，这不仅是可能的，而且是必然的。列宁说："既然建立社会主义需要有一定的文化水平"，"我们为什么不能首先用革命手段取得达到这个一定水平的前提，然后在工农政权和苏维埃制度的基础上追上别国人民呢？""世界历史发展的一般规律，不仅丝毫不排斥个别发展阶段在发展的形式或顺序上表现出特殊性，反而是以此为前提的。"①

　　然而，对于资本主义充分发展历史时期的这种跨越，又终究只是一种用革命手段建立"工农政权和苏维埃制度"，从而为发展文明创造出根本前提的局部跨越，而并不是把生产的社会化等也包括在内的全面跨越。正因为这样，据此进入的社会主义社会，还只能是建立在生产力落后、商品经济不发达的基础上的，不完善、不成熟、不发达乃至"不够格"的社会主义社会。忘记这一点，正是产生超越阶段、急于向共产主义过渡的认识论根源。在总结我国和世界社会主义运动积累的经验教训的基础上，邓小平把解放思想、实事求是的思想路线运用到中国来给中国的社会主义发展阶段定位时，把经济文化不发达国家在特定条件下可以跨越资本主义充分发展的历史时期，同在任何条件下生产社会化的经济发展阶段都是不可超越的这样两件不同的事情，既明确区分开来，又有机联系起来，提出了社会主义初级阶段的理论。这就是说，经济文化不发达国家在革命取得胜利以后，因为是在生产力落后、商品经济不发达的条件下建设社会主义的，为此就必须经历"社会主义初级阶段"这样一个特定的历史阶段，以发展生产力为根本任务，去实现西方国家在资本主义条件下实现的工业化和经济的社会化、现代化、市场化。准确地把握了这个理论，既可以克服那些超越阶段的错误观点和政策，又可以抵制那种抛弃社会主义制度的错误主张，这就开拓了马克思主义的新境界，解开了经济文化不发达国家建设社会主义的世纪性难题。

　　社会主义初级阶段论是针对中国的基本国情而提出来的，但又有巨大的国际意义。日本《读卖新闻》曾经发表丹藤佳纪撰写的文章说："中国的'初级阶段论'对苏联和东欧国家也会产生刺激。对越南、埃塞俄比

---

　　① 《列宁选集》第4卷，人民出版社1995年版，第776、777页。

亚、坦桑尼亚等第三世界的社会主义国家将直接产生重大的影响。在这些发展中的社会主义国家中，多数都忽视国情，匆匆忙忙地实现了国有化和集体化。结果，连人类最基本的'吃的权利'也难以得到保障。"①

三　立足于现在的实际，把对马克思主义的继承和发展统一起来，提出社会主义本质和改革开放论以及社会主义市场经济论，开辟建设有中国特色社会主义的新道路

在社会主义现代化建设中，对于什么是马克思主义没有搞清楚的又一个表现，是没有搞清楚究竟怎样继承和发展马克思主义。

世界社会主义运动的历史说明，有些人往往把对马克思主义的继承和发展割裂开来，或把继承看作是将马克思主义经典作家针对彼时彼地情况提出的某些论断，教条主义地照抄照搬到此时此地，或者在新情况、新问题面前迷失方向，忘记了要把马克思主义当作分析情况和问题以及指导自己行动的指南。这样相反的两极还是相通的：有些人在教条主义的照抄照搬失灵之后，就跳到另一端去鼓吹"马克思主义危机论"或"马克思主义过时论"，抛弃马克思主义。这方面的一个典型代表就是戈尔巴乔夫，在1985—1987年搞的"加速社会经济发展战略"和企业改革方案因为继续苏联模式使农轻重比例失调等错误而遭到失败，戈尔巴乔夫使其改革由"完善社会主义"转到按照民主社会主义的方向去"更新社会主义"的时候，就宣扬什么："从19世纪下半叶以来所产生的'社会主义—资本主义'那种两律背反论，我总觉得现在已经过时，我们面临的完全是另一种选择：是要一个走向毁灭的社会，还是一个充希望和生机的社会？"②

与这种态度相反，邓小平从我国社会主义事业发展的新时期一开始，就强调要从对马克思主义的教条主义的继承观中解放出来。早在1979年初，在党的理论工作务虚会上，他就指出："我们当然不会由科学的社会

---

①　丹藤佳纪：《中国的"社会主义初级阶段论"将对第三世界产生影响》，载《读卖新闻》1987年11月12日。

②　戈尔巴乔夫：《难以决断的岁月（选集1985—1992）》。

主义退回到空想的社会主义，也不会让马克思主义停留在几十年前或一百多年前的个别论断的水平上。所以我们反复说，解放思想，就是要运用马列主义、毛泽东思想的基本原理，研究新情况，解决新问题。"①

这样，邓小平就把对马克思主义的继承和发展统一了起来，融为一体，使它们成为同一个过程的不同侧面。因为没有继承，就会失去根本，当然也就谈不上发展；而没有发展，就会僵化，也就谈不上继承。在这里，关键在于要立足于现在的实际，用马克思主义的立场观点方法去研究层出不穷的新情况，解决不断出现的新问题。正如江泽民在党的十五大报告中所指出的："马克思列宁主义、毛泽东思想一定不能丢，丢了就丧失根本。同时一定要以我国改革开放和现代化建设的实际问题、以我们正在做的事情为中心，着眼于马克思主义理论的应用，着眼于对实际问题的理论思考，着眼于新的实践和新的发展。"②

这是一个以继承为依托、不断向前发展的过程，又是一个寓继承于发展之中的过程。当主要从继承马克思主义的侧面来看问题的时候，这个过程就表现为：马克思主义"要求人们根据它的基本原则和基本方法，不断结合变化着的实际探索解决新问题的答案，从而也发展马克思主义理论本身"③；而当从发展马克思主义的侧面来看问题的时候，这个过程就表现为："真正的马克思列宁主义者必须根据现在的情况，认识、继承和发展马克思列宁主义"，"不以新的思想、观点去继承和发展马克思主义，不是真正的马克思主义者"。我们"绝不能要求马克思为解决他去世之后上百年、几百年所产生的问题提供现成答案，列宁同样也不能承担为他去世以后五十年、一百年所产生的问题提供现成答案的任务"。④

这是一个既继承前人又突破陈规的过程。在这个过程中，既没有丢马克思主义老祖宗，又不断说出一些老祖宗没有说过而又符合时代特征和客观实际的新话来。

而这些"新话"的典型，当首推社会主义的本质论和改革开放论，以

---

① 《邓小平文选》第 2 卷，人民出版社 1994 年版，第 179 页。
② 《中国共产党第十五次全国代表大会文件汇编》，人民出版社 1997 年版，第 13—14 页。
③ 《邓小平文选》第 3 卷，人民出版社 1993 年版，第 146 页。
④ 同上书，第 291—292 页。

及社会主义市场经济论。

马克思、恩格斯把社会主义由空想变成科学的一个重要标志，便是把生产力的发展作为社会发展的决定性因素引入社会主义理论之中，并把共产党的理论概括为在生产力高度发展的基础上消灭私有制。但在 20 世纪 30 年代以后的社会主义实践中，却出现了一种忽视生产力的发展，盲目追求更大更高更纯的社会主义公有制，乃至把社会主义仅仅归结为公平，从而把社会主义看作是一种搞平均主义的平等乐园，实际是共同贫困的错误倾向，这种错误倾向在我国的"文化大革命"中发展到登峰造极的地步。当着世界主题从战争与革命转换为和平与发展的时候，这种错误倾向对于社会主义的危害尤其明显：在"文化大革命"中，它使我国国民经济濒临崩溃的边缘；在苏东国家，它成为在同资本主义的竞赛中渐渐败下阵来，最终导致 1989—1991 年苏东剧变解体的深层次的体制原因。

正是在这种情况下，邓小平从社会主义要赢得对资本主义优势的高度，大声疾呼发展生产力对于巩固和发展社会主义制度的极端重要性，并在 1992 年初的南方谈话中，把社会主义的本质概括为"解放生产力，发展生产力，消灭剥削，消除两极分化，最终达到共同富裕"①。

邓小平把发展生产力列入社会主义本质中，是对马克思主义历来重视发展生产力的基本原理的继承和反映时代特征的发扬；而把解放生产力也列入社会主义本质中，则是对马克思主义的重大发展，并为社会主义的改革开放奠定了坚实的理论基础。

恩格斯曾经说过："所谓'社会主义社会'不是一成不变的东西，而应当和其他社会制度一样，把它看成是经常变化和改革的社会。"② 但在后来，斯大林提出了社会主义社会的"生产关系同生产力状况完全适合"论③，堵塞了社会主义社会改革的道路。毛泽东冲破了这种无冲突论的束缚，提出了社会基本矛盾理论，并且十分有见地地主张及时调整经济制度和政治制度某些环节上的缺陷，去解决社会主义基本制度适合需要情况下

① 《邓小平文选》第 3 卷，人民出版社 1993 年版，第 373 页。
② 《马克思恩格斯全集》第 37 卷，人民出版社 1971 年版，第 443 页。
③ 《斯大林选集》上卷，人民出版社 1979 年版，第 202 页。

的矛盾，但在"左"的指导思想的支配下，他对这个基本矛盾的具体表现却作出了错误的判断，并提出了"兴无灭资"的调整办法，招致了事与愿违的结果。邓小平在总结社会主义发展中这些历史经验的基础上指出："社会主义基本制度确立以后，还要从根本上改变束缚生产力发展的经济体制，建立起充满生机和活力的社会主义经济体制，促进生产力发展，这是改革，所以改革也是解放生产力。过去，只讲在社会主义条件下发展生产力，没有讲还要通过改革解放生产力，不完全。应该把解放生产力和发展生产力两个讲全了。"①

　　在十一届三中全会以来的 20 年中，我国社会主义现代化建设之所以能够取得举世瞩目的成就，一个极其重要的原因，就是因为我们党坚持不懈地实行了邓小平倡导的这种体现社会主义还要解放生产力的本质的改革，这是在坚持社会主义基本制度的基础上对束缚生产力发展需要的体制的改革，它既是中国的第二次革命，又是社会主义制度的自我完善。对此，俄罗斯《真理报》曾经发表评论说，中国改革"最重要的经验是中国领导人并没有打破以前的制度，也不是绞尽脑汁要从社会主义向资本主义过渡，而是在社会主义制度中融进已成为改革社会主义体制动力的一系列重要成分"，"中国的经验表明：在社会主义制度下不仅可以进行改革，而且可以建立一种比震惊全世界的亚洲四小龙那样的资本主义社会更快地推动经济发展的机制"。②

　　邓小平的社会主义本质论，还为我们既坚持又完善和发展社会主义公有制指出了明确方向。邓小平继承了《共产党宣言》把共产党人的理论概括为"消灭私有制"的传统，强调坚持以公有制为主体是社会主义的一个"非常重要的方面"和我们在改革中要始终坚持的"根本原则"之一。③与此同时，邓小平又总结我国和世界社会主义运动几十年来离开了生产力的发展水平去盲目追求更高形式和程度的公有化，反而阻碍了生产力发展的历史经验，在谈到社会主义本质时，把社会经济制度方面的公有制和按

---

① 《邓小平文选》第 3 卷，人民出版社 1993 年版，第 370 页。
② 《真理报》1996 年 4 月 5 日。
③ 《邓小平文选》第 3 卷，人民出版社 1993 年版，第 138、142 页。

劳分配蕴涵在消灭剥削和消除两极分化之中,从而使公有制的实现形式和以公有制为主体的所有制结构,可以根据生产力的解放和发展的实际要求以及逐步实现共同富裕的实际进程去具体确定。党的十五大在这个问题上的一系列规定和论述,又进一步丰富和发展了邓小平理论。

在计划和市场的问题上,马克思、恩格斯根据他们所处时代的状况,运用抽象方法预测未来社会发展的总趋势时,曾经设想在资本主义以后的未来社会里,最终将走向统一的全社会公有制,商品经济、市场经济也将随之消失,取而代之的是计划经济。他们之所以作出这样的预测,根本的原因在于在当时的资本主义社会,商品生产和市场经济运行机制还很不完善,呈现出有严重破坏后果的经济危机、无产阶级贫困化等多种弊端,因而他们就倾向于把市场机制连同资本主义私有制一起加以否定。另外,由于在当时,现代社会大生产的复杂性尚未充分展开,因而他们就对计划调节能够在资源配置中所起基础性作用的估计偏高。

但是,现实生活的发展,却不断冲击着把计划经济和市场经济看作从属于社会基本制度范畴的概念。一方面是资本主义进入国家垄断阶段以后,资本主义国家通过计划的形式对经济进行的干预和调节大大加强,对此,恩格斯在晚年已经有所觉察,为此,在1891年批判德国社会民主党纲领时,他就针对纲领所说"根源于资本主义私人生产的本质的无计划性"一句,强调指出"这一句需要大加修改",因为"如果我们从股份公司进而来看那支配着和垄断着整个工业部门的托拉斯,那么,那里不仅私人生产停止了,而且无计划性也没有了"。[①] 列宁也指出"现在资本主义正直接向它更高的、有计划的形式转变"。[②]

另一方面则是社会主义国家在把消灭商品市场经济的思想付诸实践以后,计划经济本身管得过死,难以调动基层和群众积极性的弊病日益暴露出来,而且还会导致经济增长速度下降,难以解决物资匮乏和消费品不足等问题,从列宁到斯大林、毛泽东,到东欧一些国家的经济学家,都曾为此而进行过探索,但都没有能够解决问题。邓小平在总结经验的基础上,

---

① 《马克思恩格斯全集》第22卷,人民出版社1965年版,第270页。
② 《列宁全集》第29卷,人民出版社1985年版,第436页。

牢牢抓住解放思想、实事求是的思想路线，从根本上解除把计划经济和市场经济看作是从属于社会基本制度范畴的思想束缚，这才高屋建瓴、势如破竹地解决了社会主义制度与市场经济相结合的问题。邓小平说："计划多一点还是市场多一点，不是社会主义与资本主义的本质区别。计划经济不等于社会主义，资本主义也有计划；市场经济不等于资本主义，社会主义也有市场。计划和市场都是经济手段。"① 党的十四大正式确立了以社会主义市场经济作为我国经济体制改革的目标模式。虽然建立社会主义市场经济体制是一项极其宏伟的长期事业，到 20 世纪末才能在我国初步实现，但它使我国的社会主义经济持续、快速、健康地发展的优越性，却已在其形成过程中日益地显现出来。俄罗斯科学院研究员、莫斯科大学教授布坚科在题为《中国特色社会主义的四条经验》一文中说，俄国的自由派"硬说不搞私有化就摆脱不了危机。但中国却证明，这是误解。市场经济和资本主义并不是一回事，建立同西方资本主义有原则区别的成功的市场经济是可能的"，"中国经验表明，不搞资本主义不等于不搞经济改革，以妥善的方式，不引起较大痛苦，从计划经济过渡到市场经济是完全可能的，搞市场经济照样可以保持着眼于多数人利益的社会方针。这表明，社会主义市场经济完全是可行的，以中国经验为依据的这一理论，需要认真研究"。②

邓小平把解放思想、实事求是的思想路线运用于马克思主义，通过把马克思主义的基本原理、科学体系同其个别论断明确地区分开来，从中国的实际出发运用马克思主义的基本原理，以及立足于现在的实际，把对马克思主义的继承和发展统一起来，解决了在变化的条件下，如何认识、运用和发展马克思主义这样一个多年来在我国和世界社会主义运动中没有搞清楚的重大问题，这就不断开拓了马克思主义的新境界，开辟了建设中国特色社会主义的新道路；而以江泽民为核心的党的第三代领导集体则在坚持、在实践中丰富和发展邓小平理论的过程中，继续不断地开拓马克思主义的新境界，把建设中国特色社会主义事业全面推向 21 世纪。

① 《邓小平文选》第 3 卷，人民出版社 1993 年版，第 373 页。

② 《真理报》1995 年 8 月 30 日。

　　当前，无论是在经济体制改革和经济结构调整方面，在社会主义民主政治建设和搞好结构改革方面，在加强社会主义文化建设、实现两个文明协调发展和社会全面进步方面，还是在加强党的思想、组织、作风建设，坚持不懈地开展反腐败斗争方面，我们都面临着许多新课题。我们要坚持邓小平理论，在实践中继续丰富和创造性地发展这个理论，就要学习邓小平的榜样，坚持解放思想、实事求是的思想路线，运用马克思主义基本原理，研究新情况，解决新问题；就要像江泽民在党的十五大报告中所指出的那样，把坚持邓小平理论，在实践中继续丰富和创造性地发展这个理论作为自己的庄严历史责任。

　　　　　　（此文入选《纪念党的十一届三中全会 20 周年理论研讨会》，
　　　　并获中央宣传部 1999 年颁发的第七届精神文明建设"五个一工程"奖）

邓小平重新确立马克思主义
思想路线的哲学思考

　　党的十一届三中全会以来，邓小平领导我国人民成功地走出了一条建设中国特色社会主义的新道路，使社会主义在世界范围内走向低潮谷底的严峻时刻，却在我国显示出勃勃生机和活力。邓小平之所以能够造就这样的丰功伟绩，是同他重新确立党的马克思主义思想路线，不断解决在把这条思想路线运用于马克思列宁主义、毛泽东思想本身的过程中出现的种种问题分不开的。在庆祝中华人民共和国 60 华诞的时候，从哲学上思考邓小平重新确立这条思想路线的经过和机制，有助于我们加深对改革开放以来我国经济社会加快发展的理解，更加自觉和坚定地坚持这条重新确立的马克思主义思想路线。

　　在改革开放、社会主义现代化建设的发展历程中，邓小平经常提出对于什么是马克思主义、什么是社会主义，这些人们并没有完全搞清楚的问题。例如，他指出："我们总结了几十年搞社会主义的经验，社会主义是什么，马克思主义是什么，过去我们并没有完全搞清楚"①；"多年来，存在一个对马克思主义、社会主义的理解问题"，"马克思去世以后一百多年，究竟发生了什么变化，在变化的条件下，如何认识和发展马克思主义，没有搞清楚"②；"在'文化大革命'的十年中，什么叫社会主义，什么叫马克思主义，也没有搞清楚"，"现在，我们坚持马克思主义、列宁主义和毛泽东思想，从经验教训中，我们已经了解到什么叫马克思主义。马

---

①　《邓小平文选》第 3 卷，人民出版社 1993 年版，第 137 页。
②　同上书，第 291 页。

克思主义的另一个名字叫共产主义，这仍然是我们永远要坚持的信条"①。

邓小平在这里反复提到"什么叫马克思主义"的问题，具有两个含义：一个含义，在"马克思主义的另一个名字叫共产主义"的意义上，搞清楚"什么叫马克思主义"问题的过程，也就是探索和弄清楚什么是社会主义、怎样建设社会主义的过程；另一个含义，在马克思主义又指马克思主义思想路线的意义上，搞清楚"什么叫马克思主义"问题的过程，也就是探索怎样看待和对待马克思列宁主义、毛泽东思想的问题，怎样把解放思想、实事求是的思想路线运用于马克思列宁主义、毛泽东思想本身的问题。搞清楚"什么叫马克思主义"问题的这两个含义是相互区别而又相互贯通的：搞清楚什么是社会主义、怎样建设社会主义的问题，是要搞清楚"什么叫马克思主义"问题的目的，而搞清楚怎样看待和对待马克思主义，怎样把解放思想、实事求是的思想路线运用于马克思列宁主义、毛泽东思想本身，则是解决什么是社会主义、怎样建设社会主义问题的思想路线保证。鉴于对邓小平探索和搞清楚什么是社会主义、怎样建设社会主义问题的历程，多年来已经引起了大家的广泛注意、得到了详细的阐述，本文仅从邓小平重新确立马克思主义思想路线的角度，来阐述他怎样不断地解决在把这条思想路线运用于马克思列宁主义和毛泽东思想的过程中出现的种种问题，从哲学上思考他针对怎样认识和理解毛泽东思想，怎样把马克思主义理论和本国实际相结合，以及怎样继承和发展马克思主义等问题所提出的答案。

一　从全局和局部、理论和实践的关系上解决
怎样认识和理解毛泽东思想的问题

在粉碎江青反革命集团、结束"文化大革命"以后，对于什么是马克思主义的问题没有搞清楚的一个突出表现，便是对于应该怎样认识和理解毛泽东思想的问题没有搞清楚。当时有人提出要用"两个凡是"去对待毛

---

① 1988年6月22日邓小平会见埃塞俄比亚总统门格斯图时的讲话，载《改革开放十四年记事——十一届三中全会到十四大》，中共中央党校出版社1994年版，第784—785页。

泽东思想的方针，即所谓"凡是毛主席作出的决策，我们都坚决维护，凡是毛主席的指示，我们都始终不渝地遵循"。"两个凡是"方针的思想实质，是主张不要从实际出发，而要从本本出发，照抄照搬毛泽东的个别论断，以此去剪裁现实。

对此，邓小平先后两次、从两个不同的角度阐明了究竟应该怎样认识和理解毛泽东思想的问题。

第一次，邓小平从全局和局部关系的角度，把马克思列宁主义、毛泽东思想的基本原理、科学体系同它们的个别论断明确地区分开来，强调要从基本原理构成的科学体系上去把握马克思列宁主义、毛泽东思想，而不应该把它们肢解、割裂开来，把其个别论断绝对化、神圣化。邓小平指出："要对毛泽东思想有一个完整的准确的认识，要善于学习、掌握和运用毛泽东思想的体系来指导我们的各项工作"，"至于个别的论断，那么，无论马克思、列宁和毛泽东同志，都不免有这样那样的失误，但是，这些都不属于马克思列宁主义、毛泽东思想的基本原理所构成的科学体系"①；即使这些个别论断就当时当地的条件上来说是正确的，"但是在不同的时间、条件对同样的问题讲的话，有时分寸不同，着重点不同，甚至一些提法也不同。所以我们不能够只从个别词句来理解毛泽东思想，而必须从毛泽东思想的整个体系去获得正确的理解"②。

从哲学上说，邓小平批评"两个凡是"方针、提出把马克思主义科学体系及其个别论断区分开来的立论根据，就是唯物辩证法关于全局和局部之间关系的原理。马克思列宁主义经典作家曾经运用这个原理来阐明党在社会主义运动中的方针，例如，列宁指出："社会主义者应当善于区分部分和整体，应当按整体提口号，而不应当按部分提口号，应当提出真正变革的根本条件，而反对进行部分的缝缝补补，因为这往往使战士们脱离真正革命的道路"③；"民主的某些要求，包括自决在内，并不是什么绝对的东西，而是世界一般民主主义（现在是一般社会主义）运动中的一个局

① 《邓小平文选》第2卷，人民出版社1994年版，第42、171页。
② 同上书，第43页。
③ 《列宁全集》第11卷，人民出版社1987年版，第371页。

部。在某些具体场合，局部和整体可能有矛盾，那时就必须抛弃局部"①。邓小平则把这个整体和局部的原理运用到应该怎样理解马克思列宁主义和毛泽东思想本身上去，区分其基本原理和个别论断，提出不能够只从个别词句来理解毛泽东思想，而要从基本原理以及由此构成的整个科学体系上去获得对马克思列宁主义和毛泽东思想的正确理解，这是对唯物辩证法关于全局和局部关系的原理的创造性运用。

　　第二次，邓小平又从理论和实践关系的角度，从实事求是的角度指出毛泽东画了圈的"两个估计"不符合客观实际。1971 年，由姚文元和张春桥修改定稿、毛泽东画圈的《全国教育工作会议纪要》曾提出"文化大革命"前17 年教育战线是资产阶级专了无产阶级的政的"黑线专政"，知识分子的大多数世界观基本上是资产阶级知识分子的"两个估计"，在"文化大革命"结束后，有的同志因受"两个凡是"方针的影响，在拨乱反正中仍然不敢大胆说实话。为此，邓小平强调说，虽然"《纪要》是毛泽东同志画了圈的"，但"毛泽东同志画了圈，不等于说里面就没有是非问题了"，因为"'两个估计'是不符合客观实际的"；"如果反对实事求是，反对从实际出发，反对理论和实践相结合，那还谈得上什么马列主义、毛泽东思想呢？"② 邓小平从这个角度对"两个估计"的批评，从逻辑到历史地直接启动了实践是检验真理的唯一标准的讨论。

　　人们应该在实践中证明自己思维的真理性，这本来是马克思主义哲学的一条根本原理。但是，在"文化大革命"中和以后的一段时期里，当在面对毛泽东的一些指示和决策甚至画了圈的东西的时候，毛泽东提出的实事求是的光辉思想却被束之高阁了。这样，解放思想，把人们的思想从迷信、禁锢中解放出来，打破习惯势力和主观偏见的束缚，就成了实事求是地观察和分析问题的根本前提。正是邓小平在政治上和理论上勇敢地重新确立的解放思想、实事求是的思想路线的指引下，这才有我们党从十一届三中全会开始纠正毛泽东晚年的错误，为开创社会主义事业发展的新时期奠定了基础。但是，这还只是问题的一个方面。

---

① 《列宁全集》第28 卷，人民出版社1990 年版，第38 页。
② 《邓小平文选》第2 卷，人民出版社1994 年版，第66—67、118 页。

　　问题的另一个方面是毛泽东毕竟为我们党和军队的创立和发展，为中国各族人民解放事业的胜利，为中华人民共和国的缔造和我国社会主义事业的发展，建立了永不可磨灭的功勋，就毛泽东的一生来看，功绩是第一位的，错误是第二位的。对毛泽东的评价，对毛泽东思想的阐述，不仅涉及毛泽东个人，而且同我们党和国家的整个历史分不开。所以，当着有些人在毛泽东晚年的错误被纠正以后，不能用实事求是的原则去科学地评价毛泽东、维护毛泽东思想的历史地位的时候，邓小平又强调，"对毛泽东晚年错误的批评不能过分，不能出格，因为否定这样一个伟大的历史人物，意味着否定我们国家的一段重要历史。这就会造成思想混乱，导致政治的不稳定"①。在这里，从哲学上说，邓小平又从局部和整体关系的另一个侧面强调不能因为局部上的失误而盲目地否定整体、全局的正确性，这显然是对唯物辩证法关于全局和局部关系理论的一种创造性的运用。正是这种运用，使我们党科学地评价了毛泽东，维护了毛泽东思想的历史地位，避免了重蹈赫鲁晓夫全盘否定斯大林，给苏联和国际共产主义运动造成严重思想混乱和政治不稳定的覆辙。

二　从一般与个别、普遍与特殊的关系上解决怎样把马克思主义理论和本国具体实际相结合的问题

　　在社会主义现代化建设的问题上，对于什么是马克思主义没有搞清楚的一个表现，便是对于怎样把马克思主义理论和本国的社会主义建设实际结合起来的问题没有完全搞清楚。

　　20世纪的世界社会主义运动的一个重要特征，是社会主义不是在发达资本主义国家首先取得胜利，而是在资本主义较不发达国家的一些国家取得了胜利。这些国家取得革命胜利以后怎样建设社会主义？应该说，对此，除了列宁在1921年实行新经济政策等少数场合以外，几乎全都在不同程度上存在着不顾本国经济文化较不发达的国情，去照抄照搬马克思、恩格斯设想在发达资本主义国家革命取得胜利以后建设社会主义的某些论

---

　　①　《邓小平文选》第3卷，人民出版社1993年版，第284页。

断，把它们硬套到本国的实际中去，离开了本国生产力的现实发展水平，盲目地追求公有化程度提高的偏向，以致社会主义制度的优越性不能得到充分发挥，使这些国家的社会主义建设普遍地、再三再四地遭遇挫折；这些挫折又反过来使一些人对在经济文化较不发达的国家能否在一定条件下跨越资本主义的充分发展去建设社会主义产生怀疑和动摇，使之成为 20 世纪的一个世纪性难题。

针对这个问题，邓小平强调说："我们多次重申，要坚持马克思主义，坚持走社会主义道路。但是，马克思主义必须是同中国实际相结合的马克思主义，社会主义必须是切合实际的有中国特色的社会主义"，"离开自己国家的实际谈马克思主义，没有意义"。① 而在这个问题上，经济文化较不发达的国家最大的实际，就是要对自己所处的社会主义发展阶段的基本国情有一个准确的把握。为此，在 1987 年 8 月的一次谈话中，邓小平强调说："我们党的十三大要阐述中国社会主义是处在一个什么阶段，就是处在初级阶段，是初级阶段的社会主义。社会主义本身是共产主义的初级阶段，而我们中国又处在社会主义的初级阶段，就是不发达的阶段。一切都要从这个实际出发，根据这个实际来制定规划。"② 党的十三大以此为立论基础，展开了关于社会主义初级阶段的系统论述。这就是说，在像我们这样的经济文化较不发达的国家里，由于是在生产力落后、商品经济不发达的条件下建设社会主义的，因此在社会主义革命取得胜利以后，还必须经历"社会主义初级阶段"这样一个特定的历史阶段，以发展生产力为根本任务，去实现西方发达国家在资本主义条件下实现的工业化和经济的社会化、现代化和市场化的历史任务。我国在改革开放和社会主义现代化建设中取得的举世瞩目的成就清楚地说明了，准确地把握这一点，既可以克服那种超越阶段、急躁冒进的错误观点和政策，又可以抵制那种因为在社会主义建设中遇到挫折就动摇信心、企图抛弃社会主义制度的错误思想和政策，从而开拓了马克思主义的新境界，解开了经济文化较不发达国家建设社会主义的世纪性难题。

---

① 《邓小平文选》第 3 卷，人民出版社 1993 年版，第 63、191 页。
② 同上书，第 252 页。

马克思主义理论必须和各国的具体实际相结合，对于一切在马克思主义的旗号下从事革命、建设和改革活动的人来说，这是一条耳熟能详的基本原理。但是，为什么只是到了邓小平，才在总结前人经验教训的基础上，提出社会主义初级阶段论，解开经济文化较不发达国家建设社会主义这个世纪性难题呢？

从哲学上说，这是因为邓小平不仅在口头上，而且在行动上始终一贯地坚持用唯物辩证法中一般和个别、普遍和特殊的原理去观察和解决社会主义发展阶段问题的缘故。列宁早就说过："对立面（个别和一般相对立）是同一的：个别一定与一般相连而存在。一般只能在个别中存在，只能通过个别而存在"①；毛泽东在《矛盾论》中也指出："这种共性即包含于一切个性之中，无个性即无共性。"② 尽管一般只能通过个别而存在、无个性即无共性的道理，清楚地告诉人们，必须从个别、特殊的实际出发去把握马克思主义理论与本国具体实际相结合的原则，然而，世界社会主义运动中的教条主义者、大国大党主义者却总是把马克思主义理论同各国具体实际相结合的原则，不是理解为要从各国的具体实际情况出发，而是理解为要从据称是有普遍意义的条条出发，错误地把所谓社会主义建设的普遍规律当作固定的公式，削足适履地硬套到社会主义建设各国的具体实际中去，如有不合，他们不是怀疑自己的做法是否符合马克思主义关于理论与实际相结合的原则，而是给别人乱扣帽子、乱打棍子。正是针对这种错误的做法，邓小平强调指出："各国的情况千差万别，人民的觉悟有高有低，国内阶级关系的状况、阶级力量对比又很不一样，用固定的公式去硬套怎么行呢？就算你用的公式是马克思主义的，不同各国的实际相相结合，也难免犯错误。"③ 为什么用的公式是马克思主义的，还难免犯错误呢？原因就在于运用马克思主义公式的这种办法，就是不符合马克思主义关于一切要从实际出发，而不是从公式出发这种基本精神的。

正是由于邓小平把一般与个别、普遍与特殊关系的唯物辩证法原理，

---

① 《列宁全集》第 55 卷，人民出版社 1990 年版，第 307 页。
② 《毛泽东著作选读》上册，人民出版社 1986 年版，第 160 页。
③ 《邓小平文选》第 2 卷，人民出版社 1994 年版，第 318 页。

创造性地用来解决了在国际共产主义运动中长期存在的究竟应该从什么出发来实现理论与实际相结合的问题，这才使社会主义建设事业克服了因为超越阶段、急躁冒进而招致的挫折和困难，重新焕发出生机和活力。

三　从间断性和非间断性的统一上解决怎样继承和发展马克思主义问题

在社会主义现代化建设中，对于什么是马克思主义没有搞清楚的又一个表现，是没有搞清楚究竟应该样继承和发展马克思主义。有些人往往把对马克思主义的继承和发展割裂开来，他们或者把继承看作是将马克思主义经典作家针对彼时彼地情况提出的某些论断，教条主义地照抄照搬到此时此地；或者在新情况、新问题面前迷失方向，忘记了要把马克思主义当作分析问题和指导行动的指南；或者在教条主义的照抄照搬失灵之后，又跳到另一个极端去鼓吹什么"马克思主义危机"论、"马克思主义过时"论，背离或抛弃马克思主义。

针对这个问题，邓小平提出了把马克思主义的继承和发展统一起来、融为一体，使它们成为同一个过程不同侧面的回答。在 1979 年初党的理论工作务虚会上，邓小平指出："我们当然不会由科学的社会主义退回到空想的社会主义，也不会让马克思主义停留在几十年前或一百多年前的个别论断的水平上。所以我们反复说，解放思想，就是要运用马克思列宁主义、毛泽东思想的基本原理，研究新情况，解决新问题。"①

邓小平提出的这个回答的核心是，立足于现在的实际，用马克思主义的立场、观点、方法和基本原理去研究层出不穷的新情况，解决不断出现的新问题。

所谓立足于现在的实际，如江泽民同志在党的十五大报告中所说的，就是要"以我国改革开放和现代化建设的实际问题、以我们正在做的事情为中心，着眼于马克思主义理论的应用，着眼于对实际问题的理论思考，

---

① 《邓小平文选》第 2 卷，人民出版社 1994 年版，第 179 页。

着眼于新的实践和新的发展"。①

而用马克思主义的立场观点方法和基本原理去研究层出不穷的新情况、解决不断出现的新问题的过程，则正是既坚持把马克思主义的立场观点方法和基本原理作为行动指南，又在研究新情况、解决新问题中推进马克思主义，把对于马克思主义的继承和发展统一起来、融为一体的过程。这是一个以继承为依托，不断向前发展的过程，又是一个寓继承于发展之中的过程。当着人们主要从继承马克思主义的侧面来看问题的时候，这个过程就表现为马克思主义"要求人们根据它的基本原则和基本方法，不断结合变化着的客观实际，探索解决新问题的答案，从而也发展马克思主义理论本身"②；而当着人们主要从发展马克思主义的侧面来看问题的时候，这个过程就表现为"真正的马克思列宁主义者必须根据现在的情况，认识、继承和发展马克思列宁主义"，"不以新的思想、观点去继承和发展马克思主义，不是真正的马克思主义者"，我们"绝不能要求马克思为解决他去世之后上百年、几百年所产生的问题提供现成答案，列宁同样也不能承担为他去世以后五十年、一百年所产生的问题提供现成答案的任务"③。

把对于马克思主义的继承和发展统一起来、融为一体，这就为胜利地解决把这两者割裂开来，或者教条主义地照抄照搬，或者在新情况、新问题面前迷失方向和由一个极端跳到另一个极端的种种问题指明了方向。江泽民同志曾经阐述过之所以要把对马克思主义的坚持和发展统一起来的原因，他说："马克思主义的基本原理任何时候都要坚持，否则我们的事业就会因为没有正确的理论基础和思想灵魂而迷失方向，就会归于失败，这就是我们为什么必须坚持马克思主义基本原理的道理所在。马克思主义具有与时俱进的理论品质，如果不顾历史条件和现实情况的变化，拘泥于马克思主义经典作家在特定历史条件下针对具体情况作出的某些个别论断和具体行动纲领，我们就会因为思想脱离实际而不能顺利前进，甚至发生失误。这就是我们为什么必须始终反对以教条主义的态度对待马克思主义理

---

① 《中国共产党第十五次全国代表大会文件汇编》，人民出版社1997年版，第13—14页。
② 《邓小平文选》第3卷，人民出版社1993年版，第146页。
③ 同上书，第291—292页。

论的道理所在。"① 胡锦涛同志则阐述了创新要以坚持为前提，坚持又要以创新为条件的道理："理论创新必须以坚持马克思主义基本原理为前提，否则就会迷失方向，就会走上歧途，而坚持马克思主义又要以根据实践的发展不断推进理论创新为条件，否则马克思主义就会丧失活力，就不能很好地坚持下去。"②

从哲学上说，邓小平把对马克思主义的继承和发展统一起来、融为一体的做法，是同他坚持唯物辩证法把运动看作是间断性和非间断性的统一的原理分不开的。世界上万事万物的发展，本来是一个不间断的连续过程，为什么会有间断性出现呢？事情正如列宁所指出的那样："如果不把不间断的东西割断，不使活生生的东西简单化、粗陋化，不加以划分，不使之僵化，那么我们就不能想象、表达、测量、描述运动。思想对运动的描述总是粗陋化、僵化。不仅思想是这样，而且感觉也是这样，不仅对运动是这样，而且对任何概念也都是这样。"③ 当然，对不间断的东西的这种割断，不是任意的、人为的，而是依据于事物发展过程中出现了诸如创新那样的现象。所以，列宁在阐述运动的本质时，就强调说："运动是时间和空间的本质。表达这个本质的基本概念有两个：（无限的）非间断性和'点截性'（＝非间断性的否定，即间断性）。运动是（时间和空间的）非间断性与（时间和空间的）间断性的统一。"④

正是在创造性地运用唯物辩证法关于运动是非间断性与间断性统一的原理的过程中，邓小平既继承前人又突破陈规，既没有丢马克思主义老祖宗，又不断说出一些老祖宗所没有说过，而又符合时代特征和客观实际的新话来，在这方面，当首推社会主义的本质和改革论，社会主义市场经济论。

不仅如此，邓小平把对马克思主义的继承和发展统一起来、融为一体，使之成为同一个过程不同侧面的理论和实践，既是我们党不断地使马克思主义中国化的经验总结，又在中国特色社会主义尔后的发展中得到了

---

① 江泽民：《在庆祝中国共产党成立八十周年大会上的讲话》。
② 胡锦涛：《在"三个代表"重要思想理论研讨会上的讲话》。
③ 《列宁全集》第55卷，人民出版社1990年版，第219页。
④ 同上书，第217页。

光辉的证实。马克思列宁主义、毛泽东思想、邓小平理论和"三个代表"重要思想在坚持马克思主义的世界观和方法论，坚持党的最高纲领和最低纲领的统一，坚持无产阶级政党必须根植于人民的政治立场，注重从人民群众的实践中汲取养分，坚持马克思主义与时俱进的理论品质等各个方面，显然是一脉相承的，这表现了马克思主义发展的不间断性；而我们党根据实践的新鲜经验不断推进理论创新，在长期坚持把马克思主义基本理论同中国具体实际相结合的过程中，产生出毛泽东思想、邓小平理论、"三个代表"重要思想、科学发展观这一些理论成果，则表明了不间断地发展着的马克思主义又是一个与时俱进的科学体系，它表现了马克思主义的不间断的发展过程又是和不断开拓创新的间断性相统一的。而且只要我们自觉地坚持这个原理，我们还必将在建设中国特色社会主义的实践中，不断地把坚持和发展马克思主义的宏伟事业推向一个又一个新的高峰。

综上所述，可以看出对邓小平重新确立马克思主义思想路线进行哲学思考，既有助于我们从马克思主义世界观和方法论的高度加深理解和提高贯彻执行党的思想路线的自觉性和坚定性，又有助于我们在建设中国特色社会主义的实践中领会马克思主义世界观和方法论的无比威力，从而更加重视加强对马克思主义理论的研究和建设。

（此文入选全国邓小平生平和思想研讨会《邓小平百周年纪念》，
原载《马克思主义研究》2004 年第 4 期）

中国特色社会主义理论体系形成和发展的思想前提

　　胡锦涛总书记在纪念党的十一届三中全会召开 30 周年大会上的讲话中，把我们党 30 年来坚持马克思主义的思想路线，不断探索和回答的重大理论和实践问题，由三个重新概括为四个，即在什么是社会主义、怎样建设社会主义，建设什么样的党、怎样建设党，实现什么样的发展、怎样发展三个问题的前面，冠以创造性地探索和回答什么是马克思主义、怎样对待马克思主义的问题。

　　胡锦涛的这个新概括，其意义远远越出了把我们党 30 年来探索和回答的重大问题由三个增加为四个，因为它通过这一增加，彰显了确立对待马克思主义的科学态度、确立马克思主义思想路线的极端重要性。马克思主义是我们立党立国的根本指导思想，是我们始终沿着正确方向前进的根本思想保证，但长期以来，人们对于什么是马克思主义、怎样对待马克思主义的问题却并没有完全搞清楚，导致种种失误和偏差的产生。改革开放以来，我们党通过创造性地探索和回答什么是马克思主义、怎样对待马克思主义，在思想路线和党风学风上进行拨乱反正，确立了对待马克思主义的科学态度和马克思主义思想路线，这就为马克思主义中国化的最新成果——中国特色社会主义理论体系的形成和发展创造了思想前提。

一　搞清楚什么是马克思主义、怎样对待马克思主义是首要的基本的理论问题

　　在领导改革开放和现代化建设的革命过程中，邓小平不断提出和反复

思考的首要的基本理论问题，便是对于什么是马克思主义、怎样对待马克思主义，人们并没有搞清楚的问题。如在 1985 年 8 月 28 日的《改革是中国发展生产力的必由之路》中，他说："我们总结了几十年搞社会主义的经验。社会主义是什么，马克思主义是什么，过去我们并没有完全搞清楚"①；在 1989 年 5 月 16 日的《结束过去，开辟未来》中，他指出："多年来，存在一个对马克思主义、社会主义的理解问题"，"马克思去世以后一百多年，究竟发生了什么变化，在变化的条件下，如何认识和发展马克思主义，没有搞清楚"②；在 1988 年 6 月 22 日会见埃塞俄比亚总统门格斯图时，邓小平指出："在'文化大革命'的十年中，什么叫社会主义，没有搞清楚，什么叫马克思主义，也没有搞清楚。现在，我们坚持马克思主义、列宁主义和毛泽东思想，从经验教训中我们已经了解到什么叫马克思主义。马克思主义的另一个名字叫共产主义，这仍然是我们永远要坚持的信条。"③

邓小平在这里反复提到的马克思主义是什么、什么叫马克思主义的问题，包含有两个含义：一个含义，在马克思主义的另一个名字叫共产主义的意义上，搞清楚马克思主义是什么、什么叫马克思主义的问题，也就是要探索和弄清楚什么是社会主义、怎样建设社会主义的问题；另一个含义，在马克思主义又指马克思主义思想路线的意义上，搞清楚马克思主义是什么、什么叫马克思主义的问题，就是要探索和回答怎样用科学的态度对待马克思主义，把解放思想、实事求是、与时俱进运用于马克思主义学习和研究、理解和把握，确立马克思主义思想路线的问题。在改革开放的过程中，以邓小平同志为核心的党中央的第二代领导主要地探索和回答了在世界社会主义运动和我国存在的这方面的三个问题：怎样认识和理解马克思主义？怎样在社会主义建设中把马克思主义基本理论和本国具体实际相结合？怎样继承和发展马克思主义？

---

① 《邓小平文选》第 3 卷，人民出版社 1993 年版，第 137 页。

② 同上书，第 291 页。

③ 引自中共中央党校哲学教研部编《邓小平哲学思想（摘编）》，中共中央党校出版社 1993 年版，第 20 页。

二　怎样认识和理解马克思列宁主义、毛泽东思想

马克思列宁主义是指导我们思想的理论基础，为什么说多年来对于马克思主义是什么、什么叫马克思主义的问题，人们没有完全搞清楚呢？这个问题抽象地看来似乎难以理解，可是，把它放到实际生活中去，就一目了然了。

马克思主义创始人历来强调，他们的学说不是教条，而是革命的科学，是行动指南。毛泽东同志也指出，不应把马克思列宁主义书本上的个别字句看作是包治百病的灵丹圣药。可是在实际生活中，在毛泽东在世的时候，林彪就大搞个人迷信，以"毛主席最亲密战友"的名义鼓吹毛泽东的话"句句是真理"、"一句顶一万句"；在毛泽东去世以后，又有人提出要用"两个凡是"去对待毛泽东言论的方针，企图照抄照搬毛泽东晚年的个别论断去剪裁现实，打着"高举毛泽东思想"的旗号去坚持毛泽东晚年的错误。所以，问题的关键在于要创造性地探索和回答应该怎样认识和理解马克思列宁主义、毛泽东思想。

正是在这种情况下，邓小平通过先后两次、从两个角度批评"两个凡是"来阐明问题：一次是邓小平把毛泽东思想的基本原理、科学体系同毛泽东的个别论断明确地区分开来，强调要从毛泽东思想的基本原理和由此构成的科学体系上去把握毛泽东思想，而不应该把它肢解、割裂开来，把毛泽东的个别论断绝对化、神圣化。邓小平指出："要对毛泽东思想有一个完整的准确的认识，要善于学习、掌握和运用毛泽东思想的体系来指导我们的各项工作"，"至于个别的论断，那么无论马克思、列宁和毛泽东同志都不免有这样那样的失误，但是，这些都不属于马克思列宁主义、毛泽东思想的基本原理所构成的科学体系"[1]，"所以，我们不能够只从个别词句来理解毛泽东思想，而必须从毛泽东思想的整个体系去获得正确的理解"[2]。

另一次是邓小平从实事求是的角度指出，毛泽东画了圈的"两个估

---

① 《邓小平文选》第 3 卷，人民出版社 1993 年版，第 42、171 页。

② 同上书，第 43 页。

计"不符合客观实际。在"文化大革命"结束以后，教育部某主要负责同志因受"两个凡是"方针的影响，对于 1971 年由张春桥、姚文元修改定稿、毛泽东画了圈的《全国教育工作会议纪要》所提出的，"文化大革命"前 17 年教育战线是资产阶级专了无产阶级的政的"黑线专政"，知识分子的大多数世界观基本上是资产阶级知识分子的"两个估计"，不敢大胆说实话、拨乱反正。为此邓小平根据实践是检验真理的唯一标准的马克思主义基本理论和我国教育界的实际情况，强调指出即使是"毛泽东同志画了圈，不等于说里面就没有是非问题了"，因为"'两个估计'是不符合客观实际的"，"如果反对实事求是，反对从实际出发，反对理论和实践相结合，那还谈得上什么马列主义、毛泽东思想呢？"[1]

这样，邓小平就从基本原理、科学体系与个别论断，理论与实际的关系两个角度回答了应该怎样认识和理解马克思主义的问题。

三　怎样在社会主义建设中把马克思主义基本理论和本国的具体实际结合起来

20 世纪的世界社会主义运动的一个重要特征，是社会主义没有像马克思、恩格斯当年设想的那样首先在发达资本主义国家取得胜利，而是首先在资本主义较不发达的俄国取得胜利，在这种国家取胜后应怎样建设社会主义？应该说，对此，除了列宁在 1921 年实行新经济政策等少数场合以外，几乎全都在不同程度上存在着不顾本国经济文化较不发达的具体国情，去照抄照搬马克思、恩格斯设想在发达资本主义国家的革命取胜以后建设社会主义的某些论断，把它们硬套到本国实际上去，离开了生产力发展的现实水平，盲目追求公有化程度提高的偏向，致使社会主义制度的优越性不能得到充分发挥，使社会主义建设再三再四地遭遇挫折，影响所及，又使一些人对在经济文化较不发达国家能否在一定条件下跨越资本主义的充分发展阶段去建设社会主义产生怀疑和动摇，使之成为一个世纪性难题。

---

① 《邓小平文选》第 2 卷，人民出版社 1994 年版，第 66—67、118 页。

《共产党宣言》早就指出，对于马克思主义基本原理的实际运用，随时随地都要以当时的历史条件为转移，但从斯大林和其后一些社会主义国家的领导人大都滋长和发展着超越阶段、急于向共产主义过渡的情况来看，对于在社会主义建设中如何运用马克思主义基本原理的问题，人们并没有完全搞清楚。在我国，毛泽东较早地觉察到苏联模式的一些弊端，并提出要以苏为鉴，力图找到一条适合中国的工业化道路，但并没有从苏联模式离开了本国的生产力发展水平，超越阶段地盲目追求公有化程度的提高的错误倾向中吸取教训，相反地，他还把这种错误倾向和所谓越穷越要革命的想法结合在一起，在1958年发动违背客观经济规律的"大跃进"，在1966年又脱离了马克思主义基本原理和中国实际相结合的轨道，发动"文化大革命"，使我国经济濒临崩溃的边缘。

正是针对这种情况，邓小平指出："我们多次重申，要坚持马克思主义，坚持走社会主义道路。但是，马克思主义必须是同中国实际相结合的马克思主义，社会主义必须是切合中国实际的有中国特色的社会主义"，"离开自己国家的实际谈马克思主义，没有意义"。① 而在这个问题上，最大的实际就是对我们所处的社会主义发展阶段的基本国情，要有一个准确的把握。为此，在1987年8月的一次谈话中，邓小平强调说："我们党的十三大要阐述中国社会主义是处在一个什么阶段，就是处在初级阶段，是初级阶段的社会主义。社会主义本身是共产主义的初级阶段，而我们中国又处在社会主义的初级阶段，就是不发达的阶段。一切都要从这个实际出发，根据这个实际来制定规划。"② 据此，党的十三大指出，我国社会已经是社会主义社会，我们必须坚持而不能离开社会主义，而另一方面，我国的社会主义社会还处在初级阶段，生产力水平远远落后于发达资本主义国家，这就决定我们必须经历一个很长的初级阶段，去实现别的国家在资本主义制度下已实现的工业化、商品化、现代化。党的十五大又进一步明确规定我国社会主义初级阶段的基本经济制度是公有制为主体、多种所有制经济共同发展。对此，江泽民同志指出："确立这项基本经济制度是由两

---

① 《邓小平文选》第3卷，人民出版社1993年版，第63、191页。

② 同上书，第252页。

个方面决定的：一是我国实行社会主义制度，必须坚持公有制为主体；二是我国处在社会主义初级阶段，必须发展多种所有制经济。在坚持公有制为主体的前提下，一切符合三个有利于的所有制形式都应当用来为社会主义服务。"①

马克思主义理论必须和各国的具体实际相结合，对于一切在马克思主义的旗帜下进行战斗的人来说，都是一条耳熟能详的基本原理，但为什么只是到了邓小平，才在总结前人经验教训的基础上，提出社会主义初级阶段论，解开经济文化较不发达国家建设社会主义这个世纪性难题呢？这是因为邓小平抓住了问题的关键，即马克思主义理论联系实际的原则要求人们从本国的国情出发去运用马克思主义关于建设社会主义的基本原理，而不是从原理出发，削足适履地让客观现实去适应理论和原则。邓小平说过："各国的情况千差万别，人民的觉悟有高有低，国内外阶级关系的状况，阶级力量的对比又很不一样，用固定的公式去硬套怎么行呢？就算你用的公式是马克思主义的，不同各国的实际相结合，也难免犯错误。"② 为什么用了马克思主义的公式还难免犯错误？原因在于这种用法就是不符合马克思主义关于一切要从实际出发，而不是从公式出发的基本原理的。

四　怎样继承和发展马克思主义

在变化了的条件下，应该怎样继承和发展马克思主义？在世界社会主义运动中，有些人往往把对于马克思主义的继承和发展割裂开来，或者把马克思主义经典作家针对彼时彼地情况提出的某些论断，教条主义地照抄照搬到此时此地，或者在新情况、新问题面前迷失方向，忘记了要把马克思主义基本原理当作分析情况和问题、指导自己行动的指南。这样相反的两极还是相通的，有些人在教条主义的照抄照搬失灵之后，就跳到另一端去鼓吹"马克思主义失灵论"或者"马克思主义过时论"，抛弃马克思主义。这方面的一个典型代表就是戈尔巴乔夫，他在从 1985 年开始搞的

---

① 《江泽民文选》第 1 卷，人民出版社 2006 年版，第 613 页。
② 《邓小平文选》第 2 卷，人民出版社 1994 年版，第 318 页。

"加速社会经济发展战略"和企业改革方案因为继续苏联模式的错误使农轻重比例失调更加严重等原因而遭到失败后，就使其改革由"完善社会主义"转到民主社会主义的方向上去"更新社会主义"，结果导致苏联剧变、解体。

针对这些错误倾向，邓小平先是否定了倒退和停滞，强调要解放思想，以马克思主义为指导去创新。他在 1979 年党的理论工作务虚会上指出："我们当然不会由科学的社会主义退回到空想的社会主义，也不会让马克思主义停留在几十年前或一百年前的个别论断的水平，所以我们反复说，解放思想就是要运用马列主义、毛泽东思想的基本原理，研究新情况，解决新问题"①；接着，他又主要致力于回答怎样在变化了的条件下认识和发展马克思主义的问题。在 1985 年的全国党代表会议上，他指出，马克思主义理论"要求人们根据它的基本原则和基本方法，不断结合变化着的实际，探索解决新问题的答案，从而也发展马克思主义本身"②；而在1989 年的《结束过去，开辟未来》中，他又强调"绝不能要求马克思为解决他去世之后上百年、几百年所产生的问题提供现成答案；列宁同样也不能承担为他去世以后五十年、一百年所产生的问题提供现成答案的任务"，因而"真正的马克思列宁主义者必须根据现在的情况，认识、继承和发展马克思列宁主义"，"不以新的思想、观点去继承和发展马克思主义，不是真正的马克思主义者"。③

这样，邓小平就把对于马克思主义的继承和发展统一到了同一个过程之中：

一是"根据现在的情况"，也就是说要立足于现在的实际，而不是立足于过去，因而也就不能指望到马列的本本里去找到他们去世之后几十年、上百年所产生问题的现成答案；真正的马克思主义者必须立足于现在的实际，根据现在的情况，自己去探索解决新问题的答案。这就从根本上破除了躺在老祖宗身上的懒汉式教条主义。

① 《邓小平文选》第 2 卷，人民出版社 1994 年版，第 179 页。
② 《邓小平文选》第 3 卷，人民出版社 1993 年版，第 146 页。
③ 同上书，第 291—292 页。

二是"运用马列主义、毛泽东思想基本原理，研究新情况、解决新问题"，也就是"根据它的基本原则和基本方法，不断结合变化着的实际，探索解决新问题的答案"。这就是说，在探索解决新问题的答案时又必须坚持马克思主义的立场、观点、方法和基本原理作为指导思想和行动指南，从而就没有丢马克思主义的老祖宗，也体现了真正的马克思主义继承观；但这种对马克思主义的继承，又是和对马克思主义的发展紧密联系在一起的，因为在研究新情况、探索解决新问题的答案的过程中，说出了马克思主义老祖宗所没有说过而又符合客观实际、反映发展趋势的新话来。

三是"以新的思想、观点去继承和发展马克思主义"，因为正是在"人们根据马克思主义的基本原则和基本方法，不断结合变化着的实际，探索解决新问题的答案"的过程中，人们"也发展马克思主义理论本身"。

所以，这是一个把对马克思主义的继承和发展融为一体的过程，一个以继承为依托、不断向前发展的过程，又是一个寓继承于发展之中的过程。邓小平把对于马克思主义的继承和发展统一起来、融为一体，这就为胜利地解决把两者割裂开来以及由此产生的种种问题指明了方向。

以江泽民为核心的中央第三代领导和以胡锦涛为核心的党中央都始终坚持和不断向前推进这种把对马克思主义的继承和发展统一起来的传统。

在党的十五大报告中，江泽民指出："马克思列宁主义、毛泽东思想一定不能丢，丢了就丧失根本。同时一定要以我国改革开放和现代化建设的实际问题、以我们正在做的事情为中心，着眼于马克思主义理论的运用，着眼于对实际问题的理论思考，着眼于新的实践和新的发展。离开本国实际和时代发展来谈马克思主义，没有意义。静止地孤立地研究马克思主义，把马克思主义同它在现实生活中的生动发展割裂开来、对立起来，没有出路"①；在庆祝中国共产党成立 80 周年大会上的讲话中，江泽民又指出："马克思主义的基本原理任何时候都要坚持，否则我们的事业就会因为没有正确的理论基础和思想灵魂而迷失方向，就会归于失败。这就是我们为什么必须始终坚持马克思主义基本原理的道理所在。马克思主义具

---

① 《江泽民文选》第 2 卷，人民出版社 2006 年版，第 12 页。

有与时俱进的理论品质。如果不顾历史条件和现实情况的变化，拘泥于马克思主义经典作家在特定历史条件下、针对具体情况作出的某些个别论断和具体行动纲领，我们就会因为思想脱离实际而不能胜利前进，甚至发生失误。这就是我们为什么始终反对以教条主义的态度对待马克思主义的道理所在。"①

胡锦涛在"三个代表"重要思想理论研讨会上的讲话中指出："理论创新必须以坚持马克思主义基本原理为前提，否则就会迷失方向，就会走上歧途，而坚持马克思主义又要以根据实践的发展不断推进理论创新为条件，否则马克思主义就会丧失活力，就不能很好地坚持下去；最广大人民改造世界、创造幸福生活的伟大实践是理论创新的动力和源泉，脱离了人民群众的实践，理论创新就会成为无源之水，就不能对人民群众产生感召力、对实践发挥指导作用"②；在党的十七大报告中，胡锦涛指出："《共产党宣言》发表以来近一百六十年的实践证明，马克思主义只有与本国国情相结合、与时代发展同进步、与人民群众共命运，才能焕发出强大的生命力、创造力、感召力。在当代中国，坚持中国特色社会主义理论体系，就是真正坚持马克思主义"③；在纪念党的十一届三中全会召开 30 周年大会上的讲话中，胡锦涛又指出："30 年来，我国改革开放取得伟大成功，关键是我们既坚持马克思主义基本原理，又根据当代中国实践和时代发展不断推进马克思主义中国化，形成和发展了包括邓小平理论、'三个代表'重要思想以及科学发展观等重大战略思想在内的中国特色社会主义理论体系，赋予当代中国马克思主义勃勃生机。马克思主义是我们立党立国的根本指导思想。坚持和巩固马克思主义指导地位，是党和人民团结一致、始终沿着正确方向前进的根本思想保证。同时，马克思主义只有同本国国情和时代特征紧密结合，在实践中不断丰富和发展，才能更好发挥指导实践的作用。"（新华社北京 2008 年 12 月 18 日电）

改革开放以来，我们党所主张的把马克思主义的基本原理、科学体系

---

① 《江泽民文选》第 3 卷，人民出版社 2006 年版，第 282—283 页。

② 胡锦涛：《在"三个代表"重要思想理论研讨会上的讲话》，人民出版社 2003 年版，第 10 —11 页。

③ 《中国共产党第十七次全国代表大会文件汇编》，人民出版社 2007 年版，第 11—12 页。

同其个别论断明确地区别开来，把实践作为检验真理的唯一标准，在社会主义建设中从中国的实际出发运用马克思主义基本原理，以及在新的变化了的条件下，要立足于现在的实际把对于马克思主义的继承和发展统一起来等观点，创造性地探索和回答了什么是马克思主义、怎样对待马克思主义的一系列基本问题，它们确立了对待马克思主义的科学态度，确立了马克思主义的思想路线，为中国特色社会主义理论体系的形成和发展创造了思想前提，邓小平理论、"三个代表"重要思想、科学发展观等重要战略思想，正是我们党沿着这条思想路线，在这个思想前提下，随着实践的发展而不断创新、不断提出的。所以，胡锦涛总书记把什么是马克思主义、怎样对待马克思主义，概括为我们党 30 年来创造性地探索和回答的第一个重大理论和实践问题，具有极其重大的意义，它推动着我们从思想路线、思想前提的高度去加深对中国特色社会主义理论体系形成和发展的认识和把握，进一步增强我们坚持这个理论体系的自觉性和坚定性。

（原载《中国特色社会主义研究》2009 年第 2 期）

关键在于不断推进马克思主义中国化

今年是中国共产党成立 90 周年。回顾这 90 年来的发展历程，我们党先是在新民主主义革命中，用不同于十月革命的方法，成功地继续了十月革命所开辟的道路，在中国建立了社会主义制度，使我们党在国际共产主义运动中脱颖而出；接着，又在改革开放和社会主义现代化建设中，开辟出中国特色社会主义的新道路，从而在世界社会主义运动因为东欧剧变、苏联解体而处于低潮谷底的时候，我国的社会主义制度不仅巍然屹立，还使我们国家的面貌发生了历史性变化，社会生产力和综合国力大幅度提高，中华民族伟大复兴前景在望。

在人类历史上，90 年只是一个短暂的瞬间，我们党之所以能够在这么一个短暂的瞬间成就这样辉煌的业绩，根本的原因在于把马克思主义的基本原理和中国的具体实际紧密结合起来，不断推进马克思主义中国化：毛泽东在 1938 年党的六届六中全会上提出"使马克思主义中国化""成为全党亟待了解并亟须解决的问题"①，在 1956 年党的八大开幕词中宣告："把马克思列宁主义的理论和中国革命的实践密切地结合起来，这是我们党的一贯的思想原则。"② 邓小平在 1982 年党的十二大开幕词中指出："把马克思主义的普遍真理同我国的具体实际结合起来，走自己的道路，建设有中国特色的社会主义，这就是我们总结长期历史经验得出的基本结论。"③ 江泽民在党的十五大阐述马克思主义中国化的基本含义时说："马克思列宁主义、毛泽东思想一定不能丢，丢了就丧失根本。同时一定要以我国改革开放和现代化建设的实际问题、以我们正在做的事情为中心，着眼于马克

---

① 《中共中央文件选集》第 11 册，中共中央党校出版社 1991 年版，第 659 页。
② 《毛泽东文集》第 7 卷，人民出版社 1999 年版，第 116 页。
③ 《邓小平文选》第 3 卷，人民出版社 1993 年版，第 3 页。

思主义理论的运用，着眼于对实际问题的理论思考，着眼于新的实践和新的发展。"① 胡锦涛则在党的十七大上，把坚持马克思主义基本原理同推进马克思主义中国化相结合，列为我国改革开放"十个结合"宝贵经验之首②。十分明显，不断推进马克思主义中国化，是我国社会主义事业兴旺发达的关键。

一　马克思主义中国化展现了矛盾的普遍性与特殊性的相互联结

为什么马克思主义中国化的不断推进，会成为我国社会主义事业兴旺发达的关键？这首先因为它展现了矛盾的普遍性和特殊性的相互联结。

在世界上万事万物的矛盾运动中，都有普遍性与特殊性的关系问题：一方面，普遍性是绝对的，而特殊性是相对的；而另一方面，绝对的普遍性却又存在于、包含于相对的特殊性之中。没有一种普遍性不是建立在特殊性的基础之上的，要是没有了特殊性，又哪里来的普遍性？人类的认识是在从特殊到普遍，又从普遍到特殊的循环往复中不断推进的，这是因为，只有认识了个别事物的特殊本质，才有可能充分认识诸种事物的共同本质，而在认识了各事物的共同本质以后，还必须继续研究尚未深入研究过或新冒出来的具体的事物。

马克思主义中国化就体现了矛盾的普遍性和特殊性的这种相互联结。邓小平指出："马克思列宁主义的普遍真理与本国的具体实际相结合，这句话本身就是普遍真理。它包含两个方面，一方面叫普遍真理，另一方面叫结合本国实际。我们历来认为丢开任何一面都不行。……如果普遍真理不与中国的实际相结合，或者结合得不好，那么就会造成很大的损失。"③而中国革命中的教条主义者恰恰不懂得普遍性与特殊性相互联结的这种辩证法，他们把反映矛盾普遍性的马克思主义基本原理看成是凭空出现的东

---

① 《江泽民文选》第 2 卷，人民出版社 2006 年版，第 12 页。
② 《十七大以来重要文献选编》（上），中央文献出版社 2009 年版，第 8 页。
③ 《邓小平文选》第 1 卷，人民出版社 1994 年版，第 258—259 页。

西，只知道死记硬背马克思主义的个别词句，把它们变成人们不能触摸的纯粹抽象的公式去到处乱套，而拒绝对中国国情这一具体事物作任何艰苦的研究，拒绝从中国的实际情况出发来运用马克思主义的基本原理，结果使我国革命遭受失败和挫折。特别是 20 世纪 30 年代初，教条主义者不从中国的实际出发，却把从巴黎公社到十月革命时欧洲无产阶级革命以城市为中心的道路，奉为唯一的公式加以照抄照搬，结果使中国革命几乎陷于绝境。

与此相反，以毛泽东为代表的中国共产党人则把马克思主义普遍真理和中国的具体实际结合起来，提出了自己的建立农村根据地，发动农民组织革命武装，以农村包围城市、最后夺取全国胜利的方针，这才取得了中国革命的胜利。事情正如毛泽东所指出的那样："马克思列宁主义的普遍真理一经和中国革命的具体实际相结合，就使中国革命的面目为之一新。"① 事实说明，"只有一般的理论，不用于中国的实际，打不得敌人，但如果把理论用到实际上去，用马克思主义的立场、方法来解决中国问题，创造出新的东西，这样就用得了"。② 邓小平之所以多次重申"要坚持马克思主义，坚持社会主义道路。但是，马克思主义必须是同中国实际相结合的马克思主义，社会主义必须是切合中国实际的有中国特色的社会主义"，"离开自己国家的实际谈马克思主义，没有意义"③，"就算你用的公式是马克思主义的，不同各国的实际相结合，也难免犯错误"④，其根本原因也在这里。

二　马克思主义中国化实现了马克思主义普遍真理和民族特征的统一

马克思主义中国化之所以能够成为我国社会主义事业兴旺发达的关键，还因为它实现了马克思主义普遍真理和民族特征的统一。而马克思主

---

① 《毛泽东选集》第 3 卷，人民出版社 1991 年版，第 796 页。
② 《毛泽东文集》第 2 卷，人民出版社 1995 年版，第 408 页。
③ 《邓小平文选》第 3 卷，人民出版社 1993 年版，第 63、191 页。
④ 《邓小平文选》第 2 卷，人民出版社 1994 年版，第 318 页。

义基本原理和中国具体实际的结合，正是实现马克思主义的普遍性和民族特征的这种统一的原则。然而，在苏联的大党大国主义的心目中，提出"马克思主义中国化"本身就表明要用民族主义去对抗国际主义：1961 年11 月初，在刘少奇率领中共代表团到莫斯科去出席世界共产党和工人党代表会议时，苏共中央在给中共代表团交中共中央的长篇《答复信》中就说，马列主义是一种国际主义的学说，它对一切国家都同样是适用的和可以采用的，然而中共的同志们，中国的报刊，竟广泛地使用"中国化马克思主义"这个概念。在苏共看来，说"马克思主义中国化"或"中国化马克思主义"就是在搞民族主义。

在这里，苏共中央显然把无产阶级反对资产阶级民族主义，同无产阶级要重视民族差别、尊重民族特征这样两件不同的事情混淆起来了。

什么是资产阶级民族主义？资产阶级民族主义就是把资产阶级狭隘的阶级利益冒充为全民族的普遍利益，声称它具有最高价值，并打着民族主义的旗号去破坏工人阶级的国际团结。无产阶级当然反对这种资产阶级的民族主义。但与此同时，各国无产阶级在推进社会主义革命和建设事业的时候，又必须重视民族差别、充分尊重民族特征。列宁在 1920 年所写的《共产主义运动中的"左派"幼稚病》一书中，就明确地提出了要使共产主义的基本原则正确地适应于民族国家差别的问题。他强调说，"各国共产主义工人运动国际策略的统一"，"要求运用共产党人的基本原则（苏维埃政权和无产阶级专政）时，把这些原则在某些细节上正确地加以改变，使之正确地适应于民族的和民族国家的差别，针对这些差别正确地加以运用"，而为此就"必须查明、弄清、找到、揣摩出和把握住民族的特点和特征"[①]。贯穿于我们党的"马克思主义中国化"中的，正是这种把共产主义的基本原则和民族特征统一起来的原则。马克思主义基本原理体现的，无疑是马克思主义放之四海而皆准的具有普遍适用性的品格，但在存在千差万别特点的不同国家和民族中，这种具有普遍适用性品格的马克思主义，又必须和各国的具体特点相结合，并通过一定的民族形式才能在现实生活中具体地表现出来和发生作用。反之，要是忽视了、离开了各国各民族的特点来谈马克思主义，那就

① 《列宁选集》第 4 卷，人民出版社 1995 年版，第 200 页。

只能是空洞的抽象的马克思主义，它必定脱离生活、脱离群众，既使马克思主义无法得到实现，又使社会主义事业遭受损失。在我们党的历史上，20世纪30年代上半期，"左"倾教条主义者否认中国特点，把马克思主义教条化和把共产国际决议、苏联经验绝对化和神圣化时出现的，就是这种情景。正是在总结这些经验教训的基础上，以毛泽东为代表的我们党提出了"马克思主义中国化"，它使马克思主义具有了为中国老百姓所喜闻乐见的中国作风和中国气振，披荆斩棘、胜利地引导着我国的社会主义事业不断地奋勇前进，成为全国各族人民团结奋斗的共同思想基础，深深扎根于中华大地的马克思主义和科学社会主义。

三　马克思主义中国化把马克思主义基本原理和中国的具体实践融为一体

马克思主义中国化之所以会成为我国社会主义事业兴旺发达的关键，更重要的是因为它从中国的实际出发，以马克思主义理论为指导，寻找解决我国革命、建设、改革中出现的新问题的答案，从而既坚持了马克思主义理论，又把我国的社会主义事业和马克思主义理论本身推向前进。

把马克思主义基本原理和中国的具体实际联系起来，推进马克思主义中国化的具体进程究竟是怎样的呢？毛泽东在20世纪40年代初发表的《改造我们的学习》、《整顿党的作风》等著作中，曾经用"有的放矢"这个中国成语来阐明其实现途径。这就是："要有目的地去研究马克思列宁主义的理论"，要"为着解决中国革命的理论问题和策略问题而去从它找立场，找观点，找方法的。这种态度，就是有的放矢的态度"[1]；"'矢'就是箭，'的'就是靶"，"马克思列宁主义和中国革命的关系，就是箭和靶的关系"，"马克思列宁主义之箭，必须用了去射中国革命之的"。[2] 这样，在马克思主义中国化过程中，一是马克思主义理论指导中国的具体实践；二是这个实践过程既检验了理论的正确性，又从中找到中国革命、建

---

① 《毛泽东选集》第3卷，人民出版社1991年版，第801页。
② 同上书，第819—820页。

设、改革提出的新问题的解决方案，从而既推进了中国社会主义事业的发展进程，又推进了马克思主义理论的进一步发展；三是在这种实践基础上形成的理论创新，又将指导下一步新的实践，如此循环往复。

在1985年9月中国共产党全国代表会议上的讲话中，邓小平也阐述了马克思主义中国化是怎样通过把理论和实践融为一体而坚持和发展马克思主义的："马克思主义理论从来不是教条，而是行动的指南。它要求人们根据它的基本原理和基本方法，不断结合变化着的实际，探索解决新问题的答案，从而也发展马克思主义理论本身……我们现在要建设有中国特色的社会主义，时代和任务不同了，要学习的新知识确实很多，这就更要求我们努力针对新的实际，掌握马克思主义基本原理。因为只有这样，才能提高我们运用它的基本原则和基本方法，来积极探索解决新的政治经济社会文化基本问题的本领，既把我们的事业和马克思主义理论本身推向前进，也防止一些同志，特别是一些新上来的中青年同志在日益复杂的斗争中迷失方向。"[①]

这样，把马克思主义基本原理和中国具体实际融为一体的马克思主义中国化，就把对马克思主义的坚持、继承同发展、创新也融合了起来。在这里，坚持马克思主义的立场、观点、方法，或者说，坚持马克思主义的基本原则和基本方法，表现为继承；而以此为指导，在变化着的客观实际中，探索到中国革命、建设、改革中新问题的解决答案，从而马克思主义本身的推进，则表现为发展、创新。事情正如江泽民所说的那样："继承是创新的前提，创新是最好的继承。只有坚持这样做，理论才能真正顺应时代和实践的呼唤，实现与时俱进的要求。"[②]

毛泽东、邓小平都曾大声疾呼地强调过在坚持和继承的基础上创新、发展马克思主义的极端重要性。毛泽东在1959—1960年间读苏联《政治经济学教科书》时曾谈道："马克思这些老祖宗的书，必须读，他们的基本理论，必须遵守，这是第一。但是，任何国家的共产党，任何国家的思想界，都要创造新的理论，写出新的著作，产生自己的理论家，来为当前

---

① 《邓小平文选》第3卷，人民出版社1993年版，第146—147页。
② 《江泽民文选》第3卷，人民出版社2006年版，第327页。

的政治服务，单靠老祖宗是不行的。"①邓小平则既强调"老祖宗不能丢"②，又强调指出，"绝不能要求马克思为解决他去世之后上百年、几百年所产生的问题提供现成答案。列宁同样也不能承担为他去世以后五十年、一百年所产生的问题提供现成答案的任务。真正的马克思列宁主义者必须根据现在的情况，认识、继承和发展马克思列宁主义"，而且"不以新的思想、观点去继承和发展马克思主义，不是真正的马克思主义者"。③怎样才能实现毛泽东、邓小平所反复强调的这种在坚持、继承的基础上创新、发展马克思主义的伟大历史任务？最重要的就是，要通过马克思主义中国化，通过把马克思主义基本原理和中国具体实际结合起来。因为只有这样，才能在把理论和实践融为一体的过程中，既避免使理论由于同实践相割裂而失诸空洞、抽象，又避免使实践由于缺乏理论的指导而陷于盲动；才能在马克思主义理论的指导下，探索到解决新的政治经济社会文化问题的答案，从而既推进社会主义事业，又发展马克思主义本身。

实际上，不仅在我国，而且在整个国际共产主义运动中，社会主义事业的兴旺发达、马克思主义的创新发展，其实现都取决于是否把马克思主义的基本原理同当时当地的具体实际结合起来。例如，列宁之所以能够领导俄国人民取得十月革命的伟大胜利，首先源于他抓住了19—20世纪之交，由自由资本主义发展到垄断资本主义即帝国主义的时代转变，已经改变了在自由资本主义时代，社会主义革命只能在欧洲大多数发达国家同时发动、陆续取胜的前景，而提出了社会主义革命可能在一国，在帝国主义的薄弱环节、资本主义较不发达的俄国首先获胜的新理论；同样地，列宁在1921年提出的新经济政策之所以能够使在战争中遭到严重破坏的俄国经济迅速地恢复和发展起来，也在于他在总结战时共产主义政策经验教训的基础上，牢牢抓住当时俄国经济的具体特征，转变到向社会主义迂回过渡、逐步过渡，容许建设中的社会主义同力图复活的资本主义，在通过市场来满足千百万农民需要的基础上进行经济竞赛，从而找到了把社会主义

---

① 《毛泽东文集》第8卷，人民出版社1999年版，第109页。
② 《邓小平文选》第3卷，人民出版社1993年版，第369页。
③ 同上书，第291—292页。

"拖进"日常生活，同农民经济相结合的具体途径。

四　马克思主义中国化是一个需要不断推进的过程

把马克思主义基本原理同我国革命、建设、改革的具体实践结合起来的马克思主义中国化，是我国社会主义事业兴旺发达的关键。然而，这不仅是一个解决起来很不容易、在结合的过程中会经常犯错误的过程，而且也是一个不可能毕其功于一役、不可能一劳永逸地解决问题的过程，而是一个需要在发展中随着矛盾克服而又产生，不断地加以推进的过程。

邓小平曾经指出："不论在革命时期还是建设时期，如何使马克思列宁主义与各个时期的具体情况相结合，这是一个需要不断解决的问题。"[①]在我们党的历史上，在新民主主义革命时期，毛泽东领导我们党经过长期的艰苦奋斗，探索到了以农村包围城市、武装夺取政权这一中国特色的革命道路，实现了马克思主义基本原理和中国具体实际相结合过程中的第一次历史性飞跃；在20世纪50年代中期，毛泽东又提出要进行马克思主义同中国实际的"第二次结合"，找到在中国进行社会主义革命和建设的正确道路。[②] 但因为在1957年下半年以后，他对国内阶级斗争形势作出了与实际情况日益相悖的错误估计，在指导思想上发生了对科学社会主义原则的"左"的偏离，这就使他的探索在取得了一些可贵成果后又离开了正确的方向而走到了歧路上去，没有能够达到预期的目标。从1978年党的十一届三中全会开始，以邓小平为核心的党的第二代领导集体，在改革开放和社会主义现代化建设中，在总结历史经验特别是"文化大革命"的经验教训的基础上，重新进行探索，才找到了中国特色社会主义道路。

另一方面，又正因为我们党把马克思主义中国化不是看作一个可以一劳永逸地解决问题的过程，而是看作一个需要随着矛盾克服而又产生并不断推进的过程，并适应形势的发展变化，顺应广大人民的新期待，解放思想，实事求是，与时俱进地不断推进马克思主义中国化，不断地以实践基

---

① 《邓小平文选》第1卷，人民出版社1993年版，第258页。
② 吴冷西：《十年论战》（上），中央文献出版社1999年版，第23—24页。

础上的理论创新为实践提供新的理论指导，这才继毛泽东思想之后，又在改革开放和社会主义现代化建设中形成和发展了包括邓小平理论、"三个代表"重要思想和科学发展观等重大战略思想在内的中国特色社会主义理论体系，实现了马克思主义基本原理和中国具体实际相结合过程中的第二次历史性飞跃，赋予当代中国马克思主义勃勃生机，保证我国社会主义事业持续的兴旺发达。

在 2009 年 9 月党的十七届四中全会上，我们党又在总结坚持马克思主义基本原理同推进马克思主义中国化相结合的经验的基础上，提出了把"推进马克思主义中国化、时代化、大众化"作为建设马克思主义学习型政党的首要战略任务，要求我们"坚持运用马克思主义立场、观点、方法准确把握当今世界发展大势，准确把握社会主义初级阶段基本国情，准确把握改革发展实际，及时总结党领导人民创造的新鲜经验，围绕什么是马克思主义、怎样对待马克思主义，什么是社会主义、怎样建设社会主义，建设什么样的党、怎样建设党，实现什么样的发展、怎样发展等重大问题，不断作出新的理论概括，增强理论说服力和感召力，丰富发展中国特色社会主义理论体系，为进一步认识世界和改造世界，推动党和国家事业发展提供强有力的理论指导"。我们坚信，随着这项战略任务的贯彻实施，马克思主义中国化的进一步推进，我国的社会主义事业必将更加兴旺发达起来，让我们用这样的丰硕成果，到 2021 年迎接我们党的百岁华诞，到 2049 年迎接中华人民共和国的百岁华诞，迎接在中国特色社会主义道路上中华民族的伟大复兴。

（此文入选《纪念中国共产党成立 90 周年理论研讨会》，
原载《纪念中国共产党成立 90 周年理论研讨会文集》（上），学习出版社 2011 年版）

第二编

中国特色社会主义道路的特征和意义

在改革开放中开辟中国特色社会主义道路

在改革开放 30 周年之际，党的十七大报告浓墨重彩地强调改革开放是新时期最鲜明的特点，是决定当代中国命运的关键抉择，是发展中国特色社会主义、实现中华民族伟大复兴的必由之路；强调只有社会主义才能救中国，只有改革开放才能发展中国、发展社会主义、发展马克思主义。

一　在社会主义制度下实行改革开放的迫切重要性

在推进我国社会主义现代化的过程中，邓小平同志曾经多方面、多角度地反复强调改革开放的迫切重要性。例如，他指出，"如果现在再不实行改革，我们的现代化事业和社会主义事业就会被葬送"①；"不坚持社会主义，不实行改革开放，不发展经济，不改善人民生活，只能是死路一条"②。

长期以来，人们总是说社会主义制度要比弱肉强食、损人利己的资本主义制度好得多，社会主义能够使生产力比资本主义更快更好地发展。为什么现在邓小平同志还要那样强调实行改革开放的迫切重要性，迫切到说再不改革，就只能"死路一条"、"葬送社会主义事业"呢？

人类社会是在生产力和生产关系、经济基础和上层建筑的矛盾运动中发展的，但社会主义社会的矛盾又和包括资本主义社会在内的一切阶级社会的矛盾根本不同：资本主义等阶级社会的矛盾表现为剧烈的对抗和冲突，表现为剧烈的阶级斗争，那种矛盾不可能由资本主义制度本身来解决，而只有社会主义革命才能够加以解决；社会主义社会的矛盾则不是对

---

① 《邓小平文选》第 2 卷，人民出版社 1994 年版，第 150 页。
② 《邓小平文选》第 3 卷，人民出版社 1993 年版，第 370 页。

抗性矛盾，它可以经过社会主义制度本身不断地得到解决。

从这个意义上说，制度是有决定性的。但是，制度又并不是万能的。在社会主义基本制度适合生产力发展需要的情况下，在生产关系和生产力之间、上层建筑和经济基础之间，仍然存在着一定的矛盾，它表现为经济制度和政治制度在某些环节上的缺陷，这种矛盾虽然不需要用根本性的变革去解决，却仍然需要通过改革及时地加以调整，否则就会窒息社会主义内在的生机和活力。这就是说，在有了正确的社会主义制度之后，还需要有正确的方针政策去把社会主义制度所提供的优越性充分发挥出来，去不断解决这种制度在某些环节上的缺陷，使之更适合于时代的发展和人民的需要。在社会主义制度下实行改革的必要性由此产生。

与此同时，当社会主义的实现形式和发展战略同它所生存和发展于其中的整个时代、世界的发展变化不相适应时，例如，当时代主题由战争与革命转变为和平与发展，国际上的竞争相应地转变为以经济和科技实力为基础的综合国力的较量的时候；当新的科技革命在世界范围内悄然兴起，经济全球化趋势使各国经济的关联性空前强化的时候；当以增强综合国力为中心目标的改革调整浪潮广泛涉及各个国家、各个领域的时候；当在工业文明的基础上人类消耗能源、排放污染、排放温室气体的活动危及人类自身的生存基础的时候，也都要求社会主义与时俱进地进行改革，去顺应以改革创新为核心的时代潮流和时代精神。而且这种情况还同社会主义社会基本矛盾的运行紧密地交织在一起，进一步增强了在社会主义制度下实行改革的迫切重要性。在这样的时刻，要是拒不进行改革，或者贻误了改革的时机，都会危及社会主义的发展乃至生存。20世纪下半叶，苏联的由盛转衰，其经济发展速度不断滑坡，这个事实清楚地说明了即使在社会主义制度下，要是不能适应形势的发展变化，不断地通过改革去除弊兴利、去适应时代潮流，那也会遭到被边缘化，乃至被淘汰的厄运。

二　改革开放成为决定当代中国命运的关键抉择

新中国成立以后，在第一个五年计划顺利完成的大好形势下，以高指标、瞎指挥、浮夸风和共产风为主要标志的"左"的思想开始抬头，盲目追求不切实际的高速度，"一大二公三纯"的社会主义生产关系的升级，再加上高度集中的计划经济体制的束缚，造成工业与农业、积累与消费等比例关系的严重失衡，经济畸形发展。经过 1960 年冬开始的"调整、巩固、充实、提高"，到 1965 年，农业生产得到恢复发展，整个国民经济又重新焕发出新的生机和活力。但是，在接踵而来的"文化大革命"时期，国民经济又被推到了几乎崩溃的边缘。

正如邓小平所指出的："中国社会从 1958 年到 1978 年 20 年时间，实际上处于停滞和徘徊状态，国家的经济和人民的生活没有得到多大的发展和提高。"① 而如果联系周围的环境来看，问题就更加严重，因为在这一历史时期，西方发达资本主义国家借助新一轮科技革命的推动力，社会经济快速平稳发展。结果，社会主义中国与资本主义西方在科技、经济方面的差距进一步拉大了。当然，"在这 20 年中，我们并不是什么好事都没有做。我们做了许多工作，也取得了一些重大成就，譬如搞出了原子弹、氢弹、导弹等，但就整个政治局面来说，是一个混乱状态；就整个经济情况来说，实际上是处于缓慢发展和停滞状态"②。

这就使中国当时又面临着向何处去的问题：一种思潮主张搞"两个凡是"，实际上是主张继续按"无产阶级专政下的继续革命"那一套既定方针办；另一种思潮则散布所谓社会主义不如资本主义的言论，主张倒退到资本主义道路上去。以邓小平为代表的中国共产党人否定了这两种错误方案，指出唯一的出路是在坚持社会主义制度的前提下搞改革开放。他说，我们"冷静地分析了中国的现实，总结了经验。肯定了从建国到 1978 年的三十年的成绩很大，但做的事情不能说都是成功的。我们建立的社会主义制度是个好制度，必须坚持"，但体制方面存在着弊端，束缚了生产力的发展。他说，"社会主义的首要任务是发展生产力，逐步提高人民的物质和文化生活水平"，"不发展生产力，不提高人民的生活水平，不能说是

---

① 《邓小平文选》第 3 卷，人民出版社 1993 年版，第 237 页。
② 同上书，第 264 页。

符合社会主义要求的"①；而"从 1957 年下半年开始，我们就犯了'左'的错误。总的来说，就是对外封闭，对内以阶级斗争为纲，忽视发展生产力，制定的政策超越了社会主义的初级阶段"，而 1978 年我们党的十一届三中全会提出的一系列新的方针政策，其中心点是从以阶级斗争为纲转到以发展生产力为中心，从封闭转到开放，在体制上从社会主义计划经济转到社会主义市场经济。

从十一届三中全会决定实行的改革开放，也和过去的革命一样，旨在扫除发展生产力的障碍，使中国摆脱贫穷落后状态的意义上说，它的性质可以说是革命性的变革，是"中国的第二次革命"②，但从改革开放不是一个阶级推翻另一个阶级那种原来意义上的革命，不是、也不允许否定和抛弃我们建立起来的社会主义基本制度，而从坚持和深化原先的基本制度抉择的意义上说，它又是"社会主义基本制度的自我完善和发展"③。

30 年来的实践雄辩地证明，改革开放果然是决定当代中国命运的关键抉择，是发展中国特色社会主义、实现中华民族伟大复兴的必由之路，它使我国的社会主义现代化建设取得了举世瞩目的伟大成就，综合国力和国际地位明显提高，人民生活水平发生翻天覆地的变化，它带来了中国人民的面貌、社会主义中国的面貌、中国共产党的面貌的深刻变化，中国与世界的关系也发生了历史性的变化。现在，中国经济已经成为世界经济的重要组成部分：我国的国内生产总值从 1978 年的 3624.1 亿元发展到 2007 年的 24.66 万亿元，增长 68 倍，占全球的比重由 1978 年的 1% 发展到 5% 以上，由世界第 11 位跃升到世界第 4 位；我国的进出口总额由 1978 年的 206 亿美元发展到 2007 年的 2.17 万亿美元，增长 105 倍，占全球的比重由不足 1% 发展到 8%，由世界第 32 位跃升到世界第 3 位；我国的外汇储备由 1978 年的 1.67 亿美元发展到 2007 年的 1.52 万亿美元，增长 9101 倍，由世界第 40 位跃升到世界第 1 位；我国的财政收入由 1978 年的 940 亿元发展到 2007 年的 5.13 万亿元，增长 54.5 倍；我国的人均国民收入

---

①　《邓小平文选》第 3 卷，人民出版社 1993 年版，第 115—116 页。

②　同上书，第 113 页。

③　同上书，第 265 页。

由 1978 年的 379 元发展到 2007 年的 1.85 万元，增长 48 倍；城镇居民可支配收入由 1978 年的 343.4 元发展到 2007 年的 13786 元，增长 40 倍；乡村居民可支配收入由 1978 年的 133.57 元发展到 2007 年的 4140 元，增长 30 倍；我国的贫困人口由 1978 年的 10 亿人中的 2.5 亿人减少到 2007 年的 13 亿人中的 1000 多万人；我国的人均预期寿命由 1978 年的 68 岁增长到 2007 年的 73 岁，超过世界平均寿命 8 岁：我国的粮食产量由 1978 年的 3 亿吨发展到 2007 年的 5 亿吨；我国的钢产量由 1978 年的 3000 万吨发展到 2007 年的 4.6 亿吨；汽车产量由 1978 年的 14 万辆发展到 2007 年的 888 万辆；高速公路由 1978 年的零发展到 2007 年的 5.4 万公里，居世界第 2 位；手机由 1978 年的零发展到 2007 年的 5.6 亿部，占全球一半以上；我国的网民从 1978 年的零发展到 2007 年的 2.1 亿，居世界第 1 位。这样的发展速度不仅超过了第二次世界大战以后资本主义 20 年的黄金发展时期，而且在人类历史上也是罕见的。

三　我国改革开放的两个关键性特征

我国改革开放之所以会取得这样的伟大成就，成为发展中国特色社会主义的必由之路，从根本上说是因为我国的改革开放具有两个关键性的特征。

我国改革开放的关键性特征之一，便是始终同坚持四项基本原则紧密地联系在一起，这就使我国的改革开放成为坚持社会主义方向的改革开放，作为社会主义制度的自我完善和发展的改革开放，以发扬优势、革除弊端、大胆创新为内容的改革开放，从而是有利于巩固和发展社会主义的改革开放。

在改革开放的过程中，邓小平把社会主义基本制度和具体体制严格区分开来，认为我们建立的社会主义制度是一个好制度，必须坚持，要改革的是束缚生产力发展的、存在弊端的具体体制，因此必须坚持改革的社会主义方向。在 1987 年 6 月一次会见前南斯拉夫联盟中央主席团时，邓小平就强调说，社会主义各国情况不同的改革，"共同的一点是要保持自己的优势，避免资本主义社会的毛病和弊端"，"不能搬用西方那一套所谓的民主，不能搬用他们的三权鼎立，不能搬用他们的资本主义制度，而要搞社会主义民主"。那么，"我们的改革要达到一个什么目的呢？总的目的是要有利于巩固社会主义制度，有利于巩固党的领导，有利于在党的领导和社会主义制度下发展生产力"。说到底，"我们的改革不能离开社会主义道路，不能没有共产党的领导，这两点是相互联系的，是一个问题。没有共产党的领导，就没有社会主义道路"①；在 1993 年 9 月 16 日的一次谈话中，邓小平又指出："我们在改革开放初期就提出'四个坚持'。没有四个坚持，特别是党的领导，什么事情也搞不成，会出问题，出问题就不是小问题。"②

正因为我国的改革开放具有坚持社会主义方向这个基本特征，所以，在为我们党制定的社会主义初级阶段基本路线中，邓小平就提出了以经济建设为中心，坚持四项基本原则，坚持改革开放的"一个中心、两个基本点"；在党的十七大报告中，胡锦涛又把"坚持四项基本原则同坚持改革开放结合起来"，作为"取得了我们这样一个十几亿人口的发展中大国摆脱贫困、加快实现现代化、巩固和发展社会主义的宝贵经验"之一。

说坚持改革的社会主义方向成为我国改革开放取得巨大成就的一个关键性因素，也可以从我国同苏联情况的对比中得到证明。有些人往往对改革开放在我国结出了中国特色社会主义的丰硕果实，而在苏联却酿成了剧变解体的苦果这种现象感到迷惑不解。其实，苏联的剧变解体并不是源于改革开放，而是源于戈尔巴乔夫在"改革"的旗号下，从根本上改变了由十月革命所确立的社会主义基本制度的抉择，转到民主社会主义的轨道上去了，苏联在戈尔巴乔夫执政时期的"改革"历程，清楚地勾画出了剧变的这种轨迹。

一是把从 20 世纪 20—30 年代形成的苏联社会主义体制的弊端，归结为人与政权、人与生产资料和自己的劳动成果、人与精神财富三个方面的异化，从制度层面上说"必须根本改造我们的整个大厦，从经济基础到上层建筑"。

---

①　《邓小平文选》第 3 卷，人民出版社 1993 年版，第 241—242 页。

②　《邓小平年谱》（下），中央文献出版社 2004 年版，第 1363 页。

　　二是提出要采用属于全人类共同价值标准的民主和人道主义，去纠正社会主义的异化现象。戈尔巴乔夫宣称"我们正在建设的不仅是人道主义的社会主义，而且是民主的社会主义"，它具有"人道主义的社会结构"、"本身能在社会生活的一切方面实现民主化"。戈尔巴乔夫这就把原先旨在社会主义基本制度范围内实行的、作为"政策抉择"的改革，变成要改变由十月革命所确立的社会主义基本制度的"制度抉择"；由科学社会主义的"改革"变成民主社会主义的推行。

　　三是提出用公开性、民主化、社会多元论去根本改造"官僚专制制度"，接着就在把社会主义自我丑化、自我否定为"犯了罪"的"集权主义"、"专横社会主义"的基础上，把蛰伏在地下和由帝国主义和平演变战略培植起来的反共势力召唤出来去推翻共产党的领导。各种非正式组织一下子从地下钻了出来，1987 年为三万多个，1989 年为六万多个，1990年为九万多个，它们大多是反共反社会主义的。而在 1990 年苏共中央二月全会决定取消共产党的领导、实行多党制以后，一下子出现了五百多个政党，其中全苏性的政党有二十多个，而且几乎都是以打倒共产党、推翻社会主义制度为政治目标的。

　　四是从排除与资本主义的对抗性，到同资本主义的总统制、议会制、多党制，思想政治上的多元论、经济上的私有化实行一体化，一步一步地把苏联推向剧变解体。在这个过程中，戈尔巴乔夫又在组织上解散了苏联共产党而创建了俄罗斯社会民主党，并参加了社会党国际。

　　我国改革开放所具有的又一个关键性特征，是顺应时代发展潮流，拓展世界眼光，在大胆吸取和借鉴包括发达资本主义社会在内的当代人类创造的一切文明成果的过程中，拓展和丰富了社会主义，发展社会主义，从而使我们能够建设优于资本主义的中国特色社会主义。这就是党的十七大报告中指出的"把坚持马克思主义基本原理同推进马克思主义中国化结合起来"。

　　在经济文化较不发达的基础上建设社会主义，必须吸取资本主义的一切优秀成果，这是马克思主义创始人的一贯思想，列宁更把吸取资本主义制度的一切正面成就看作是十月革命以后苏联建设社会主义中面临的一个迫切的现实问题。但限于历史条件，他们在这个方面的设想，都没有能够得到预期的实现。正是在总结社会主义国家同发达资本主义国家在发展科技方面差距的经验教训的基础上，邓小平从和平与发展已经成为时代主题的高度，强调指出："社会主义要赢得与资本主义相比较的优势，就必须大胆吸取和借鉴人类社会创造的一切文明成果，吸取和借鉴当今世界各国包括资本主义发达国家的一切反映现代社会化生产规律的先进经营方式、管理方法。"①

这方面的一个典型实例，便是推进由社会主义计划经济到社会主义市场经济的转变。早在改革开放之初，以邓小平为核心的党的第二代中央领导集体牢牢把握解放思想、实事求是的思想路线，从根本上解除了把计划经济和市场经济看作是从属于社会基本制度范畴的思想束缚，从现代的市场经济比传统的计划经济在资源配置方面更为有效的客观事实出发，把市场经济同社会主义制度结合起来，实行社会主义市场经济，既发挥它有利于解放和发展社会生产力，有利于增强社会主义国家的综合国力，有利于提高人民的生活水平，使社会主义的优越性进一步发挥出来的优点，又因为把市场经济同社会主义政治、经济基本制度和精神文明建设紧密结合起来，而避免市场经济所固有的缺陷和消极方面。

另一个典型实例，是在 20 世纪 90 年代末期，当经济全球化趋势既有力地促进了社会生产力和科学技术在世界范围内的迅猛发展，又带来了诸如东南亚经济危机等负面效应的时候，以江泽民为代表的党的第三代中央领导集体冷静地权衡了利弊得失，毅然作出了进一步积极参与国际经济合作和竞争的战略决策。江泽民指出："我们要坚定不移地实行对外开放政策"，"充分利用经济全球化带来的各种有利条件和机遇。不能看到有风险、有不利因素，就因噎废食，不敢参与进去。同时，又要对经济全球化带来的风险保持清醒的认识，坚持独立自主，加强防范工作；增强抵御和化解能力，以切实维护我国的经济安全，更好地发展壮大自己"。②

又一个典型实例，是以胡锦涛为总书记的党中央在新世纪新阶段，我国既面临发展机遇又面对凸显矛盾的新的历史起点上，提出以人为本、全

---

① 《邓小平文选》第 3 卷，人民出版社 1993 年版，第 373 页。
② 《江泽民文选》，人民出版社 2006 年版，第 201 页。

面协调可持续发展的科学发展观。胡锦涛在党的十七大报告中指出："科学发展观，是立足社会主义初级阶段基本国情，总结我国发展实践，借鉴国外发展经验，适应新的发展要求提出来的。"

第二次世界大战以后，资本主义世界各国把加快经济增长奉为共识，美国学者刘易斯提出了把发展等同于经济增长，认为有了经济增长就有了一切的发展观。有些国家因片面追逐经济增长，忽视能源资源节约和环境保护而爆发生态危机。经过深刻反思以后，从20世纪80年代开始，世界上出现了大致向三个方向推进的新的发展观：一是由法国学者佩鲁提出的朝横向扩展的发展理念，主张发展是整体的、内生的、综合的、关心文化价值的新的发展理论；二是由世界自然保护联盟、世界环境与发展委员会等组织提出的朝纵向扩展的发展理念——可持续发展概念和发展战略；三是由印度学者阿玛蒂亚·森等提出的从内涵上扩展的发展理念，主张发展的目的在于使人们获得能力、扩展自由的发展理论。科学发展观借鉴了所有这些新的发展理念，并在同中国实际相结合的基础上进一步丰富和发展了它们。如在朝横向扩展的发展理念方面，我们党使发展中国特色社会主义事业的布局由经济、政治、文化建设三位一体，发展为经济、政治、文化、社会建设四位一体。并在经济建设方面，提出"五个统筹"，全面协调城乡发展、区域发展、经济社会发展、人与自然和谐发展、国内发展和对外开放。在社会建设方面，提出努力使全体人民学有所教、劳有所得、病有所医、老有所养、住有所居，推动建设和谐社会；在朝纵向扩展的发展理念方面，我们党提出了节约发展、清洁发展、安全发展、实现可持续发展，以及发展循环经济，建设资源节约型和环境友好型社会，促进经济发展与人口、资源、环境相协调等；在从内涵上扩展的发展理念方面，我们党阐明了发展要以人为本，以人的全面发展为目标，以发展好、维护好、实现好最广大人民的利益为出发点和落脚点，在国际上则始终不渝地走和平发展道路、奉行互利共赢的开放战略，争取和平、开放、合作、和谐的发展，建设一个民主、和谐、公正、包容的和谐世界。从而使我们的统领经济社会发展全局的科学发展观，顺应了当今世界的发展潮流，反映并推进了当代世界的最新发展理念，被海外媒体称作"人类发展理论的重大创新"。

成就我国改革开放伟业的这两个关键性因素，雄辩地论证了党的十七大报告在深刻总结历史经验的基础上提出的新的重要论断："只有社会主义才能救中国，只有改革开放才能发展中国、发展社会主义、发展马克思主义。"

然而，歌颂我国改革开放的伟大成就，分析它获得成功的关键性原因，丝毫不意味着我国的改革开放已经终结或完成，也并不否认我们在发展进程中还面临种种新的挑战和问题，而只是要强调在继续深化改革开放，进一步推进中国特色社会主义事业时要像党的十七大报告所指出的那样："要把改革和创新精神贯彻到治国理政各个环节，毫不动摇地坚持改革方向，提高改革决策的科学性，增强改革措施的协调性。"

（原载《中国特色社会主义研究》2008 年第 6 期，
并入选《纪念党的十一届三中全会召开 30 周年理论研讨会》）

中国特色社会主义道路是
人类文明史上的伟大创举

　　自从以邓小平为代表的中国共产党人开辟了中国特色社会主义道路以来，我国经济社会的发展取得了举世瞩目的巨大成就：从 1978 年到 2010 年，我国的国内生产总值从 3624 亿元增长到 39.8 万亿元，在世界各国国内生产总值中所占比例由 1.8% 上升到 9.5%，由名列世界第 10 位上升到第 2 位；我国的进出口总额由 206 亿美元增长到 29728 亿美元，出口份额占全球的 9.6%，成为世界最大的出口国，对世界经济贸易增长的贡献率达 50%；国家外汇储备从 1.67 亿美元增加到占世界外汇储备的 1/3，成为世界最大的外汇储备国和美国的最大债权国；贫困人口从 2.5 亿减少到 1479 万，30 年内我国的减贫人数占全球减贫人数的比重超过了 70%，第一个提前实现了联合国千年发展目标中贫困人口比例减半的目标；我国用不到世界 10% 的耕地成功地解决了占世界 20% 的人口的温饱问题；我国的人均预期寿命已经超过世界平均寿命 8 岁。

　　面对这种超过了资本主义国家工业化时期和第二次世界大战以后资本主义 20 年黄金发展时期发展速度的人间奇迹，国际舆论对中国的发展道路给予了越来越密切的关注，提出了破解"中国之谜"的无数答案，但其中有一些刻意回避乃至抹杀了中国道路的社会主义性质，以致无法准确地阐明事实，因为中国道路恰恰就是中国特色社会主义道路。

一　中国特色社会主义道路的基本内涵和主要特征

　　什么是中国特色社会主义道路？中国特色社会主义道路就是中国实现

社会主义现代化的道路。它包含有四个方面不可或缺的基本内涵：一是中国共产党的领导；二是"一个中心、两个基本点"的社会主义初级阶段基本路线；三是中国特色社会主义经济、政治、文化、社会四位一体的总体布局；四是把我国建设成为富强民主文明和谐的社会主义现代化国家的目标。

关于中国共产党的领导。在革命时代，没有一个革命的党，没有一个像中国共产党这样按照马克思列宁主义的革命理论和革命风格建立起来的革命党，就不可能领导工人阶级和广大人民群众战胜帝国主义和反动的统治阶级，夺取革命的胜利；在建设和改革时期，在社会主义现代化建设极其艰巨复杂的任务面前，我们人民的团结，社会的安定，民主的发展，国家的统一，同样都要靠中国共产党的领导。中国特色社会主义道路就是由中国共产党倡导和带领全国各族人民走出来的。

关于"一个中心、两个基本点"的社会主义初级阶段基本路线。中国共产党领导中国人民进行革命、建设、改革的历史经验反复说明，党领导社会主义现代化建设，必须立足基本国情，而中国最大的国情就是中国社会主义现在处于并将长期处于初级阶段，是初级阶段的社会主义。邓小平指出："社会主义本身是共产主义的初级阶段，而我们中国处在社会主义的初级阶段，就是不发达的阶段。一切都要从这个实际出发，根据这个实际来制定规划。"根据社会主义初级阶段的主要矛盾是人民日益增长的物质文化需要同落后的社会生产之间的矛盾，我们党制定了"以经济建设为中心，以坚持四项基本原则、坚持改革开放为两个基本点"的社会主义初级阶段基本路线。党的十五大报告中指出，这是近二十年来我们党最宝贵的经验，是我们事业胜利前进最可靠的保证。

关于中国特色社会主义四位一体的总体布局。这就是党在社会主义初级阶段基本路线的指引下，中国特色社会主义解放和发展社会生产力，巩固和完善社会主义制度，建设社会主义市场经济、社会主义民主政治、社会主义先进文化、社会主义和谐社会。

关于建设富强民主文明和谐的社会主义现代化国家，这就是中国特色社会主义道路所要实现的全面的社会主义现代化目标。

中国特色社会主义道路的主要特征，则是坚持以经济建设为中心，大力促进经济发展和社会进步；坚持以人为本，全面协调可持续发展；坚持社会公平正义，以保社会的和谐稳定；保障人民的民主权利，促进人的全面发展，以进一步调动人民的积极性和创造性。

中国特色社会主义道路的基本内涵和主要特征说明了，由于这条道路既坚持了科学社会主义的基本原则，又根据我国实际和时代特征赋予其鲜明的中国特色，因而是在中国实现社会主义现代化的必由之路，是创造人民美好生活的必由之路。

二　中国特色社会主义道路的形成和发展轨迹

中国特色社会主义道路是从党的十一届三中全会开始开辟的，但却是由毛泽东领导中国人民取得的新民主主义革命的胜利和社会主义基本制度的建立，为它奠定根本政治前提和制度基础的；毛泽东在以马克思主义基本原理同中国具体实际的第二次结合为目标的艰辛探索，虽然因为在后来步入歧途而未能达到预期的目标，但在这个过程中收获和积累的积极成果，却是尔后中国特色社会主义道路的思想来源或给它提供了思想启示。

在结束"文化大革命"以后，于1978年12月召开的党的十一届三中全会，果断地停止使用"以阶级斗争为纲"的错误口号，确定把党和国家的工作重点转移到社会主义现代化建设上来，并提出了改革开放的战略决策。这标志着我们党开始找到了建设中国特色社会主义的新道路。

邓小平认为，我们从新中国成立到1978年30年间的成绩很大，我们建立的社会主义制度更是个必须坚持的好制度，但做的事情不能说都是成功的，这主要是因为不完全懂社会主义，因此提出了什么是社会主义、如何建设社会主义的问题。他指出："我们的经验教训有许多条，最重要的一条，就是要搞清楚这个问题。"在经过多年的探索之后，邓小平在1982年9月党的十二大的开幕词中明确提出了建设中国特色社会主义的指导思想。他说："我们的现代化建设，必须从中国的具体实际出发。无论是革命还是建设，都要注意学习和借鉴外国经验。但是，照抄照搬别国经验、别国模式，从来不能取得成功。这方面我们有过不少教训。把马克思主义的普遍真理同我国的具体实际结合起来，走自己的道路，建设有中国特色的社会主义，这就是我们总结长期历史经验得出的基本结论。"

1987 年 10 月召开的党的十三大，阐述了我们党在对社会主义再认识的过程中发展的科学理论观点，其中包括：关于在经济文化落后的条件下，建设社会主义必须有一个很长的初级阶段的观点；关于社会主义社会的根本任务是发展生产力，集中力量实现现代化的观点；关于改革是社会主义社会发展的重要动力，对外开放是实现社会主义现代化的必要条件的观点；关于坚持四项基本原则同坚持改革开放的总方针这两个基本点相互结合、缺一不可的观点；关于和平与发展是当代世界的主题的观点，等等。这些观点构成了建设有中国特色的社会主义理论的轮廓，初步回答了我国社会主义建设的阶段、任务、动力、条件、布局和国际环境等基本问题，规划了中国特色社会主义前进的科学轨道。

在 20 年前发表的南方谈话中，邓小平又进而把我们党对于为解决什么是社会主义、怎样建设社会主义问题所作的探索以及所找到的解决办法集中起来，提到中国特色社会主义新的高度来加以展开，提出了"社会主义的本质，是解放生产力，发展生产力，消灭剥削，消除两极分化，最终达到共同富裕"；强调以经济建设为中心，以坚持四项基本原则和坚持改革开放为两个基本点的社会主义初级阶段基本路线"要管一百年，动摇不得"；提出"社会主义基本制度确立以后，还要从根本上改变束缚生产力发展的经济体制，建立起充满生机和活力的社会主义经济体制，促进生产力的发展，这是改革，所以改革也是解放生产力"；"社会主义要赢得与资本主义相比较的优势，就必须大胆吸取和借鉴人类社会创造的一切文明成果，吸取和借鉴当今世界各国包括资本主义发达国家的一切反映现代社会化生产规律的先进经营方式、管理方法"；"计划经济不等于社会主义，资本主义也有计划；市场经济不等于资本主义，社会主义也有市场。计划和市场都是经济手段"。

在党的十三届四中全会上担任党的领导的江泽民，先是根据邓小平关于社会主义也可以搞市场经济的科学论断，在 1992 年 9 月召开的党的十四大上提出要以社会主义市场经济作为我国经济体制改革的目标模式；在 1997 年 9 月党的十五大上提出要坚持和完善社会主义公有制为主体、多种所有制经济共同发展的基本经济制度；提出要在中国共产党的领导下和人民群众当家做主的基础上，依法治国，发展社会主义民主政治；随后，他又提出要坚持法治和德治相结合，建设社会主义法治国家。在世纪之交，江泽民提出"三个代表"重要思想，创造性地回答"建设什么样的党、怎样建设党"的问题；并在经济全球化的大趋势下，提出以趋利避害为方针，既积极参与经济全球化、加入世界贸易组织，又坚持独立自主、努力维护国家经济安全的战略方针。这些，进一步拓宽了中国特色社会主义道路。

　　在党的十六大以后担任党的总书记的胡锦涛，在新世纪、新阶段，面临着前所未有的机遇和挑战，先是在 2003 年 10 月召开的党的十六届三中全会上提出树立和落实作为 30 多年改革开放实践的经验总结的科学发展观的问题，他指出要坚持以人为本，树立全面、协调、可持续的发展观，促进经济社会和人的全面发展；接着，在 2004 年 8 月 22 日纪念邓小平诞辰 100 周年大会上，胡锦涛正式提出了"坚持走和平发展的道路"这一中国特色社会主义的政策宣示。他指出，中国政府和人民作出的走和平发展道路这一战略抉择"立足中国国情，顺应时代潮流，体现了中国对内政策与对外政策的统一，中国人民根据利益与世界人民共同利益的统一，是中华民族伟大复兴的必由之路"；在 2005 年 2 月省部级主要领导干部专题研讨班上，他要求全党同志在建设中国特色社会主义的伟大实践中更加自觉地加强社会主义和谐社会建设，使社会主义物质文明、政治文明、精神文明建设与和谐社会建设全面发展。并指出，我们所要建设的社会主义和谐社会，应该是民主法治、公平正义、诚信友爱、充满活力、安定有序、人与自然和谐相处的社会。胡锦涛提出的这些思想观点和战略举措，不仅回答了"实现什么样的发展、怎样发展"的问题，而且又进一步拓宽、深化和提升了中国特色社会主义道路。在 2011 年庆祝中国共产党成立 90 周年大会上，胡锦涛总结说："经过 90 年的奋斗、创造、积累，党和人民必须倍加珍惜、长期坚持、不断发展的成就是：开辟了中国特色社会主义道路，形成了中国特色社会理论体系，确立了中国特色社会主义制度。"

　　从上述对中国特色社会主义道路形成和发展历程的简要回顾中，可以看出，这条道路之所以能够在实践中获得巨大的成功，不断创造出人间奇迹，其原因在于：它既坚持了马克思主义的基本原理，又坚持把马克思主义同中国的具体实际和时代特征紧密结合起来，不断推进马克思主义的中国化、时代化、大众化；它既努力学习、借鉴世界各国发展的有益经验，又坚持从我国社会主义初级阶段的基本国情出发来制定自己的方针政策，决不照抄照搬任何外国的经验、模式；它既坚持我们党作为马克思主义政党的革命传统，又坚持解放思想、实事求是、与时俱进，大力推进实践基础上的理论创新，用它来指导新的实践，从而不断深化对共产党执政规律、社会主义建设规律、人类社会发展规律的认识。

三　中国特色社会主义超越了资本主义现代化和传统社会主义的现代化道路

中国特色社会主义道路不仅使中国的经济社会发展不断创造出人间奇迹，而且其本身就是人类追求文明进步的一条新路，是人类文明历史上的伟大创举。

文明是人类改造自然和社会的物质、精神成果的总和，社会进步和经济发展状况的标志。自从人类走出蒙昧和野蛮时代而进入文明这种开化状态以后，先后经历了原始文明、封建文明、资本主义文明等文明形态。这三种建立在生产资料私有制基础上的文明形态的演进，一方面标志着物质文明和精神文明的发展进步，另一方面又都是在级别、等级、阶级的对抗中，在积累的劳动和直接的劳动的对抗中演进的。从 15 世纪直到当代，西方发达资本主义国家的文明都是建立在剥削和掠夺的基础上的，它们的资本主义现代化都是通过对内剥夺农民、剥削工人，对外掠夺、扩张、海外殖民乃至发动侵略战争来实现的。例如，英国的工业化，对内始于"羊吃人"的圈地运动，对外则靠掠夺和殖民地扩张来为其提供巨额货币财富和国外市场；而在美国的现代化过程中，西方殖民者把 7000 多万北美土著印第安人杀戮得只剩几十万。所以，马克思说，资本对劳动者剥夺的历史"是用血和火的文字载入人类编年史"，"资本来到世间，从头到脚每个毛孔都滴着血和肮脏的东西"。

之所以说中国特色社会主义道路是人类文明史上的伟大创举，首先因为它超越了资本主义现代化，是一条通过和平发展来实现的社会主义现代化道路。和平发展是贯穿中国特色社会主义内外的标志性特征。在国际上它表现为中国通过和平的国际环境来发展自己，又以自己的发展来维护世界和平、促进共同发展，反对霸权主义和强权政治，也严格约束自己即使在发展起来以后也永不称霸；表现为坚持与其他国家和民族互利共赢的开放战略，遵循联合国宪章和国际关系准则，在国际事务中弘扬民主、和睦、协作、共赢精神，倡导国与国之间在政治上相互尊重、平等协商，在经济上相互合作、优势互补，在文化上相互借鉴、求同存异，在安全上相互信任、加强帮助、协力推进。俄罗斯科学院士季塔连科评论说："中国在对待现代文明方面的态度、实施社会社会政策方面的经验，客观上成为'历史末日'及'文明冲突'等自由化思潮的有力替代者，从而推动历史发展，防止文明之间的冲突，推动全球的共同发展。"

中国特色社会主义的和平发展道路，在国内则表现为科学发展、和谐发展。它把发展作为主题，把结构调整作为主线，把改革开放和科技进步作为动力，把提高人民生活水平作为根本出发点，把可持续发展、人的全面发展以及社会和谐作为追求的目标。这样，事情正如德国贝特霍尔德所说：中国特色社会主义"给人们指出了一条摆脱全球资本统治的破坏性进程的出路"。他说，当今的资本主义越来越明显地暴露出其无能，它已无法解决日益严重的全球性问题，例如越来越多的国家发生社会劫难，暴力和战争频仍，南北之间的鸿沟加深，环境遭到破坏，对地球资源不负责任地随意开采，"现在世界越来越明确地要求塑造一个资本主义的对立面，中华人民共和国的重要意义以及今天所发生的一切，其意义也正在于此"。

四　中国特色社会主义道路超越了苏联模式，使社会主义朝着与本国国情、时代特征紧密结合的更健康的方向发展

之所以说中国特色社会主义道路是人类文明史上的伟大创举，还因为它超越了苏联模式，使社会主义朝着与本国国情、时代特征紧密结合的更健康的方向发展。

由马克思使之由空想变成科学、列宁使之由理想成为现实的社会主义，是一种高于资本主义并必将全面取代资本主义的、更高级的文明形

态。1917 年俄罗斯的十月革命开辟了人类由资本主义过渡到社会主义的新纪元，新生的苏联社会主义制度也确实在同资本主义的竞赛中，初步显示了它的优越性。但事情正如邓小平所说的："社会主义究竟是个什么样子，苏联搞了很多年，也并没有完全搞清楚。可能列宁的思路比较好，搞了个新经济政策，但是后来苏联的模式僵化了。"

为什么说苏联对什么是社会主义的问题也并没有完全搞清楚？那是因为苏联的社会主义是在经济文化比较落后的资本主义俄国的基础上建立起来的，它和马克思、恩格斯所设想的在资本主义充分发达的基础上经过革命而产生的社会主义，显然有许多区别。苏联本应该从自己的实际出发去规划自己的社会主义建设纲领，但他们却习惯于照搬马克思、恩格斯原先针对发达资本主义国家在革命胜利后如何建设社会主义所提出的某些论断。

为什么说列宁新经济政策的思路可能比较好？那是因为列宁在总结了战时共产主义作为直接过渡到社会主义的生产和分配方法的失败教训之后，得出结论说，在一个生产力不发达、小农经济占优势的国家，不能实现从小生产到社会主义的直接过渡。从而就从原先的基本上是把马克思、恩格斯关于社会主义社会的设想应用于俄国的思路，转变为从俄国的实际出发，以马克思主义的基本原理为指导，提出和实行向社会主义迂回过渡、逐渐过渡的思路，这就是新经济政策。列宁说，这意味"我们对社会主义的整个看法根本改变了"。

为什么说后来苏联的模式僵化了？"一战"以后，在资本主义包围的特定历史条件下形成的苏联模式，是一种适应于以战争与革命为时代主题的战备模式。在那样的环境里它能够有效地调动人力、财力和物力去从事建设和战争，但在同时，它又包含有一系列的缺陷和弊端，然而苏联领导人却思想僵化，把这种在特定历史条件下形成的苏联模式加以绝对化和凝固化，把它当成社会主义建设的普遍规律。就经济结构来说，按苏联模式发展起来的经济，是一种片面强调发展重工业和国防工业，造成国民经济比例失调，农业、轻工业落后，人民生活必需品长期短缺的经济；就发展战略来说，苏联模式所时兴的是一种高投入、低产出，靠不断增加投入来增产的粗放式经营，它重速度而轻效益，效率低下，浪费惊人；就经济体制来说，苏联模式不顾生产力在不同部门、层次上参差不齐的发展水平，过早地推行单一的生产资料公有制结构，而消灭其他经济成分。它还实行高度集中的指令性计划经济和统一的决策机制，而排斥市场，限制商品货币关系的发展，注重行政命令而忽视物质利益，这就削弱了推动其发展的内战经济动因；就政治体制来说，苏联模式以权力高度集中和行政强制为特征，忽视社会主义民主建设，乃至出现个人专断，用专政手段去解决党内意见分歧，严重破坏了社会主义法制；就对外关系来说，苏联领导人推行大党大国霸权主义，并在军备竞赛上耗费巨额资金，给国民经济带来难以承受的沉重负担，如此等等。

从前述中国特色社会主义道路的基本内涵、主要特征和发展轨迹中不难看出，中国特色社会主义道路已经超越了这种僵化的苏联模式，把社会主义同中国还处在社会主义初级阶段的基本国情紧密结合起来，把社会主义同时代主题已经由战争与革命到和平与发展的转换紧密结合起来，从而使社会主义朝着更健康的方向发展。

中国特色社会主义道路超越了西方资本主义国家现代化的发展道路，又超越了苏联模式，从本国的具体实际和当今时代特征出发，践行着一条人类追求文明进步的新路，这就突出了它的世界意义：一是它在发展经济、摆脱贫困上，给占世界总人口3/4的第三世界走出了一条路，指明了奋斗方向；二是更重要的，随着中国特色社会主义道路的进一步发展，我们将以发展生产力和科学技术的实践，用精神文明、物质文明、政治文明和生态文明建设的实践，证明社会主义制度优于资本主义制度，让发达资本主义国家的人民认识到社会主义确实比资本主义好，认识到社会主义是人类发展的必由之路。

（原载《马克思主义研究》2012 年第 4 期）

和平发展是中国特色社会主义
贯穿内外的标志性特征

目前世界范围内对中国和平发展道路的热烈讨论，从某种意义上说，源于 2004 年以来中国党和政府关于中国特色社会主义的政策宣示。

一　中国特色社会主义的政策宣示

自从 1978 年实行改革开放和社会主义现代化以来，30 年来中国的发展取得了举世瞩目的伟大成就，引起了国际上各种各样的评论和反响，其中尤以"中国威胁论"甚嚣尘上，意思是说，中国的这种飞速发展对世界对其他国家构成了威胁。中国的发展究竟走的什么道路，它对其他国家、对世界到底构不构成威胁？这是一个必须澄清的重大原则问题。

在一段时期内曾经有过关于中国要走"和平崛起"道路的提法，但"和平崛起"的提法引起了广泛的关注和讨论。有的不同意使用"和平崛起"一词，因为中国还没有崛起；有的认为，提和平崛起，既会刺激其他大国和周边国家，又会制约我国制止"台独"；还有的认为以"崛起"来表达民族复兴，易于在国际上助长"突兀感"、"相对压迫感"，以及"中国单赢"的价值取代感等。以胡锦涛为总书记的党中央在认真听取和综合分析各种意见的基础上，在 2004 年 8 月 22 日纪念邓小平同志诞辰 100 周年大会上，正式提出了"坚持走和平发展的道路"这一中国特色社会主义的政策宣示。2005 年 12 月，中国国务院新闻办公室发表政策文件《中国的和平发展道路》白皮书。

之所以说中国和平发展道路是中国特色社会主义的政策宣示，是因为坚持和平发展实际上是邓小平创立的中国特色社会主义的本质要求，邓小平曾经强调指出："我们搞的是有中国特色的社会主义，是不断发展社会生产力的社会主义，是主张和平的社会主义。只有不断发展社会生产力，国家才能一步步富强起来，人民生活才能一步步改善。只有争取到和平的环境，才能比较顺利地发展。"① 中国和平发展道路实际上是把邓小平所揭示的中国特色社会主义对内不断发展社会生产力的根本战略和对外主张和平的根本战略联结和贯通起来，从发展道路的高度加以集中的概括和宣示。

中国和平发展道路向世界宣告：从 20 世纪 70 年代末中国共产党第十一届三中全会开始，到 21 世纪中叶中国基本实现现代化这一历史时期，中国特色社会主义将遵循对内不断发展生产力、对外主张和平的道路来实现社会主义现代化、实现中华民族的伟大复兴。

这就说明，和平发展不仅是一个国际战略问题，而且首先是中国特色社会主义贯穿内外的标志性特征。正如胡锦涛在博鳌亚洲论坛二〇〇八年年会开幕式的演讲《坚持改革开放，推进合作共赢》中所指出的，中国政府和人民作出的走和平发展道路这一战略抉择"立足中国国情，顺应时代潮流，体现了中国对内政策与对外政策的统一，中国人民根本利益与世界人民共同利益的统一，是中华民族伟大复兴的必由之路"（新华社博鳌［海南］2008 年 4 月 12 日电）。在国际上它表现为和平发展的国际战略，在国内则表现为用以人为本、全面协调可持续发展的科学发展观统领经济社会发展全局，构建和谐社会的社会主义现代化战略。这种国际战略和国内社会主义现代化战略统一于中国特色社会主义，表现在我们既充分利用世界和平的大好时机努力发展和壮大自己，努力实现生产发展，生活富裕，生态良好，社会和谐的文明发展格局；又以自身的发展更好地维护世界和平，促进各国共同发展，实现中国的发展与和平国际环境的良性互动。所以，它是在中国特色社会主义理论体系指导下，中国特色社会主义道路贯穿内外的标志性特征。

---

① 《邓小平文选》第 3 卷，人民出版社 1993 年版，第 328 页。

二 世界主要国家的传统现代化道路

和平发展是中国特色社会主义的政策宣示，又是一条不同于传统现代化的人类文明发展新路。因为在人类文明史上，大国崛起往往伴随着战争和血腥。

15 世纪以来，世界主要国家的现代化都不是通过和平发展的道路，而是通过对外掠夺、扩张乃至发动侵略战争来实现的。

（一）英国

以世界上第一个现代化国家英国为例，它的现代化历史，很大程度上就是一部海外殖民和扩张的历史，正是作为英国资本主义原始积累的重要组成部分的海外殖民，拉开了英国资本主义现代化的历史序幕。如果说圈地运动为英国资本主义的发展准备了大批雇佣工人和国内市场的话，那么，对外掠夺和殖民扩张则为英国资本主义的发展提供了巨额货币财富和国外市场。

英国的海外扩张始于 1550—1675 年的海盗行为：对金银的无限贪欲，促使英国商人和冒险家从事海盗掠夺，他们抢劫葡萄牙人装载东方香料的船只，抢劫西班牙人装载美洲白银的"白银舰队"，这些海盗行径由英国王室发给特许状的人们进行，并得到英皇的积极支持。在发现新航线、新大陆后，由于葡萄牙控制了东印度，西班牙控制了西印度群岛，英国起初只能通过贸易和海盗手段从经济上打击它们，但随着在 16 世纪中叶以后，英国经济力量和海上力量的日益强大，就开始对葡、西发动公开的殖民地争夺战，1588 年，英国政府在伦敦商人的支持下击溃了西班牙"无敌舰队"，1600 年成立掠夺印度和垄断远东贸易的东印度公司，1620 年和1633 年分别在马德拉斯和加尔各答设商馆建立了入侵印度的据点。16 世纪末 17 世纪初，英国殖民势力进入北美和西印度群岛，并在那里建立了第一批殖民地。此外，英国还对邻近的爱尔兰发动侵略，大规模掠夺爱尔兰农民的土地。英国的贵族和资产阶级通过这些为国内的工场手工业的大发展提供巨额资本。1650 年，英国通过对葡萄牙发动战争，取得了对葡属殖民地进行贸易和特惠关税权；1655 年，英国派遣远征军强占西班牙在西印度的殖民地牙买加，发展种植园奴隶制；1652—1674 年，英国通过三次战争迫使荷兰承认其航海条例，并从荷兰手中夺取了北美的尼德兰殖民地，随后又把荷兰势力排挤出印度；从 17 世纪末期开始，英国同法国争夺在印度、北美和西印度的殖民地霸权以及猎捕非洲黑人的垄断权和掠夺西非的黄金，在 1757—1763 年的"七年战争"中，英国从法国手中夺取了加拿大及其附近的全部领土，西印度的小安得列斯群岛和非洲塞内加尔的一部分，并使东印度公司由一个商业强权变成一个军事的、拥有领土的强权，在武力征服印度以后，把印度变成英国资本原始积累的重要源泉，在 1757—1815 年间从印度搜刮了 310 亿英镑的财富。从 19 世纪开始，英国进一步加强了对外侵略和对殖民地的掠夺，英国的殖民地面积从 1800 年的 1130 万平方公里扩大到 1876 年的 2250 万平方公里，人口达 25190 万人，英国成为世界上最大的殖民帝国。从 19 世纪初到 60 年代，英国还以印度为基地，先后对缅甸、阿富汗、伊朗发动侵略战争，占领了新加坡、缅甸等许多地方；英国殖民者还把大量鸦片偷运到中国，当中国人民进行抵制时，便在 1840—1842 年发动第一次鸦片战争，迫使中国签订不平等条约，割让香港，开放五口通商，赔款 2100 万两白银；接着，又在 1856 年伙同法国发动第二次鸦片战争，侵入北京大肆劫掠，再次迫使中国割地赔款，使中国从此沦为西方列强的半殖民地；1900 年，英国又伙同其他帝国主义国家发动对中国的大规模侵略，迫使中国签订丧权辱国的《辛丑条约》；英国还是 19 世纪最后 25 年中帝国主义列强瓜分非洲的最积极的参与者；到 1914 年英国所拥有的殖民地占全球面积的 1/4，占各帝国主义国家侵占的殖民地领土的 1/2，英国本土还不及英帝国总面积的 1%，它使印度和埃及成为英国的棉花产地，使加拿大成为其粮仓，使澳大利亚成为其畜牧场，使撒哈拉以南非洲成为其重要的矿产原料和贵金属产地。英国的资本主义现代化就是在这种不断地对外扩张、掠夺和侵略中发展和完成的。

（二）美国

美国的资本主义现代化也是在领土扩张和殖民开发中推进的。

美国在经过 1776—1783 年的独立战争摆脱了英国殖民统治的枷锁，自己就走上了殖民扩张的道路。美国在 1776 年宣布独立时，其国土面积只有 400 万平方公里左右，但从 1783 年开始，就从印第安人手中逐步夺占了阿巴拉契亚山和密西西比河山之间的大片土地，使自己的国土面积翻了一番；1803 年，它趁拿破仑在海地战败的机会，用 1500 万美元的价格，从拿破仑手中购得了领土达 160 多万平方公里的法国路易斯安那地区，使密西西比河由美国西部边界的界河变成美国的内河；趁欧洲各国混战的机会，在 1818 年向英国购买了现在为北达科他州的部分土地；1819 年以 500 万美元的代价，从西班牙殖民者手中买进了佛罗里达地区，在 1845 年成为美国的第 27 个州；1845 年美国吞并了墨西哥的得克萨斯省，宣布它为美国的第 28 个州；作为 1846—1848 年美国与墨西哥战争的结果，美国又用 1500 万美元强行购买了墨西哥近一半的领土；1867 年美国又利用俄国与土耳其作战失败的机会，以每平方公里不到 2 美分，总共 720 万美元的价格，从沙俄手中买到了阿拉斯加，不久又买到了阿留申群岛；1890 年后，美国又掀起了海外扩张的浪潮：1898 年通过美西战争兼并了夏威夷；1898 年 2 月以“缅因号”战列舰在哈瓦那港口爆炸为借口向西班牙开战，在西班牙战败后迫使它放弃对古巴的主权，割让菲律宾给美国，美国还获得关岛，控制了加勒比海域。这样，在美国建国 100 多年的时间里，就由建国初期的 13 个州扩展为 50 个州、一个特区和一些海外领地，国土面积扩大到了 930 万平方公里，美国还通过投资，在 1912—1913 年控制了墨西哥的主要经济命脉，（78% 的矿井，72% 的冶金企业，58% 的石油开采和 68% 的橡胶企业）；通过强迫朝鲜签订一系列不平等条约，取得了在朝鲜采伐森林、开矿设厂以及利用朝鲜港口和沿海航行等权利；1900 年，美国参加八国联军，用武力干涉和镇压中国的义和团运动，向清政府强行索取许多在华权益；1903 年美国煽动巴拿马脱离哥伦比亚，强买巴拿马运河地带，开通并控制了对美国具有战略意义的巴拿马运河；20 世纪初，美国还通过武装干涉、扶植傀儡、收买股票、给予贷款等手段，控制了圣多明各、洪都拉斯、海地等国家的财政经济命脉。

（三）法国

法国的资本主义现代化也是通过奴隶贩卖、海上劫掠、殖民掠夺等手段来完成资本的原始积累的。路易十三时代不仅通过国外的"贸易"在中美、南美、安得列斯群岛和西印度群岛建立了许多殖民地据点，而且还在1635年直接参加欧洲的"三十年战争"，夺取阿尔萨斯和洛林，将法国领土扩张到莱茵河西岸；路易十四时代更通过1667—1697年的三次战争，先后侵占了北美的加拿大、路易斯安那、西印度洋的富裕群岛、非洲的马达加斯加以及印度的部分地区；17世纪末，法国的殖民活动达到了极盛时期，只是在18世纪以后，由于在与英国争夺殖民霸权的激烈斗争中多次失利，法国的扩张活动受挫，殖民势力有所削弱；19世纪初，拿破仑又多次发动侵略战争，大大扩张了法国的版图；第一帝国毁灭后，重新缩回到1790年的疆界，但到19世纪30年代法国的殖民掠夺再次加强，1830年开始侵占阿尔及利亚，接着兼并了非洲的鲁西贝（1841）、马特约（1843）、象牙海岸（1843）和几内亚（1843）；从19世纪50年代起，法国的殖民扩张又达到了高潮；1854—1860年间，法国多次侵略中国、掠夺了大量财富；1858年起，法国又在印度支那发动战争，它在1859—1861年占领了西贡，1862年征服了交趾支那，1863年把柬埔寨变为保护国，1860年远征叙利亚，1860—1867年武装干涉墨西哥，1869年凿通苏伊士运河，把侵略势力伸入埃及。通过这些，法国急剧地扩大了它的殖民地范围；1820年时它所拥有的殖民地面积是2万平方公里，人口40万，到了1860年，殖民地面积就增加为20万平方公里，340万人口；而到了1876年更进而增加到90万平方公里和600万人口，这就使法国成为仅次于英国的殖民帝国。

（四）德国

德国是后起的资本主义国家进行经济军事扩张，同老牌资本帝国主义国家进行瓜分世界的斗争和战争的典型。

19世纪80年代初，德国步英、法等国的后尘，走上掠夺殖民地的道路，最初它把侵略矛头指向非洲沿岸，也侵入太平洋的伊里安岛（新几内亚），19世纪90年代初，德国提出了建立殖民帝国和争夺世界霸权的要求，开始侵略中国，并继续向东方其他地区扩张势力，1897年，德国占领了中国的胶州湾，强迫取得修筑铁路和开采矿山的特权，把整个山东省变成其势力范围；1900年，德国又在八国联军中充当先锋，镇压中国的义和团运动、勒索了大量赔款。截至1914年，德国已掠夺到殖民地面积290万平方公里、人口1230万，但与英、法等老牌帝国主义国家相比却差得很远，那时，英国的殖民地面积为3350万平方公里，相当于其基本面积的110倍；沙俄霸占的殖民地1740万平方公里；法国拥有殖民地1060万平方公里。当时已成为欧洲霸主的德国显然不能满意这种结果，迫切要求重新"洗牌"，另一方面，英、法、俄等国也不满和反对德国在全世界的争夺和渗透，不愿看到德国加入世界强国行列，为此结成了一个以对抗德国为基础的帝国主义军事集团，力图压制、排挤德国，德国力图通过战争来摆脱这一联盟的噩梦，于是以萨拉热窝事件为导火索，在1914年爆发了第一次世界大战，战争以德国战败、帝制结束告终，战胜国把不平等、不公正的《凡尔赛条约》强加给德国，伤害了德国人的自尊心，激起了他们强烈的复仇欲望，在1929—1933年资本主义世界经济危机和世界大萧条、德国民族主义势力增长的特殊氛围中上台的希特勒矢志夺取世界霸权、建立"大德意志帝国"，在1938年突然"合并"奥地利、捷克斯洛伐克，1939年吞并波兰、挪威，随后全面打响了第二次世界大战，但在世界性反法西斯大联盟面前，希特勒统治的德国又以在1945年5月8日宣布无条件投降而告终。

（五）日本

和德国一起在第二次世界大战中成为战败国的日本，其现代化更是同侵略中国、朝鲜等国家紧密地交织在一起的。

早在1874年，日本帝国主义者就以琉球居民在台湾被害为借口，在美国顾问策划下侵略我国台湾，夺占了琉球群岛（1879年改称冲绳岛）；1875年以后又开始一步一步地侵略朝鲜；1890年纺织危机以后，日本资产阶级提出了向中、朝扩张的要求，并在1894年发动了大规模侵华的中日甲午战争，迫使清政府在1895年签订《马关条约》，并承认朝鲜"独立"，由日本霸占朝鲜市场；侵吞中国台湾和澎湖列岛；迫使清政府交纳两亿三千万两白银赔款，并开放长江、重庆、苏州、杭州为商埠，承认日本人在各商埠港口有从事各种制造业的权利，这就使日本的出口贸易在1895—1905 年间扩大了一倍半，刺激了日本纺织工业、以军事工业为中心的重工业和交通运输业的迅猛发展，中国赔款的 90% 以上用于扩军方面，这又带动了钢铁、造船、煤炭等工业和铁路的大发展，1897 年八幡制铁所的建立，就是这种发展的重要标志，而它使用的铁矿石，主要来自中国的大冶铁矿。在中日甲午战争以后的 10 年即 1894—1904 年间，日本的工业交通运输以及银行贸易都有惊人的发展；各部门的公司数量由 2844 家增至 8895 家，实缴资本由 2.45 亿日元增至 9.31 亿日元，分别增长 32.1 倍和 2.8 倍，工人由 38 万人增加到 48.4 万人。

如果说中日甲午战争促进了日本工业革命的发展和资本主义确立的话，那么接踵而来的仍以侵略中、朝两国为目标的日俄战争，又极大地促进了日本向垄断资本主义的过渡。1904 年 2 月，日本军国主义经过长期扩军备战，不宣而战，开始进攻俄国在中国旅大和朝鲜的军事力量，企图把沙俄在朝鲜和中国东北的势力驱逐出去，吞并朝鲜，独霸中国东北地区。在这场战争中，日本倚仗其长期发展起来的军国主义势力和英美的大力支持，打败了沙俄，在 1905 年签订了《朴次茅斯条约》，迫使俄国把库页岛南部割让给日本，承认日本对朝鲜的实际控制权，将中国中东铁路南段（长春—旅顺）、旅顺、大连的租借权转让给日本，这就使战争后期日本国内再次出现来势迅猛的兴办企业高潮：仅 1905 年下半年到 1907 年两年多时间里，新建和扩建的企业投资就达 6.7477 亿日元，相当于过去 10 年投资总额的 2 倍，1904—1914 年 10 年间，日本的工业生产增加了 1.5 倍，生铁产量增加了 3 倍以上，由 6.8 万吨增加到 30.2 万吨，钢铁产量增加近 4 倍，由 6 万吨增加到 28.3 万吨，工厂工人由 48.4 万人增加到 108.6 万人，增加 1.2 倍，对外贸易的输出额由 3.1926 亿日元增加到 5.911 亿日元，输入额由 3.713 亿日元增加到 5.9574 亿日元。经过中日、日俄两次战争，日本侵占了包括中国台湾、朝鲜、库页岛南部等相当于日本领土 76% 的外国领土，并在中国取得了租借地和特权；经过这两次战争，日本把清政府和俄国在朝鲜的势力驱逐出去，接着又在 1905 年 11 月强迫朝鲜接受保护条约，继而又在 1910 年 8 月公布《吞并条约》，灭亡了朝鲜，1915 年 1 月，日本向中国提出了灭亡中国的《二十一条》；1931 年 9 月 18 日对我国东北发动军事侵略，开始实现其长达 14 年的征服中国的狂妄计划；1941 年 12 月 8 日发动太平洋战争，妄图实现其建立"大东亚共荣圈"的迷梦；它还采取突然袭击的手段，在 6 个月内就侵占了菲律宾、马来亚、印度尼西亚、越南、泰国、缅甸、印度等国的大片领土，直到在全世界反法西斯力量的联合打击下，特别是中国共产党领导的中国人民八年抗日战争的打击下，在 1945 年 8 月 15 日接受《波茨坦公告》宣布无条件投降。

（六）俄国

比其他资本帝国主义经济基础来得薄弱的军事封建帝国主义的俄国，更需要依靠军事手段来进行殖民扩张。从 16 世纪初到 20 世纪初，俄国从一个由第聂伯河、德维纳河和沃尔塞夫河流域组成的中等大小国家，扩张成为一个从大西洋到太平洋西端幅员辽阔的帝国，一个地跨欧亚两洲，拥有一百多个民族的帝国，正如一位俄国历史学家所说，一部俄国史，就是一部不断进行对外殖民，领土扩张的历史。

沙皇俄国利用其有利的地理条件，积极参加了与其他帝国主义争夺中国、伊朗和土耳其等半殖民地国家的斗争。它是掠夺中国领土最多的国家，早在 19 世纪中期，它就通过一系列不平等条约割占了 150 万平方公里的中国领土，又进而企图占领中国的东北、新疆、内蒙古和西藏等地区，而 20 世纪初，在帝国主义瓜分中国的斗争中，俄国又充当了侵华的急先锋。

为巩固其在东北的势力范围，俄国修筑了穿越中国东北以达海参崴的西伯利亚铁路、从哈尔滨到旅顺口的铁路，攫取铁路沿线的军警"护路"权、采矿权、伐木权、内河内海航行权；又在东北开设矿厂、掠夺东北的矿产，特别是金矿，仅在黑龙江沿岸就开设金矿 21 所，使用矿工 10 万人以上，俄国还在东北进行掠夺性贸易，以高价向中国销售布匹等工业品，从中国廉价掠取粮食、牲畜和各种原料；日俄战争后，俄国为加强在东北的殖民经营，还在东北大量招募华工，仅 1906—1910 年间就招去 50 多万华工，其工资只有俄国工人的一半。俄国还企图吞并中国的内蒙古、新疆和西藏，在1904—1905年间，沙俄从塔什干修了一条直达中国新疆边境地区的铁路，把其垄断资本的分支机构洋行遍设新疆各主要城镇，高价向中国销售布匹等工业品，又以低价掠取成百万头牛羊从新疆输往俄国，甚至还在新疆大量倾销鸦片，牟取暴利，毒害中国人民。

从以上六个世界主要资本主义国家的历史回顾中可以看出，它们的现代化都是通过对外掠夺、扩张乃至发动侵略战争来实现的，是与中国特色社会主义宣示的中国和平发展道路截然不同的，因为中国和平发展道路要努力实现和平的发展、开放的发展、合作的发展、和谐的发展。

三　中国和平发展道路是人类追求文明进步的新路

正因为世界上主要资本主义国家的现代化都是通过对外掠夺、扩张乃至发动侵略战争来实现的，因此在这个基础上形成的传统的国际关系理论也是断然否认和平发展、和平崛起的。例如，在"二战"前后开始逐渐形成的古典现实主义派的理论就认为国家的"实力"是决定国家之间行为的第一要素，尽管在前进的道路上存在着巨大障碍，"实力"的性质总是要不断延伸和扩张，国家必然通过军事行动来加强它在地区扩张的力量，而经济基础是军事、政治实力发展的保证，因此，从逻辑上讲，经济的发展和扩张是进行扩张和发动战争的必要条件。古典现实主义对20世纪80年代以来中国实现的高速经济增长，成为世界市场的主力军，吸引了国际大企业的大量投资感到非常恐惧，把中国看成是造成地区和世界不稳定潜在可能性的最重要的一个因素。形形色色的"中国威胁论"，它的一个重要的认识论根源，也在于这种建立在传统现代化经验基础上的国际关系理论。

在否定国家和平发展与和平崛起的可能性的人中，美国芝加哥大学政治学教授、美国艺术与科学院院士米尔斯海默就是一个典型代表。

米尔斯海默在《大国政治的悲剧》一书中断言，中国成不成为民主国家无关紧要；仅仅是正在迅速发展这一事实就使得中国走上了一条与美国冲突的道路。之所以如此，是因为国际体系是崇尚弱肉强食的；在这个体系内，武力是最有用的；因为所有国家都把经济力量变成不断增强的军事力量，取得支配地位。2004 年 9 月 20—21 日，在美国著名智库卡内基国际和平基金会举办的以"中国和平崛起？"为题的大型学术研讨会上，米尔斯海默又断言中国和平崛起根本不可能。他先是以美国从独立时北美 13个州的小国发展为横跨两洋的世界强权的历史，从门罗主义到布什政策的演变来论证他的观点，说明任何强权总是在取得地区霸权之后进而要求取得世界霸权，在世界上同时并存着几个大国强权并且都拥有大量进攻性武器的情况下，国与国之间必然互相猜疑，尽力使自己保持比对手更为强大的军事力量。因为越是强大，就越不会招致别国的攻击。接着，米尔斯海默又以历史为例来证明，20 世纪除英国以外，存在过 3 个帝国强权，即一战与二战前的德国以及日本与苏联。它们每一个都想实现美国在 19 世纪所实现的从地区强权走向世界强权的目标，但是全都失败了，而对于这 4个帝国的最终瓦解，美国起了关键的作用。因此，米尔斯海默得出结论说，从地缘政治与历史经验出发，美国都需要保持世界唯一的霸主地位，决不会容忍出现势均力敌的竞争者，所以，美国将来可能会用对付苏联的方法来对付中国。2005 年 1—2 月号的美国《外交政策》双月刊，以《巨人之间的冲突》为题，报道了美国前国家安全事务助理布热津斯基与米尔斯海默就中美两个大国是否注定要决一雌雄的问题所展开的辩论。米尔斯海默在《最好成为巨大的异形恐龙哥斯拉而不是小鹿斑比》的文章中，重申其"中国不可能和平崛起"论，他强调说，如果中国在今后几年继续大力发展经济，美国和中国很可能在安全领域发生激烈的对抗，甚至极有可能爆发战争。包括印度、新加坡、韩国、俄罗斯和越南在内的中国的大多数邻国，很可能会与美国一道遏制中国。因为美国决不会容忍出现势均力敌的竞争者，就像它在 20 世纪所表明的，美国永远是世界上唯一的地区霸主。因此，美国将设法遏制中国，最终将其削弱到无法与之抗衡，不再有能力控制亚洲的程度。总而言之，美国将来很可能会用冷战时期对付苏联的那种方法来对付中国。

中国到底能不能实现和平发展？这是一个要由实践来检验，而不是由哪个人说了算的问题。而中国的和平发展道路，一方面是中国特色社会主义的政策宣示，表明中国政府和中国人民在到 21 世纪中叶时基本实现社会主义现代化的过程中将坚定不移地走中国和平发展道路的决心和信心；另一方面又是对于自 1978 年以来的 30 年中国已经走过的道路的事实描述。在和平的国际环境中，中国的国内生产总值由 1978 年的 3624.1 亿元发展到 2007 年的 24.66 万亿元，占全球的比重由占 1.8% 发展到占 6% 以上；进出口总额由 206 亿美元发展到 2.17 万亿美元，占全球的比重由不足 1% 发展到 8%；外汇储备由 1.67 亿美元发展到 1.52 万亿美元，由世界第 40 位跃升到世界第 1 位；财政收入由 940 亿元发展到 5.13 万亿元；人均国民收入由 379 元发展到 1.85 万元；城乡人民可支配收入由 343.4 元和 133.57 元发展到 13786 元和 4140 元。中国的经济腾飞对世界到底意味着什么？曾长期担任英国《金融时报》驻北京首席记者的詹姆斯·金奇在获得《金融时报》与高盛年度最佳商业图书奖的《中国震撼世界》一书中描绘道：一方面，中国对原材料、能源以及粮食的需求无处不在；另一方面，中国又源源不断地输出商品、劳动力和投资，这一切都将重写现代世界的贸易和政治；特德·菲什曼则在《中国公司》一书中说，在美国沃尔玛超市销售的商品中，有 70% 是中国生产的。中国现在不仅是玩具、服装和电子消费品的最大生产者，还迅速升级到汽车、电脑、生物、航空、通信生产领域。中国经济最有力的武器便是常说的"中国价格"，即由廉价的劳动力大量生产更低廉的无数商品。中国人的生产和消费方式，已经改变了美国人的购物习惯、工种以及工资和养老金的数目，甚至还有美国人呼吸的空气。

正因为这样，中国的和平发展道路作为中国特色社会主义的政策宣示，正在越来越大的范围内，得到越来越多的有识之士的广泛认同。

例如，在"中国崛起是 21 世纪最重要事件"的专访中，美国著名智库布鲁金斯学会中国中心主任杰弗里·贝德就认为，中国提出了"和平崛起"的说法，这等于向世界宣布中国在崛起为一个世界强国后，不会像 20 世纪的日本和德国那样寻求领土扩张和给世界带来破坏，将不会寻求试图控制其他国家，而是将尊重国际法并给世界带来和平，在世界上发挥建设性的作用。"和平崛起"等于向全世界的中国人都发表了一个声明，这个声明阐明了中国的发展方向。这也向中国人发出一个明确的信息，那就是：民族主义和爱国主义是好事情，但不应该是挑衅性的，也不应该是暴

力的。(《参考消息》2005 年 6 月 15 日)

　　美国前国务卿基辛格在《遏制中国不会奏效》一文中指出，世界重心正从大西洋向太平洋转移。中国的发展常被人拿来和 19 世纪末 20 世纪初德意志帝国的崛起相比较，但这种分析是不正确的。德意志帝国模式追求的是以帝国军事控制压制对手。与 20 世纪初的欧洲相反，现在已经没有人相信某个国家可以在 6 个月内不费吹灰之力击败对手了。在一个全球化和核武器的世界，没有人相信战争会产生赢家。将中国与苏联比较也不明智，苏联有俄罗斯帝国主义传统，并保留了沙皇统治欧洲的愿望。而中国目前的疆域基本上已经维持了 2000 年，并不想控制周边国家。冷战时期用来对付苏联的遏制政策已不适应现实情况，我们也不应揪住中国国防问题不放。中国国防开支的确在增加，但其军事预算现在只相当于美国的20％。当然台湾问题可能会恶化，但是我们应该努力把这一问题控制在谈判范围内。中国也希望与美国合作以发展经济，宣布与中国进行冷战会使我们一无所获，并只能得到为数不多的国家的支持。(《华盛顿邮报》2005 年 6 月 13 日)

　　美国前国家安全事务助理、战略和国际问题研究中心顾问布热津斯基在一篇题为《赚钱而不是打仗》的文章中说，今天在东亚，中国正在崛起，迄今为止是和平的崛起。虽然人们对某些外部问题——尤其是台湾问题——愤愤不平，不过，冲突并非不可避免，也不是非得发生，中国领导人并不倾向于向美国发出军事挑战。他们的注意力仍然放在发展经济和作为一个大国赢得国际社会的承认上。中国专注于甚至几乎沉湎于自身崛起的努力之中。从更广泛的层面看，中国决心保持经济持续增长。如果奉行对抗性的外交政策，那么经济增长就会中断，数亿中国人的生活将受到影响，共产党的执政就将面临威胁。不仅对于中国的崛起，而且对于自身的弱点，中国领导人看来是理智、审慎和敏感的。因而依然相信，我们能够避免经常伴随着新大国的崛起而产生的消极后果，中国显然正在融入国际体系。(美国《外交政策》双月刊 2005 年 1—2 月号)

　　美国外交学会会长理查德·哈斯在《如何对付中国》一文中写道：外交政策领域的"现实主义者"以历史为例指出，中国必将挑战美国的至高地位，美中关系变成竞争关系乃至更加糟糕的关系只是一个"何时"而不是"是否"的问题。他们的结论是什么？美国应该设法阻止中国的崛起。这种思想中的一个问题在于，国家的崛起和衰落大都超出美国或任何局外人的控制范围。即使美国想要阻止中国的崛起，它也未必能够做到。然而美国应该这样做吗？答案是否定的。首先，企图阻止中国崛起必然会引起它的敌意，几乎肯定会导致它设法损害美国在世界各地的利益。更重要的是，美国不该阻拦一个强大的中国的崛起。如果美国想要找到自己所需的伙伴，应付全球化带来的核武器扩散、恐怖主义、传染病疾病、毒品、全球气候变化等诸多挑战，那么它就需要其他国家变得强大起来。美国外交政策讨论的问题不该是中国是否变得强大，而应该是中国如何运用其日益壮大的力量。在与印度、日本及其他国家的合作中，我们的目标应该是让中国融入国际体系，使它成为国际社会的一根支柱。①

澳大利亚总理霍华德要求美国减少对崛起的中国的敌对，并指出，中国的崛起对世界有利。他指出，由于中国在 21 世纪的亚洲占据着重要的战略和经济地位，因此将不可避免地给国际秩序造成一定的压力。但是从得失所系的角度看待中国的崛起过于悲观，指导思想是错误的，并可能是危险的。霍华德强调说，试图限制中国的发展是很愚蠢的。中国的发展不仅对中国，而且对全世界都有利。中国经济的对外开放和与世界经济的一体化使数亿人摆脱了贫困。它近几年来的发展进一步推动了全球经济和世界贸易保持增长的势头（《澳大利亚人报》2005 年 9 月 13 日：《霍华德说，不要害怕中国的崛起》）。

新加坡资政李光耀在接受德国《明镜》周刊记者专访时指出，对中国发展感到害怕是愚蠢的。他说，这种发展不可避免，但谁也不应因此而感到害怕。中国人估计，要赶上其他国家的领先地位，需要 30—40 年，也许需要 50 年和平和安定的环境。他们打算无论如何要避免德国和日本所犯的错误，德国和日本在 20 世纪争夺势力范围、影响和资源导致毁灭性的战争。他们将做买卖，但他们不会提出这种要求："这是我的势力范围，你们不能进来。"美国在南美投资，因此他们也去南美，巴西向中国人提供了与美国马萨诸塞州一样大的面积种植大豆。中国人去苏丹和委内瑞拉

---

① 《美国新闻与世界报道》2005 年 6 月 20 日。

购买石油，因为查韦斯总统不能忍受美国人。为了石油和天然气，中国人也去伊朗。他们不打算用军事手段争夺势力范围，而是打算通过经济竞争来加强自己的实力。中国和美国将成为竞争对手，但不一定成为敌人。中国人把大量的时间和精力用于使其周边国家成为朋友。他们与俄罗斯和睦相处，他们正在与印度改善关系。这两个大国将签署自由贸易协定，并将相互学习。他们没有为南中国海的石油与菲律宾和越南发生争吵，而是与他们商定共同勘探和开采那里的石油，他们与印度尼西亚缔结了贸易和技术交流战略协定。中国人非常了解美国人包围他们的企图。他们正在巧妙地打破这种企图。日本是亚洲唯一真正公开站到美国人一边的国家，其他所有亚洲国家将在中美关系中保持中立或者对中国友好（德国《明镜》周刊 2005 年 8 月 8 日）。

中国所主张和实践的和平发展道路与世界主要国家的传统现代化道路这样的截然不同，它所标志的人类追求文明进步的全新道路的事实是这样的明显，以致当美国有人说中国正发动咄咄逼人的攻势以夺取全球经济霸权，敦促美国全力制止中国前进的步伐时，当即被英国《金融时报》斥责为"夸张造作的胡言乱语"。美国加利福尼亚大学有一位叫彼得·纳瓦罗的教授认为中国正发动咄咄逼人的攻势以夺取全球经济霸权，为此他在《即将到来的中美战争》一书中敦促美国全力制止中国前进的步伐，认为美国采取的措施应该包括直接与中国进行军事对抗、实施制裁和边境管制，在必要时以军事行动作为补充；他把已经主导世界许多市场的中国廉价制成品的流入称作"大规模生产武器"，他所提出的避免这种"威胁"的政策处方是，以中国"不道德和机会主义地行使联合国否决权"为由，剥夺中国在联合国安理会的否决权，他还告诫美国消费者注意购买中国廉价商品所包含的危险的潜在代价。但他并没有提供任何可信证据来支持其所谓中国正在寻求经济主导地位的论点。为此，英国《金融时报》当即以《大规模生产武器和其他故事》为题发表报道指出：认为中国正在发动"咄咄逼人的攻势以夺取全球经济霸权，这是一派胡言，声称美国必须报之以战争威胁为后盾的经济对抗，借用英国著名哲学家边沁的话来说，更是夸张造作的胡言乱语"（英国《金融时报》2006 年 11 月 22 日）。

正因为中国的社会主义现代化走的是一条和世界主要国家的传统现代

化截然不同的、人类追求文明进步的全新道路，因此，用传统现代化的经验和思维框架去判断中国的和平发展道路，就注定不能得出符合客观实际的正确结论。

那么，为什么中国的社会主义现代化，能够超越世界主要国家的传统现代化道路，走上人类追求文明进步的全新道路？中国和平发展道路的依据到底是什么呢？

四　中国和平发展道路的国情和时代依据

中国坚持和平发展道路有其国情依据，也有其时代依据。

在国情依据方面，首先是中国实行的社会主义制度的本质，决定了中国不能走对外扩张、掠夺乃至发动侵略战争的传统现代化道路，而只能走和平发展的道路去实现中国的社会主义现代化。邓小平说过："中国是社会主义国家，这个社会制度的性质决定了我们对外奉行和平外交政策。"[①]因为和平是工人运动最重要的要求，早在工人阶级作为独立的政治力量登上历史舞台的时候，历史就赋予了它以卫护和平的责任，1869 年 5 月 12 日，马克思在代表国际工人协会总委员会所写的《致合众国全国劳工同盟的公开信》中指出："一个光荣的任务落在你们的肩上，那就是要向世界证明：现在，工人阶级终于不再作为一个驯服的追随者，而是作为一支独立的力量登上历史舞台，他们已经意识到自己的责任，并能在他们的所谓主人们叫嚷战争的地方卫护和平"[②]；和平又是共产主义的国际原则，1870 年 7 月 23 日，马克思在代表国际工人协会总委员会所写的关于普法战争的第一篇宣言中，就开宗明义地宣告"同那个经济贫困和政治昏聩的旧社会相对立，正在诞生一个新社会，而这个新社会的国际原则将是和平，因为每一个民族都有同一个统治者——劳动"。[③]社会主义制度在中国的建立，既消除了我国屈从外国侵略、奴役的社会根源，也从根本上消除了对

---

① 《中国特色社会主义理论体系形成与发展大事记（1978—2008 年）》，中央文献出版社 2008 年版，第 23 页。

② 《马克思恩格斯全集》第 16 卷，人民出版社 1964 年版，第 402—403 页。

③ 《马克思恩格斯全集》第 17 卷，人民出版社 1963 年版，第 8 页。

外侵略的社会根源。所以，中国一贯奉行独立自主的和平外交政策，坚决捍卫世界和平，真诚希望以和平共处五项原则为基础，同世界各国建立和发展关系，开展友好合作，求得共同发展。早在新中国成立之初，毛泽东就向世界宣布：我们的民族将从此列入爱好和平自由的世界民族的大家庭，以勇敢而勤劳的姿态工作着，创造自己的文明和幸福，同时也促进世界的和平和自由；邓小平进而把中国特色社会主义界定为不断发展社会生产力的社会主义、主张和平的社会主义。在时代主题转换以后，邓小平更强调说，中国对外政策的目标是争取世界和平。在争取和平的前提下，一心一意搞现代化建设，发展自己的国家，建设具有中国特色的社会主义。我们希望有一个持久的国际和平环境。要建设，没有和平环境不行，要发展，只有在和平的环境里才有可能。我们热爱和平，我们也需要和平。争取一个长期的国际和平环境，符合我们国家的最大利益，符合中国人民的最大利益。

我国还是一个处在转型关键时期的发展中国家，也说明了坚持走和平发展道路是基于中国国情的必然选择。改革开放以来，我国经济社会发展取得了历史性成就，但我国人多、底子薄、发展不平衡，仍然面临着一系列大规模难题。例如，我国已经初步建立了社会主义市场经济体制，但它还不完善，生产力发展仍然面临诸多体制性、机制性障碍，改革进入攻坚阶段，体制创新任务艰巨，深化改革必然触及深层次矛盾和问题；我国经济保持平衡较快增长，经济结构加速调整，但长期积累的结构性矛盾和粗放型经济增长方式尚未根本改变，能源、资源、环境、技术的"瓶颈"制约日益突出，实现可持续发展遇到的压力增大；我国的农业和农村经济发展进入新阶段、城镇化加快发展，但农业基础薄弱的状况还没有根本改变，保持粮食增产和农民增收难度增加，解决好农业、农村、农民问题的任务仍然十分艰巨；我国科技事业不断发展、科学技术作为第一生产力在经济发展中的作用越来越大，但许多重要领域的核心技术和关键产品仍大量依靠进口，自主创新能力亟待提高；我国人民生产总体上达到了小康水平，但还只是低水平、不全面、发展很不平衡的小康，城乡贫困人口和低收入人口尚有相当数量，包括就业、收入分配、社会保障、看病、子女上学、生态环境保护、安全生产、社会治安在内的一些关系群众切身利益的问题亟待研究解决，统筹兼顾各方面利益的难度加大，全面满足人民群众日益增长的物质文化需要任务繁重；我国区域、城乡、经济社会的协调发展取得了显著成绩，但发展不平衡现象依然存在，缩小发展差距和促进经济社会协调发展任务艰巨；我国的对外开放范围扩大、领域拓宽、同国际社会的联系更加紧密，但面临的国际竞争日趋激烈，统筹国内发展和对外开放的要求更高；我国的社会主义民主政治不断发展，依法治国的基本方略进一步落实、社会主义文化更加繁荣、人民群众政治参与的积极性不断提高，但另一方面，人们思想活动的独立性、选择性、多变性、差异性明显增强、对发展社会主义民主政治和先进文化提出更高要求；我国的社会结构和社会组织形式发生了深刻变化，社会活力显著增强、网络信息的影响日益广泛，但与此同时，使流动性大大增强，人民内部矛盾出现了新的情况，社会建设和管理面临一系列新的课题；我国社会总体安定团结，但与此同时，各种消极腐败现象、各类犯罪活动和各种敌对势力的渗透破坏活动依然严重存在，给社会稳定与和谐带来的不利影响不可低估。处在社会主义初级阶段，面临着重要战略机遇期和矛盾凸显期的中国人民，要使经济持续发展，人民生活进一步提高，就需要作出长期不懈的努力，需要永远坚持走和平发展的道路。讲信修睦、崇尚和平的中国历史文化传统也决定了中国走和平发展道路的必然性。例如，"和而不同"，就是中国古代思想家提出的一个伟大思想，和谐而又不千篇一律，不同而又不彼此冲突；和谐以共生共长，不同以相辅相成。用"和而不同"的观点观察和处理问题，不仅有利于我们善待友邦，也有利于国际社会化解矛盾。

中国坚持和平发展道路的时代依据是和平与发展成为时代主题，科技进步日新月异，世界多极化和经济全球化在向前发展。

当今世界正处在大变动的历史时期，世界的力量组合和利益格局正在发生新的深刻变化，早在20世纪80年代初，邓小平就敏锐地觉察到时代主题的转换。他反复强调和牢牢把握住和平问题和发展问题这两个带有全球性的战略问题，他把它们当作我国社会主义建设的国际背景，从中引出它的意义及所提出的挑战和机遇。时代主题的转换，给我国社会主义建设提供的机遇，首先表现在它给我们提供了和平的环境，使我们可以把人力、物力、财力集中到经济建设上来，给我们提供一心一意地发展经济、逐渐摆脱落后贫困的大好时机；这种机遇还表现在它使我们有可能置身于世界经济发展的大潮中，积极利用世界经济发展中的有利条件，来促进我国经济的发展。例如，在新的科技革命的浪潮中，不仅新发明、新技术不断涌现，而且引起了产业结构的调整和变化，促使世界经济日益趋于一体化，这就为实行对外开放的后进的发展中国家提供了千载难逢的发展时机，为它们发挥后发优势，以信息化带动工业化，走新兴工业化道路提供了技术条件和可能，也就是说，使它们可以不必拘泥于西方发达国家先前实现工业化、现代化的传统道路，而通过加速发展新的技术部门，用高科技对传统产业进行技术改造，同时利用自身的劳动力价格低廉和有广阔的市场等方面的有利条件，引进外国技术和资金来加速本国经济的发展，迅速缩短与发达国家的差距。

经济全球化是我国坚持和平发展道路的重要前提和条件。经济全球化指生产、贸易、投资、金融等经济行为超越一国领土界限的大规模活动，是生产要素的全球配置和重组，是世界各国经济高度相互依存和融合的表现，虽然由于经济全球化是在不公正、不合理的国际经济旧秩序没有根本改变的情况下发生和发展的，西方发达国家力图主导经济全球化，从经济、科技、政治等各个方面损害发展中国家，使之进一步边缘化，实现新自由主义的一统天下，但经济全球化毕竟是生产力发展的客观要求和必然结果，有利于生产要素在全球范围内的优化配置，发展中国家只要从本国国情出发，应对得当、趋利避害，同样可以成功地走上有自己特色的发展道路，我国之所以能够用和平方式从国际市场中取得社会主义现代化建设中所需的资源、技术和资金，而不必像世界主要资本主义国家那样走对外侵略、掠夺的崛起之路，根本没有必要像当年的德国、日本等国家那样，以对外扩张、海外殖民乃至发动侵略战争的方式去掠夺别国的资源和资金，一个极其重要的原因，就是因为其积极参与了经济全球化而又趋利避害，吸引了资金、技术等生产要素的流入，而又发挥了我国独有的市场、人力等资源优势。归结起来，经济全球化提供了中国不必用对外扩张和争夺殖民地等手段去掠夺别国资源，而可以通过全球化条件下生产要素的市场化流动，去获得中国现代化建设所必需的国际资源。

世界多极化或国际格局多极化，指对国际关系有重要影响的国家和国家集团等基本政治力量相互作用而在一定历史时期形成的国际结构。冷战结束以后，世界上出现了多个力量中心，但冷战后，仅剩的超级大国极力推行其由单极独霸全球的战略，因而世界多极化的最终形成将经历一个漫长、曲折、复杂的演进过程，其中充满着单极与多极的矛盾、称霸与反霸的斗争。但多极化格局的发展，却有利于中国的和平发展，有利于维护世界和平，因为它使世界各种力量逐渐形成既相互借重又相互制约与制衡的关系，有利于避免新的世界大战的爆发，有利于遏制霸权主义和强权政治，有利于推动建立公正合理的国际统治经济新秩序，有利于实现各国人民对和平、稳定、繁荣的新世界的美好追求，也有利于广大发展中国家抓住机遇，发展自己。

五　中国和平发展道路的基本内涵

那么，中国和平发展道路究竟包含哪些特有的内容呢？概括地说，有以下数端：

第一是充分利用世界和平的大好时机努力发展和壮大自己，又以自身的发展更好地维护世界和平，实现中国的发展与和平国际环境的良性互动。

改革开放以来，我国在邓小平创立的中国特色社会主义理论的指引下，成功地解决了 13 亿人口的吃饭问题，消除了 2 亿多人口的贫困，在全国基本普及了义务教育，向 6000 多万残疾人提供了帮助，为各民族提供了平等的发展机会，现在我国社会稳定，人民安居乐业。由于我国幅员广阔、人口众多，因而，我国在促进人类进步事业的发展方面所取得的这个成就，我国的稳定，其本身就是对世界的和平与稳定的最大贡献；但另一方面，鉴于过去世界主要大国的崛起往往危及现存的国际秩序、危及世界和平，因而有些人就不免按照习惯性的思维方式对中国和平发展的影响怀有疑虑。例如，马丁·沃尔夫在英国《金融时报》上就发表文章说：以往的例子并不令人感到鼓舞——随着一个大国的崛起，现有的大国开始对这个后起之秀发起挑战，随后双方之间的猜忌越来越深，直至最终爆发冲突。修昔底德就描写了这样一场灾难——公元 5 世纪斯巴达人与雅典人之间爆发了伯罗奔尼撒战争。20 世纪，挑战者和现有大国之间的冲突引发了两次世界大战和冷战，一个世纪的斗争进行到最后，19 世纪的暴发户美国成了 21 世纪初的"超级大国"。现在，美国又面临着一个潜在的最大对手中国。而且，公开的冲突还不是唯一的风险，如美国的崛起就给 19 世纪末期的自由经济秩序带来了毁灭性的后果（马丁·沃尔夫：《如果中国要领导世界经济的发展，那它必须适应自己的新角色》，《金融时报》2003 年 11 月 19 日英国）。美国《新闻周刊》国际版主编法里德·托卡里亚则从过去 400 年全球力量的三次巨变中引出结论说，从历史上看，当世界一个主要强国面临一个正在崛起的强国的挑战时，两强之间的关系是很难相处的。他写道：过去 400 年，世界上曾经有过全球力量的两次巨大变化，第一次是欧洲的崛起。大约在 17 世纪前后，欧洲成为世界上最富裕、最具有创新精神和最雄心勃勃的地区。第二次是美国的崛起，发生在 19 世纪末 20 世纪初，它当时成为世界上唯一最强大的国家，在世界经济和政治事务中发挥着决定性作用。如今中国的崛起，外加印度的崛起和日本持续的影响力，标志着全球力量的第三次巨大变化，即亚洲的崛起。作者在文章中指出中国的挑战不同于美国、日本和苏联：因为正在崛起的中国是以自身模式的榜样作用、自己经济体系的影响力和对国家主权的坚决捍卫为基础的；中国向外国投资和贸易敞开了大门，许多国家都对中国市场形成了依赖；中国利用自己的经济优势和政治技巧去实现自己的目标；虽然作者认为现在爆发一场世界大战的可能性微乎其微，核威慑、经济上的相互依赖性和全球化等都是降低这种可能性的因素，但作者还是认为"在这种表面的平静下，也许一场软战争正在进行中，一场为争夺全球权力和影响的竞争正在悄悄展开"（法里德·托卡里亚：《未来属于中国吗?》，美国《新闻周刊》2005 年 5 月 9 日）。

应该说，这些评论所忽略、所漏视的重要点就是中国的发展与和平国际环境的良性互动，也就是说，中国不仅利用世界和平的环境发展和壮大自己，而且也以自身的发展更好地维护着世界和平。例如：

——中国奉行独立自主的和平外交政策，根据事情本身的是非曲直确定自己的立场。中国在国际事务中坚持以合作谋和平、促发展、严格遵循联合国宪章宗旨和公认的国际关系准则，不以意识形态的异同来决定国家关系的亲疏，不同任何国家结盟，在和平共处五项原则基础上与各国友好相处。

　　——中国坚持与邻为善、以邻为伴，做周边国家的好邻居、好伙伴。中国通过亚太经合组织、上海合作组织、中国—东盟合作、大湄公河次区域合作，推进双边和区域合作，促进共同繁荣，我们主张区域合作应遵循开放原则，应同其他国家和国际组织加强联系。

　　——中国主张和平解决争端，在处理热点问题上发挥建设性作用。中国在朝核、伊核、中东等重大国际问题上一贯持劝和促谈的立场，就非传统安全问题，包括对重大自然灾害积极开展国际合作。2005 年我国对印度洋海啸受灾国实施了中国有史以来最大规模的国际救援行动。

　　——中国积极参与反恐和防扩散合作，努力维护全球安全与战略稳定。中国反对恐怖主义，在国际反恐合作中始终发挥建设性作用；中国签署了《不扩散核武器条约》和《全面禁止核试验条约》，支持《禁止生物武器公约》和《禁止化学武器公约》的实施，制定了全面的防扩散出口管制法律体系，并不断加强执法。

　　——中国奉行防御性的国防政策，推进国际裁军和军控事业。中国在过去 20 多年中，裁军 170 多万。中国军费占国内生产总值和财政支出比重在世界上是比较低的。中国有限的军费增长，主要是为改善军人生活、提高防御能力和维护国家统一，不会威胁任何人。我国的国防政策是透明的。

　　中国还真诚地希望为世界和平与繁荣作出更大贡献。

　　第二是参与维护和建设现存国际体系，又积极推动公正合理的国际新秩序的建立。

　　中国和平发展道路的一个重要内涵表现在对待现存国际体系的态度上，对此，原来任职于新加坡国立大学东亚研究所，后在英国诺丁汉大学中国研究所任研究主任，现又返回新加坡任东亚研究所所长的郑永年曾经发表文章作过专门的评论。他说，"中国是否愿意接受现存国际体系成了中国是否会成为威胁的标志"，所以，美国等西方国家就迫切地把中国拉入他们所主导的世界体系，迫使中国接受他们所规定的"入会"条件。

　　对此，中国是怎样应对的？中国的答复是：中国坚定地维护世界和平，是国际体系的参与者、维护者和建设者。中国参加了 100 多个政府国际组织，签署了近 300 个国际条约。

郑永年的文章评论说，中国进入世界体系表明，中国接受这个体系，但并不表明这个体系完全符合中国的国家利益。当国家利益和这个体系产生矛盾的时候，也就是中国和一些国家的利益发生冲突的时候，但不管什么样的冲突，中国可能只能在这个体系内部来解决这样那样的冲突。中国另建体系的可能性并不存在。如果中国另建体系，就要和其他主要大国发生很严重的冲突，从而不符合中国长远的国家利益。但这并不表明中国不可以发展出自己独特的国际行为模式，这主要表现在几点上：第一，和苏联不一样，中国选择加入现存世界体系，而非作为力量的另一极另立体系，这在很大程度上避免了和主要大国美国的"冷战"；第二，中国选择的是可以导致双赢的经济外交，而非以政治军事外交作为先导，与国际社会交往，自 1997 年亚洲金融危机以来的中国国际经济行为很能说明这个问题；第三，中国完成了从早先对两极格局的强调，转型到今天的主动强调多边主义。上海合作组织是一例，中国主动加入东南亚友好条约也是一例。（郑永年：《和平崛起和中国的国际角色》，香港《信报》2004 年 6 月 29 日）

郑永年在这里反复强调以"中国自己独特的国际行为模式"，实际上就是指中国积极推动建立公正合理的国际政治经济新秩序。

为什么在参与、维护和建设了现存国际体系后，又要去推动建立公正合理的国际政治经济新秩序？原因在于现存国际体系本身具有深刻的内在矛盾和局限性，它们基本上都是由西方发达国家主导，以西方的价值观、伦理观、政治观、法学理论为基础构建的，它们较多地反映了发达资本主义国家的利益与意志，而较少地体现和反映绝大多数发展中国家的利益和诉求，表面上公平、公正，实际上存在着诸多的不公平、不合理因素。我国积极推动建立国际的政治新秩序，其核心是国家不分大小、强弱、贫富，一律平等，都是国际社会中平等的一员，各个国家的内部事务由各国人民自己决定，世界上的事情由世界各国人民共同来决定，反对以大欺小、以强凌弱、以富压贫，反对在国际关系中搞霸权主义、强权政治、单边主义。我国积极推动建立的国际政治经济新秩序，主张坚持平等互利原则，致力于消除旧时期造成而且仍在不断扩大的贫富差距、数字鸿沟，致力于消除南北差距，主张发达国家要承担更多的义务来帮助发展中国家的经济增长和社会发展，主张各国都要加强经贸合作，增进技术交流，推动人员往来，有步骤地相互开放市场，逐步消除贸易壁垒，协商解决经贸关系中出现的各种问题。归结起来，中国积极推动建立的国际政治经济新秩序，或者如郑永年所说的"中国自己独特的国际行为模式"，其主要内容就是：促进国际关系民主化；维护和尊重世界的多样性；树立互信、互利、平等的协作的新安全观，正确引导经济全球化，促进全球经济均衡发展和各国的共同发展；尊重和发挥联合国及其安理会的重要作用。需要强调的是，中国主张用改革的方式而不是用暴力的手段来建设国际政治经济新秩序。

第三是坚持独立自主地建设中国特色社会主义，又积极参与经济全球化、趋利避害。

解决中国的和平发展问题，从根本上要靠中国自己，我们有可以支撑经济更大发展的物质技术基础，有日益增长的巨大市场需求和较高的国民储蓄率，有不断完善的社会主义市场经济体制和政策保障，有稳定的社会政治环境，这些优势和条件使我们可以主要依靠自己的力量和改革创新实现发展。也就是说，我们要更加充分和自觉地依靠自身的体制创新，依靠开发越来越大的国内市场，依靠把庞大的国民储蓄转化为投资，依靠国民素质的提高和科技进步来解决资源和环境问题。总之，我们的发展不应当也不可能依赖外国，必须也只能把事情放在自己力量的基点上。但要实现社会主义现代化，又必须有一个正确的开放的对外政策。早在20世纪70年代，邓小平就指出："我们实现四个现代化主要依靠自己的努力，自己的资源，自己的基础，但是，离开了国际的合作是不可能的。应该充分利用世界先进的成果，包括利用世界可能提供的资金，来加快四个现代化的建设。"① 特别在世界范围的新科技革命，产业结构调整和资金流动的新一轮全球化浪潮蓬勃兴起时，邓小平敏锐地把握住了这一发展趋势，强调指出："现在的世界是开放的世界"，"任何一个国家要发展，孤立起来，闭

① 《邓小平文选》第 2 卷，人民出版社 1994 年版，第 233—234 页。

关自守是不可能的"①，作出了与经济全球化相联系而不是相脱离的一系列决策。20 世纪 90 年代，在经济全球化的负面影响逐渐显现，发生了亚洲金融危机，又出现了反全球化抗议运动的时候，以江泽民为核心的中国领导人分析了经济全球化的正面和负面影响，果断地确定了进一步参与经济全球化而又"趋利避害"的方针，江泽民指出："我们要坚定不移地实行对外开放政策，适应经济全球化趋势，积极参与国际经济合作和竞争，充分利用经济全球化带来的各种有利条件和机遇。不能看到有风险、有不利因素，就因噎废食，不敢参与进去。同时，又要对经济全球化带来的风险保持清醒的认识，坚持独立自主，加强防范工作，增强抵御和化险能力，以切实维护我国的经济安全，更好地发展壮大自己。"② 趋利避害方针中的"利"是指全球化有利于生产要素在全球范围内的优化配置，有利于各国各地区通过加强经济技术交流与合作得到互利双赢的共同发展；"害"是指由于经济全球化是在国际经济旧秩序没有根本改变的情况下发生的，发展中国家往往容易受害，应注意避免。在经历了 15 年的艰难曲折的谈判以后，2001 年 11 月世界贸易组织审议通过了中国加入的决定，中国则采取"引进来"与"走出去"相结合，全方位扩大开放的战略举措。

在中国加入世贸组织 5 年来，切实履行了入世承诺，积极开放国内市场，平均关税降低 9.9%，在世贸组织划分的服务贸易 160 个部门和分部门中，中国已承诺开放 100 个，还对主要的知识产权法律作了进一步的修改，使之与世贸组织的有关协议相一致，并对侵犯知识产权降低了刑事处罚门槛，加大了保护知识产权的执法力度，中国致力于建设公平、自由的国际贸易体制的种种作为在国际上树立了负责任、讲信用的大国形象，世贸组织总干事拉米给中国入世的总体表现打了"A＋"的高分，并指出中国在履行入世承诺方面为其他国家树立了好榜样。中国这样进一步参与经济全球化而又趋利避害的战略既促进了中国的和平发展，也推动了世界经济的发展。据国家统计局的数字，入世 5 年来，我国人均 GDP 从 2001 年的不足 1000 美元提高到 2005 年的 1700 美元，5 年来，我国实际利用外资

---

① 《邓小平文选》第 3 卷，人民出版社 1993 年版，第 64、117 页。
② 《江泽民文选》第 2 卷，人民出版社 2006 年版，第 201 页。

超过了 3000 亿美元，通过吸收外商直接投资，促进了社会主义市场经济体制的建立健全，推进了开放型经济的快速发展，带动了国内生产结构的优化升级，创造了大量就业机会，使人民生活水平明显提高，2005 年中国城镇居民人均可支配收入达 10493 元，比 2000 年实际增长 58.3%，年均增长 9.6%；农村居民家庭人均收入达 3255 元，比 2000 年实际增长 29.2%，年均增长 5.3%，农村贫困人口也由 2000 年的 3209 万人减少到 2005 年的 2365 万人。入世 5 年后，中国的贸易总额达到 14200 亿美元，是 5 年前的 3.4 倍，在中国的带动下，世界贸易也增长了 6 成，增长幅度为 10%，远远超过了中国入世前 5 年里的 5%。意大利《共和国报》在中国入世 5 周年之际发表文章高度评价中国的这些辉煌成就及其使全世界获得的巨大利益：一是绝大多数外国投资者在中国获得了丰厚的利润；二是西方消费者因物美价廉的中国产品而提高了购买力，从而也抑制了欧美各国的通货膨胀；三是促进了世界经济增长；5 年来，中国对世界经济增长的贡献率由 13% 提高到 33%。文章还特别提出，在中国的总体对外贸易中，它对美国和欧洲是顺差，而对亚洲、非洲和拉丁美洲国家则是逆差，这在某种意义上是使财富在全球范围内由北向南转移，是中国在为世界均衡发展作出贡献（意大利《共和国报》2006 年 12 月 12 日）。

由于我国积极参与经济全球化而又趋利避害，由于我国实行了"引进来"和"走出去"相结合的全方位扩大对外的战略举措，这就使我国有可能依靠国内和国际两个市场、两种资源，调动一切积极因素，解决我国社会主义现代化过程中面临的一系列发展难题，并与世界各国在和平共处、平等竞争中实现双赢互利。但这也触动了西方发达国家一些人的神经，他们把中国说成是全球资源的"吞噬者"，炒作"中国资源威胁论"。这显然是有悖于客观事实的。虽然工业化过程是人类大量消费自然资源，快速积累社会财富，高速发展经济，不断提高人们生活水平的过程，是人类发展历史上不可逾越的阶段，但由于中国的工业化过程基本上以机械化、电气化、电子化和信息化技术革命为基础，必然以较少的矿产资源耗费实现工业化，预测表明，中国仅需西方先期工业化国家工业化过程人均资源峰期消费水平的 1/3 到 1/4。而西方发达国家虽早已完成了工业化，已经进入后工业社会，却仍然是全球矿产资源消费的主体。目前，人口不足世界 15% 的发达国家，消费着全球 65% 的石油和 50% 以上的金属铝、粗钢和精炼铜，其中尤以美国为甚，美国人口不足世界的 1/25，但总能源、石油、天然气和煤炭消费量却都超过了世界总消费量的 25%，美国年人均石油消费量为 3.17 吨，名列世界第一，是世界人均消费水平的 5.4 倍。反之，中国的情况正如俄罗斯世界经济和国际关系所主任研究员亚历山大·萨利茨基在《俄罗斯东部的资源潜力与中国因素》一文中所指出的，中国在全球石油贸易中所占的份额并不高，每年进口 1.3 亿多吨，仅为美国进口量的 20%，中国的石油进口增长量也不惊人：2002—2004 年增长了 5500 万吨，与美国差不多。这个人口占全球 21% 的国家，所消费的石油仅为全球开采量的 7%，而且其中的 65% 是由本国公司在国内和国外开采的。因此，我们应当承认，中国在国际能源市场上所占的比重并不大。在 20 世纪 90 年代末便已成为世界工业大国的中国，其能量总进口量仅相当于日本、印度、朝鲜半岛两国及中国台湾总进口量的 12%。上述国家和地区都属于能源纯进口方。而如果减去能源出口（中国年出口焦炭近 1000 万吨），中国 2004 年净进口能源只有 6000 万吨（折算成石油），还不到全球石油产量的 2%，2002 年，中国进口了 8830 万吨石油及石油产品，2001—2004 年，中国的石油进口增长了 5670 万吨，而同期的煤开采量则增长了 9 亿吨，这些数字很能说明问题（俄罗斯《分析论丛》2005 年 12 月号）。说到底，全球范围内通过广泛的国际分工和贸易等多种方式实现矿产资源的优化配置与互补，本是世界经济社会发展的需要，也是各个国家无法回避的一种客观选择，我国在向全世界提供大量钨、稀土金属和萤石等非金属矿产资源的同时，也有限地利用了一些境外资源，据此而把我国说成是什么全球资源的"吞噬者"，炒作"中国资源威胁论"，显然是冷战思维在作怪。

第四是反对霸权主义，也严格约束自己永远不称霸。

早在 20 世纪 70 年代初，中国政府就公开声明，我们坚决反对霸权主义，自己也决不称霸。之所以坚持反对霸权主义和强权政治，是因为它们不会自动消失，只有与之作坚持不懈的斗争才能维护世界的和平与稳定，创造一个长期的、有利于经济发展、社会稳定、人类进步的国际和平环境。中国在坚持反对霸权主义强权政治的时候，也严格约束自己永远不称霸。1974 年 4 月，邓小平在联合国大会第六届特别会议上，代表中国政府向全世界庄严宣告：中国永远不做超级大国。以后，邓小平还多次向第三世界国家的朋友们表示，"作为一个社会主义国家，中国永远属于第三世界，永远不能称霸"，将来发展了，如果"中国翘起尾巴来了，在世界上称王称霸，指手画脚，那就会把自己开除第三世界的'界籍'"。① 在 1992 年的南方谈话中，邓小平又谆谆告诫说："社会主义中国应该用实践向世界表明，中国反对霸权主义、强权政治，永不称霸。中国是维护世界和平的坚定力量。"② 无论在理论上还是在实践中，邓小平所确立的这些原则始终是中国独立自主的和平外交政策的指导方针，也始终是中国和平发展道路的指导方针。陈有为在新加坡《联合早报》上分析中国外交进入新阶段的文章指出其特征说，中国愿承担更多责任，贡献更多力量，但并不追求强权地位和利益，无意登上对别人指手画脚的地位。实际上中国希望扮演的世界角色，不是领导者，而是平衡者：在这个相互敌对充满纷乱的世界上，在和平与战争之间、强国与弱国之间、大国与小国之间、贫困与富国之间进行协调与平衡，力求使世界局势从紧张转为平和，从极端化与恶性化的危机重重向良性的和平和稳定的方向转化。事实证明，这是一种更为务实，更为切实可行，也更为高瞻远瞩的明智政策。与这种政策相对照的，则是与古往今来大国强权政策一脉相承，只求通过使用武力来进行征服与控制的惯例。但这又不意味着要挑战美国的强权地位，更不是要取而代之（《联合早报》2006 年 12 月 21 日新加坡）。总之，中国坚持和平发展道路所要实现的目标，绝不是要成为一个争霸、称霸世界的军事大国，而是要建成一个文明大国、市场大国，在国际社会中起建设性作用的负责任的大国。

（此文的部分内容曾以《和平发展是中国特色社会主义的显著特征》为题载于《求是》杂志 2007 年第 11 期）

---

① 《邓小平文选》第 2 卷，人民出版社 1994 年版，第 112 页。
② 《邓小平文选》第 3 卷，人民出版社 1993 年版，第 383 页。

中国道路在坚持社会主义制度中
创新和发展了科学社会主义

　　自从以邓小平为代表的中国共产党人开辟了中国特色社会主义道路以来，我国经济社会的发展取得了举世瞩目的伟大成就。国际舆论对中国的发展道路给予了越来越密切的关注，涌现出了破解"中国之谜"的无数"答案"，其中有不少"答案"刻意回避乃至抹杀中国道路的社会主义性质。然而，就实质来说，中国道路恰恰就是中国特色社会主义道路，30多年来，我国经济社会发展取得伟大成就的根本原因，就在于我们在坚持社会主义制度中创新发展了科学社会主义。这种在坚持社会主义制度中对科学社会主义的创新发展突出地表现在以下三个方面。

一　中国道路把坚持社会主义和坚持
　　解放思想结合起来

　　中国道路的一个根本特色就是坚持了社会主义制度。我们党认为，新中国成立以来我们坚持建立和发展社会主义制度这一方向是完全正确的，因为无论是从历史还是从现实、从理论还是从实践来说，都证明只有社会主义才能救中国和发展中国；但几十年来我国社会主义建设经历的曲折发展，又说明对于什么是社会主义、怎样建设社会主义的问题，我们并没有完全搞清楚。在以阶级斗争为纲的时期，虽然也讲要坚持社会主义，却是在离开了生产力的发展、片面地从生产关系上去规定社会主义特征的意义上，或片面地把资本主义同社会主义完全对立起来的意义上去"坚持"社会主义的，结果是把许多束缚生产力发展，又不具有社会主义本质属性的东西当作"社会主义原则"来固守，把许多在社会主义条件下有利于生产力发展和生产商品化、社会化、现代化的东西当作"资本主义复辟"来反对，从而招致了欲速则不达乃至适得其反的结果。因此，在党的十一届三中全会以后，我们党特别强调要把坚持社会主义同坚持解放思想结合起来，也就是说，我们在坚持社会主义的时候要自觉地把我们对社会主义的认识从那些不合时宜的观念、做法、体制的束缚中解放出来，从对马克思主义的错误的和教条式的理解中解放出来，从主观主义和形而上学的桎梏中解放出来。

　　把坚持社会主义同坚持解放思想结合起来所产生的成果是极其巨大的，归结起来，它主要表现在两个问题上：一是在坚持社会主义到底要"坚持"什么的问题上，正本清源地确立了解放生产力和发展生产力在坚持社会主义中的首要地位。邓小平指出："坚持社会主义的发展方向，就要肯定社会主义的根本任务是发展生产力，逐步摆脱贫穷，使国家富强起来，使人民生活得到改善。"① 后来，他又把解放生产力、发展生产力作为消灭剥削、消除两极分化、最终达到共同富裕的基础和前提，列入社会主义的本质之中，把"是否有利于发展社会主义社会的生产力，是否有利于增强社会主义国家的综合国力，是否有利于提高人民的生活水平"② 作为判断改革开放是姓"资"还是姓"社"的标准，并把中国特色社会主义的特征之一规定为"不断发展社会生产力的社会主义"③。二是在怎样"坚持"社会主义的问题上，邓小平为中国特色社会主义规定了改革开放的任务。邓小平认为："社会主义制度并不等于建设社会主义的具体做法。"④ 在确定了要坚持社会主义基本制度之后，还有一个问题，是坚持那种不能摆脱贫穷落后状态的体制和政策，还是选择好的体制和政策，使社会生产力得到较快发展的问题。邓小平指出："社会主义基本制度确立以后，还要从根本上改变束缚生产力发展的经济体制，建

---

① 《邓小平文选》第 3 卷，人民出版社 1993 年版，第 264—265 页。
② 同上书，第 372 页。
③ 同上书，第 328 页。
④ 《邓小平文选》第 2 卷，人民出版社 1994 年版，第 250 页。

立起充满生机和活力的社会主义经济体制，促进生产力的发展，这是改革。"①他还提出了社会主义要在独立自主、自力更生的基础上实行对外开放的任务："社会主义要赢得与资本主义相比较的优势，就必须大胆吸取和借鉴人类社会创造的一切文明成果，吸取和借鉴当今世界各国包括资本主义发达国家的一切反映现代社会化生产规律的先进经营方式、管理方法。"②

正是在改革开放思想的指导下，我们突破了把高度集中的社会主义建设模式神圣化的传统观念，开辟了建设社会主义的新路，建立了并不断完善社会主义市场经济体制，有力地促进了社会生产力的发展。在开始时，国际上曾经有一些左派和左翼政党质疑我国的社会主义市场经济体制，但我国发展社会主义市场经济的实践却逐步改变了人们的认识，现在，人们正在越来越大的范围内对此达成共识。例如，美国共产党主席萨姆·韦伯在深入观察许多国家的情况后指出，一些社会主义国家尝试迅速跨越社会主义发展中的市场关系阶段，结果却造成极为严重的消极后果，而中国的对外开放以及利用市场机制却加快了经济增长的步伐。他说，即使像美国这样的国家，如果发生了社会主义革命，也会将市场机制用于社会主义经济建设。日本共产党则在 2004 年二十三大的新党纲中，改变了旧党纲中关于实行社会主义计划经济是必要的提法，强调指出，通过市场经济迈向社会主义，是适合日本条件的社会主义规律性的发展方向；市场经济将在未来的社会主义—共产主义社会中占主导地位。当然，这里说的只是建立社会主义市场经济的体制问题，至于在建立这种体制的过程中，怎样把社会主义和市场经济结合好，还有一系列问题有待解决。

有人认为，中国这样搞现代化，是抛弃了社会主义的基本立场和信仰，走资本主义道路，有的甚至把中国特色社会主义叫作中国特色资本主义，这种说法显然是不正确的。这种说法之所以归于谬误，就在于它混淆了社会主义和资本主义在不同层次上的原则界限：第一个层次是社会基本制度、社会发展道路的层次。在这个层次上，资本主义无论如何也不能摆脱百万富翁的

①　《邓小平文选》第 3 卷，人民出版社 1993 年版，第 370 页。
②　同上书，第 373 页。

超级利润、剥削和掠夺、经济危机，而社会主义的经济因为以公有制为基础，生产是为了最大限度地满足人民的物质和文化需要，因而要比弱肉强食、损人利己的资本主义好得多。在这个层次上，中国坚定不移地走社会主义道路，因为只有社会主义才能救中国和发展中国，不走社会主义道路，中国就没有前途，资本主义是邪路。第二个层次是利用资本主义的一些有用的东西作为发展生产力的方法的层次。邓小平指出，多年的经验表明，要发展生产力，靠过去的经济体制不能解决问题。因此，我们吸收资本主义中一些有用的方法来发展生产力，如利用其先进的科学技术、某些经营管理形式、实行市场经济以及吸收外国资本等。但是，这绝不等于实行资本主义制度，因为先进的科学技术、某些经营管理形式、市场经济这三项都是没有阶级性的，谁用得好就为谁服务；而外国资本虽然本来从性质到作用都是资本主义的，但在我国独资或合资经营的情况下，在作用上可以为社会主义服务，成为我国社会主义经济的有益补充。需要特别强调的是，我们在利用这些有用的方法发展社会生产力的时候，我们所坚定不移地坚持的是社会主义道路、无产阶级专政、中国共产党的领导、马列主义、毛泽东思想。所以，事情正如邓小平所指出的那样："这是社会主义利用这种方法来发展社会生产力。把这当作方法，不会影响整个社会主义，不会重新回到资本主义。"① 在这个层次上把中国特色社会主义叫作什么中国特色资本主义，显然是把发展生产力的方法和社会基本制度混为一谈了。实际上，利用资本主义的一些有用方法来发展社会主义的社会生产力，这正是中国道路在坚持社会主义制度中创新发展科学社会主义的一个典型实例，它不仅极大地提高了我国经济社会的发展速度，而且一举而否定和证伪了有些人所谓"社会主义经济是短缺经济"的谬说。

二　中国道路把坚持社会主义和中国国情结合起来

20 世纪的世界社会主义运动面临的一个重要问题是，由于时代的变化，社会主义没有像马克思、恩格斯设想的那样首先在发达资本主义国家

———————

① 《邓小平文选》第 2 卷，人民出版社 1994 年版，236 页。

中取胜，而是首先在经济文化比较落后的资本主义俄国取胜，以后又在欧亚一些经济文化比较落后的发展中国家取胜。这样的国家在革命胜利以后怎样建设社会主义？对此，除列宁的新经济政策之外，大都在不同程度上存在着对本国经济文化较不发达的具体国情考虑不足，而去机械地照搬马克思、恩格斯设想的在发达资本主义国家革命胜利后建设社会主义应采取措施的某些论断，离开本国生产力发展的现实水平去盲目追求公有化程度的提高等问题，以致不能充分发挥社会主义的优越性，使其社会主义建设一再遭遇困难和挫折，影响所及则又转而使一些人对在经济文化比较落后的国家到底能否跨越资本主义的充分发展阶段去建设社会主义产生怀疑和动摇，使之成为一个世纪性难题。

邓小平在把坚持社会主义同中国国情的紧密结合中提出的社会主义初级阶段论，破解了这个难题，创新发展了科学社会主义理论，充分发展了社会主义制度的优越性。邓小平指出："社会主义本身是共产主义的初级阶段，而我们中国又处在社会主义的初级阶段，就是不发达的阶段。一切都要从这个实际出发，根据这个实际来制定规划。"① 这个社会主义初级阶段论，为在经济文化比较落后的基础上建立的社会主义国家制定正确的路线方针政策提供了理论根据。我们党正是以此为立论基础，展开了关于我国社会主义初级阶段的系统论述的：我国社会已经是社会主义社会，我们必须坚持而不能离开社会主义；而同时，我国的社会主义社会还处在初级阶段，生产力水平远远落后于发达资本主义国家。这就决定了我们必须经历一个很长的社会主义初级阶段，去实现别的许多国家在资本主义条件下实现的工业化和生产的商品化、社会化、现代化。

社会主义初级阶段论，为我们党制定"以经济建设为中心"、"以坚持四项基本原则和坚持改革开放为两个基本点"的基本路线提供了理论根据。社会主义初级阶段基本路线是建设中国特色社会主义理论和实践的总纲，30 多年来的实践证明，我们党之所以能够领导和团结全国人民，经受住困难和风险的考验，保持社会政治稳定和经济快速发展，最根本的原因就是坚决排除各种干扰，坚定不移地贯彻执行了党的这条基本路线。

---

① 《邓小平文选》第 3 卷，人民出版社 1993 年版，第 252 页。

　　社会主义初级阶段论，为我国坚持和完善公有制为主体、多种所有制经济共同发展的社会主义初级阶段基本经济制度提供了理论根据。实践证明，只有长期坚持这条由我国社会主义制度的性质和现阶段生产力发展水平所决定的方针和制度，才能使我国的经济充满生机和活力，促进社会生产力快速发展。公有制经济是国家引导、推动、调控经济社会发展的重要力量，是实现广大人民群众根本利益的重要保证。只有确保公有制经济的主体地位，才能防止两极分化，实现共同富裕。而非公有制经济则在发展生产力、增加就业、满足人民生活多样化的需要等方面发挥了重要作用。国外有评论指出，实行这种社会主义初级阶段的基本经济制度，是"中国改革开放取得成功的秘诀之一"。

　　社会主义初级阶段论，还为制定通过让一部分人、一部分地区先富起来，带动大部分地区加速发展、实现共同富裕的政策提供了理论根据。国外有一些评论指出，这种理论和政策是"对传统的社会主义观念的突破"，"对于这个问题，过去所有的社会主义国家都没有解决好"，"有了这个突破，才有可能制定出调动人们积极性的政策"，而与此同时，中国共产党的一系列政策又说明，中国共产党人"从理论到实践都始终把多数人的根本利益作为自己的出发点"。相比之下，在有些极度贫困落后而又自称搞了社会主义的国家中，却由于"忽视国情，急急忙忙实行了国有化和集体化，结果连人类最基本的'吃的权利'也难以得到保障"。

三　中国道路把坚持社会主义和时代特征结合起来

　　在和平与发展取代战争与革命成为时代主题的历史条件下，要坚持社会主义，还必须把握世界发展大势，使社会主义紧跟时代发展步伐，正确回答时代发展所提出的重大问题，也就是说，要坚持社会主义和时代特征的紧密结合，坚持走和平发展道路。

　　邓小平早就指出："我们搞的是有中国特色的社会主义，是不断发展社会生产力的社会主义，是主张和平的社会主义。"① 胡锦涛把邓小平所揭

---

① 《邓小平文选》第 3 卷，人民出版社 1993 年版，第 328 页。

示的中国特色社会主义对内"不断发展社会生产力"和对外"主张和平"的根本战略联结和贯通起来,正式提出了"坚持走和平发展道路"这一中国特色社会主义的政策宣示,并指出中国政府和人民作出的这一战略抉择"立足中国国情,顺应时代潮流,体现了中国对内政策与对外政策的统一,中国人民根本利益与世界人民共同利益的统一,是中华民族伟大复兴的必由之路"。在国际上它表现为和平发展的国际战略,在国内则表现为用以人为本、全面协调可持续的科学发展观统领经济社会发展全局,构建和谐社会的社会主义现代化战略。

就和平发展的国际战略来说,中国坚持走和平发展道路,既是由中国坚持社会主义制度的国情所决定的,也是由和平与发展成为时代主题、科技进步日新月异、世界多极化和经济全球化不断发展等世情促成的。在国际上,中国坚持走和平发展道路,表明我们正在践行一条标志着人类追求文明进步的全新道路,因为迄今为止,世界上主要资本主义国家的现代化,都是通过对外掠夺、扩张乃至发动侵略战争来实现的,而我国实现现代化的国情和时代背景却决定了我们必须也只能践行一条标志着人类追求文明进步的全新的和平发展道路。这就是说,我们要充分利用世界和平的大好时机努力发展壮大自己,又以自己本身的发展更好地维护世界和平,促进共同发展,实现中国的发展与和平国际环境的良性互动;我们参与维护和建设现存国际体系,又积极推动公正合理的国际新秩序的建立;我们坚持独立自主地建设中国特色社会主义,又积极参与经济全球化、趋利避害;我们反对霸权主义,也永远不称霸,我们主张各国人民携手努力,推动建设持久和平、共同繁荣的和谐世界。俄罗斯科学院院士季塔连科评论说,中国坚持走和平发展道路,这极大地扩大了中国人民和中国共产党在国际领域的主要任务,在反对霸权主义和维护世界和平之外,加上了"促进共同发展"这个十分重要的内容,这一结论具有重大的国际意义,是对科学社会主义的重大发展,是将社会主义乌托邦变为在科学和实践的道路上迈出的一大步。①

在国内,作为中国坚持走和平发展道路的国内表现的科学发展观,既

---

① 季塔连科:《论中国现代化经验的国际意义》,俄罗斯《远东问题》杂志 2004 年 10 月 22 日。

继承和发展了马克思主义关于发展的理论，又借鉴和超越了当代西方的新发展观，它的提出和贯彻表明中国共产党人正在适应于国内外形势的新变化，顺应人民的新期待，不断地完善着适应我国国情的发展道路。

我国改革开放以来所取得的发展成就，使我国的社会主义现代化建设处在可以大有作为的黄金发展期，面临着许多新的发展机遇；而由于我国的经济增长基本上还是建立在传统工业化发展模式上等原因而凸显出的种种矛盾，特别是不断扩大的贫富差距、区域发展差距、人和资源环境的矛盾，又使我们的经济社会面临一系列严峻挑战。在这样一个关键时期，要是举措得当，就能使我国经济继续快速发展、社会平稳进步；反之，要是应对失误，则可能导致经济徘徊不前，社会长期动荡。正是把这种阶段性特征和由此产生的新的发展要求作为推进改革、谋划发展的根本依据，以胡锦涛为总书记的党中央总结我国发展实践，借鉴国外发展经验，提出以人为本、全面协调可持续发展的科学发展观。在党的十七大报告中，胡锦涛指出："科学发展观，是立足于社会主义初级阶段的基本国情，总结我国发展实践，借鉴国外发展经验，适应新的发展要求提出来的。"

在发展问题上，科学发展观的创新，表现在它针对新世纪、新阶段我国经济社会发展中所凸显出来的种种矛盾和问题，着眼于丰富发展内涵，创新发展理念，开拓发展思路，破解发展难题，在发展的道路、模式、战略、动力、目的、要求等方面，提出了一系列新的思想观点，形成了马克思主义关于发展社会主义建设的系统理论。它还提出了构建社会主义和谐社会的理论和社会主义生态文明的理论，从而有力地推进了人类发展理论的创新发展。国外有的媒体评论说，胡锦涛所倡导的科学发展观，是一种以人为本的理念，它把只重视经济发展在量上的扩大，转变为对生活质量和公平感等内容的关注，为构建和谐社会提供了政策指导，这使得长期以来"一边倒"式的开发开始向重视民生和民权的方向转变，大力推进经济、社会、政治、文化、环境等各个领域的协调和平衡发展。这就丰富和发展了科学社会主义，发挥了社会主义制度的优越性。

和平发展之所以是中国道路坚持社会主义和时代特征相结合的产物，一是因为中国坚持的社会主义制度的本质决定了中国不能走对外扩张、掠夺、发动侵略战争的传统现代化道路，而只能走和平发展道路。邓小平说："中国是社会主义国家，这个社会制度的性质决定了我们对外奉行和平外交政策。"[①] 因为和平是工人运动最重要的要求，是共产主义的国际原则，马克思曾经说过：工人阶级"能在他们的所谓主人们叫嚷战争的地方卫护和平"[②]。因而他们所创建的"新社会的国际原则将是和平"[③]。邓小平还强调，中国对外政策的目标是争取世界和平，在争取和平的前提下，一心一意搞现代化建设，发展自己的国家，建设具有中国特色的社会主义。二是因为和平与发展已经成为时代主题，科技进步日新月异，世界多极化和经济全球化在向前发展。早在 20 世纪 80 年代初，邓小平就反复强调要牢牢把握住和平与发展这两个全球性的战略问题，并把它们当作我国社会主义建设的国际背景，从中引出它的意义，以及它所带来的挑战和机遇。也就是说，要把握住它给我们提供的可以把人力、财力、物力集中到经济建设上的和平环境；把握住它使我们有可能置身于世界经济发展的大潮中，积极利用世界经济发展中的有利条件，来促进我国经济的发展，使我们可以发挥后发优势，而不必拘泥于实现现代化的传统道路；把握住它还使我们可以通过全球化条件下生产要素的市场化流动，和平双赢地从国际上获得我国现代化建设所必需的国际资源、技术和资金，而避免走发达资本主义国家掠夺别国资源和资金的老路。

（原载《毛泽东邓小平理论研究》2012 年第 1 期）

---

① 中共中央文献研究室编：《中国特色社会主义理论体系形成与发展大事记（1978—2008）》，中央文献出版社 2008 年版，第 23 页。
② 《马克思恩格斯全集》第 16 卷，人民出版社 1964 年版，第 403 页。
③ 《马克思恩格斯全集》第 17 卷，人民出版社 1963 年版，第 8 页。

中国特色社会主义道路的世界意义

　　中国革命、建设和改革的经验告诉我们，必须把坚持马克思主义基本理论同推进马克思主义中国化结合起来。坚持马克思主义基本理论，是使我们事业始终沿着正确方向前进的根本思想保证，而根据当代中国的实践和时代的发展，坚持不懈地推进马克思主义中国化，这就彰显了马克思主义与时俱进的基本品质，使马克思主义能更好地发挥指导我国实践的作用，同时又由于它以这种形式用马克思主义成功地解决了当代人类所面临的重大问题，这就使中国特色社会主义道路具有世界意义。

　　从党的十一届三中全会开始，以邓小平为代表的中国共产党人领导我国人民开辟了中国特色社会主义道路。这是继毛泽东领导中国人民把半封建半殖民地的旧中国变为社会主义新中国的伟大革命之后，把中国由不发达的社会主义国家变成富强民主文明和谐的社会主义现代化国家的又一场伟大革命，是马克思主义中国化发展历程中的又一次历史性飞跃，它的世界意义集中表现在：这是人类追求文明进步的新路，它为第三世界发展经济、摆脱贫困指出了奋斗方向，并将向人类表明社会主义是必由之路、社会主义优于资本主义。

一　中国特色社会主义的和平发展道路，是人类追求文明进步的一条新路

　　文明是人类改造自然与社会的物质和精神成果的总和，社会进步和经济发展状况的标志。自从人类走出蒙昧时代、野蛮时代而进入文明这种开化状态以后，先后经历了原始文明、封建文明、资本主义文明等文明形态。这三种建立在生产资料私有制基础上的文明形态的演进，一方面标志

着物质文明和精神文明的发展进步，另一方面，由于它们都是建立在对抗的基础上的，因而事情就正如马克思所指出的那样："当文明一开始的时候，生产就开始建立在级别、等级和阶级的对抗上，最后建立在积累的劳动和直接的劳动的对抗上。没有对抗，就没有进步。这是文明直到今天所遵循的规律。"① 从 15 世纪到当代，西方发达资本主义国家的文明都是建立在剥削和掠夺上的，它们的资本主义现代化都是对内靠剥夺农民、剥削工人，对外通过掠夺、扩张、海外殖民乃至发动侵略战争的道路来实现的。与此相反，中国特色社会主义道路则是人类追求文明进步的一条新路。

中国特色社会主义道路之所以是一条新路，是因为它是一条和平发展的道路。在 1989 年 10 月一次会见外宾时，邓小平强调说："我们搞的是有中国特色的社会主义，是不断发展社会生产力的社会主义，是主张和平的社会主义。只有发展社会生产力，国家才能一步步富强起来，人民生活才能一步步改善。只有争取到和平的环境，才能比较顺利地发展。"②

和平发展是贯穿中国特色社会主义内外的标志性特征和国家战略。在国际上它表现为中国通过争取和平的国际环境来发展自己，又以自己的发展来维护世界和平、促进共同发展，反对霸权主义和强权政治，也严格约束自己即使在发展起来后也永不称霸；表现为坚持与其他国家和民族互利共赢的开放战略，遵循联合国宪章和国际关系准则，在国际事务中弘扬民主、和睦、协作、共赢精神，倡导国与国之间在政治上相互尊重、平等协商，经济上相互合作、优势互补，文化上相互借鉴、求同存异，安全上相互信任、加强帮助，协力推进。

中国特色社会主义的这种和平发展国际战略，首先意味着与发达资本主义国家在损害别的国家和民族利益的基础上实现传统现代化的情况截然不同，中国是在与当代世界其他国家的共同发展中、与当代世界各种文明的协调一致中发展自己的社会主义现代化的。香港《亚洲时报在线》曾经在《中国，世界经济的灵丹妙药》一文中说："一个正在崛起的中国将使

---

① 《马克思恩格斯全集》第 4 卷，人民出版社 1958 年版，第 104 页。
② 《邓小平文选》第 3 卷，人民出版社 1993 年版，第 328 页。

整个世界而不仅中国自身受益"，"中国只能与全世界共同分享其进步，这与过去截然不同。欧洲以往向全球扩张，导致产生了几十个殖民地，并让欧洲以外成千上万的人民痛苦不堪。过去，日本和德国的兴起，引起了血腥战争，但发展中的中国却为全世界提供了机遇"。①

中国特色社会主义的这种和平发展国际战略，同时也意味着我们把中国传统上倡导的"和而不同"，即和谐而不千篇一律，不同而又不相互冲突，和谐以共生共长，不同以相辅相成视为人类各种文明协调发展的真谛；主张世界各国文明的多样性是人类社会的基本特征，也是人类文明进步的动力。因此，世界各种文明、社会制度和发展模式应相互交流和相互借鉴，在竞争比较中取长补短，在求同存异中共同发展。这就使中国在与经济全球化接轨、利用全球化提供的机遇实现自身的发展中积累的成功经验，具有了重要的世界意义。俄罗斯科学院院士季塔连科说："中国在对待现代文明方面的态度、实施社会政策方面的经验，客观上成为'历史末日'及'文明冲突'等自由化思潮的有力替代者，从而推动历史发展，防止文明之间的冲突，推动其转向建设性对话，实现全球的共同发展。"②

中国特色社会主义的和平发展国家战略，在国内则表现为科学发展、和谐发展。2006年4月，胡锦涛在美国耶鲁大学发表演讲，阐述这种科学发展、和谐发展的理念时说："这就是树立和贯彻以人为本、全面协调可持续发展的科学发展观，统筹城乡发展、统筹区域发展、统筹经济社会发展、统筹人与自然和谐发展、统筹国内发展和对外开放，更加注重解决民生问题，更加注重克服发展的不平衡性，更加注重解决发展中存在的突出矛盾，致力于走科技含量高、经济效益好、资源消耗低、环境污染少、人力资源优势得到充分发挥的新型工业化道路，推进经济建设、政治建设、文化建设、社会建设协调发展，努力实现生产发展、生活富裕、生态良好的文明发展格局。"③

中国特色社会主义对内践行的这种科学发展、和谐发展，把发展作为

---

① 香港《亚洲时报在线》2005年1月26日。
② 季塔连科：《论中国现代化经验的国际意义》，俄罗斯《远东问题》杂志2004年10月22日。
③ 《十六大以来重要文献选编》（下），中央文献出版社2008年版，第428页。

主题，把结构调整作为主线，把改革开放和科技进步作为动力，把提高人民生活水平作为根本出发点，把可持续发展、人的全面发展和社会和谐作为追求目标，因而正如德国的贝特霍尔德所说，它"给人们指出了一条摆脱全球资本统治的破坏性进程的出路"。"当今的资本主义越来越明显地暴露出其无能，在经济发展速度不断加快的同时，它已无法解决日益严重的全球性问题。例如越来越多的国家发生社会劫难、暴力和战争频仍，南北之间的鸿沟加深，环境遭到破坏，对地球资源不负责任的随意开采。因此，现在世界越来越明确地要求成功塑造一个资本主义的对立面。中华人民共和国的重要意义以及今天中国所发生的一切也正在于此。"①

人类社会的发展规律告诉我们，建立在生产资料私有制基础上的资本主义文明时代，终将被共产主义文明时代所代替，在这种共产主义文明时代，取代作为阶级社会基础的剥削和压迫的，将是"每个人的自由发展是一切人的自由发展的条件"②。中国特色社会主义的和平发展国际战略所践行的人类追求的文明进步新路，正是一条以此为最终目标的道路。

二　中国特色社会主义道路在发展经济、摆脱贫困上，给第三世界指出了奋斗方向

20 世纪中叶，中国人民民主革命的伟大胜利、新中国的建立，改变了世界政治力量的对比，有力地推动了世界上被压迫民族和人民争取解放的斗争。20 世纪60—70 年代，东南亚一些国家的共产党掀起了武装斗争的高潮，有的还建立了自己的武装力量根据地；西亚、北非和拉美一些国家的共产党也曾进行过武装斗争，但除极少数如尼泊尔共产党（毛派）之外，大都以失败告终。在 1988 年 10 月一次会见外宾的谈话中，邓小平指出："现在的情况和过去大不一样。我们走的是十月革命的道路，其他国家再走十月革命的道路就难了，因为条件不一样。"③

---

① 罗尔夫·贝特霍尔德：《中国 2003——迈向社会主义的道路》，德国《我们的时代》2003 年 4 月 25 日。

② 《马克思恩格斯选集》第 1 卷，人民出版社 1995 年版，第 294 页。

③ 《邓小平年谱（1975—1997）》（下），中央文献出版社 2004 年版，第 1254 页。

什么条件不一样？最大的不一样在于，时代主题已经由战争与革命转换为和平与发展。时代主题的转换，一方面使发展中国家的共产党难以再走十月革命的道路，需要寻找其他的、新的途径；另一方面又使这些国家在取得民族独立以后，面临着发展本国经济，争取经济独立，以进一步巩固政治独立，早日改变贫穷落后面貌的历史任务。而中国特色社会主义的和平发展道路则在这个方面为第三世界的发展中国家指出了奋斗方向。邓小平在 1987 年 4 月的一次谈话中，曾经说过：到 21 世纪中叶，中国“如果那时十五亿人口，人均达到四千美元，年国民生产总值就达到六万亿美元，属于世界前列”，这就“为占世界总人口四分之三的第三世界走出了一条路”。① 邓小平在这里说的是到 21 世纪中叶，现在，中国还没有达到他所说的中等发达国家的水平。但从改革开放 30 年来我国在发展经济、摆脱贫困方面所取得的成绩来看，却可以说中国特色社会主义道路已在这个方面为第三世界指出了奋斗方向。

30 年来，中国特色社会主义道路使中国的现代化建设取得了举世瞩目的伟大成就：从 1978 年到 2008 年，我国的国内生产总值从 3624.1 亿元发展到超过 30 万亿元，在世界各国国内生产总值中所占比重由 1.8% 上升到 6% 以上，由名列世界第 11 位上升到第 3 位；我国的进出口总额由 206 亿美元发展到 2.56 万亿美元；使绝对贫困人口由 2.5 亿减少到 1479 万，30 年内我国的减贫人数所占全球减贫人数的比重超过了 70%，第一个提前实现了联合国千年发展目标中贫困人口比例减半的目标。

中国在消除贫困落后方面的成就，得到各个方面的称赞。

2005 年 3 月，联合国副秘书长、联合国开发署副署长泽菲林·迪亚布雷在中国发展高层论坛上发表演讲指出，考察中国的经济进步，有必要从落实联合国千年发展目标以及实现在 2015 年以前将贫困人口减半方面加以评估：从 20 世纪 60 年代开始，联合国相继实施了 4 个发展十年规划，都没有达到预期目标。在进入新千年之际，联合国在 2000 年 9 月又提出了“千年发展目标”，要求到 2015 年将每日私人消费不足 1 美元的极端贫困人口减少一半。从 2000 年到 2005 年，实现千年发展目标的时间已过去

---

① 《邓小平文选》第 3 卷，人民出版社 1993 年版，第 225 页。

了三分之一，但形势却不乐观，人类发展在一些关键领域正蹒跚不前，总人口达4.6亿的18个国家的人类发展指数在2003年比1990年还低，这是前所未有的倒退。而中国经济的迅速发展却使千百万人摆脱了贫困，在扶贫和社会进步方面取得了空前的成就。中国还注重人的发展，提出了建设社会主义和谐社会，全世界许多国家认为中国是消除贫困和落后的典范。①

世界银行的帕迪克·巴塔萨利把中国改革开放以来帮助2亿多人摆脱贫困，看作是"现代中国的巨大胜利，是人类历史上一个前所未有的成就"。②而据世界银行公布的数据，自1981年到2005年，中国是发展中国家减贫成就最为显著的国家，如果将中国的减贫成果排除在外，那么在此期间，世界贫困人口实际上还增加了1亿多。③

中国特色社会主义道路在消除贫困方面的成就，特别受到一些发展中国家的推崇。尼日利亚著名学者费米·阿科莫莱夫在《没有人再嘲笑亚洲人》一文中说："上世纪70—80年代，中国和大部分非洲地区处于同样的经济落后局面，正因为如此，中国今天的经济腾飞为非洲人提供了特殊的经验"，"非洲可以从中国这个经济巨头身上学到很多经验，首先并且最重要的是，相信万事皆有可能，无论从哪个方面来说，中国的经济表现都是一个奇迹。它展示出一个拥有自信、决心和远见的民族可以取得什么样的成就"，"我们可以借鉴的另一个经验是，要想发展本国经济，只能靠自己民族的努力和决心，历史上没有哪个国家的经济是靠外国人发展起来的"。④

联合国贸发会议《2006年贸易与发展报告》则从发展中国家的经济不能只依靠市场力量，还要重视同政府政策手段的调控作用相结合的高度来强调中国经济快速发展的原因。这个报告的总协调官德特勒夫·科特对比了中国与一些拉美国家的不同情况，他说："墨西哥、巴西、阿根廷等拉美国家20到25年以前的人均收入水平比中国高得多，然而后来它们的经济却被严重的债务危机所困扰，原因就是这些国家当时的政府从国际资

---

①　《参考消息》2005年3月23日。
②　美国《财富》杂志2004年10月4日。
③　新华社华盛顿2008年8月26日电。
④　英国《新非洲人》月刊2006年6月号。

本市场上贷款过多，采取了依靠外国资本来促进进口、从而推动经济发展的政策，随着利率的急剧升高，贷款的成本也跟着升高，最终这些国家无法偿还债务，所以出现了债务危机，导致经济严重滑坡。相比之下，虽然许多外国私人资本流入中国，但这并不是中国的核心政策。中国设法保持利率和汇率的稳定，从而使国内出口商保持竞争力，而高出口也带动了进口的增长，如今许多拉美国家吸取了过去的教训，在一定程度上借鉴了中国的经验。"①

三 中国特色社会主义道路将向人类表明：社会主义是必由之路、社会主义优于资本主义

1987 年 4 月，邓小平展望到 21 世纪中叶，中国达到中等发达国家水平，年国民生产总值位居世界前列，给第三世界走出一条路时，曾经强调说："更重要的是向人类表明，社会主义是必由之路，社会主义优于资本主义。"② 在 1988 年 10 月，邓小平在一次讲话中又进一步阐述："我们中国要用本世纪末期的二十年，再加上下个世纪的五十年，共七十年的时间，努力向世界证明社会主义优于资本主义。我们要用发展生产力和科学技术的实践，用精神文明、物质文明建设的实践，证明社会主义制度优于资本主义制度，让发达资本主义国家的人民认识到社会主义确实比资本主义好。"③

中国现在还处于并将长期处于社会主义初级阶段，人均国内生产总值居世界第 100 多位，离邓小平所说的那种水平还有一段很长的距离。但改革开放 30 年来取得的成就，却已从发展的趋势和速度上为社会主义是必由之路、社会主义优于资本主义提供了有力的证明。

就经济规模来说，在 1999 年，中国还位于美、日、德、英、法、意六个发达资本主义国家之后位居第 7，但在 2002 年就超越意大利而位居第

---

① 《参考消息》2006 年 9 月 14 日。
② 《邓小平文选》第 3 卷，人民出版社 1993 年版，第 225 页。
③ 《邓小平年谱（1975—1997）》（下），中央文献出版社 2004 年版，第 1255 页。

6，2004 年超越法国而位居第 5，2005 年超越英国而位居第 4，2007 年超越德国而位居第 3。由美国次贷危机引发的全球金融危机在 2008 年爆发以后，由于经济衰退正在加速经济力量向新兴经济体转移，有些人估计，中国将在 2009—2010 年间超越日本而成为世界第二大经济体。中国与美国在经济规模和所占全球比重上还有较大差距，但中美之间的力量对比也在不断地改变着。例如，在知识经济的规模方面，"在 2000 年，美国的计算机销量相当于中国的 3 倍，网民数量相当于中国的 5 倍，宽带接入量相当于中国的 40 倍。但是，到了 2008 年，从整体看来，中国在以上每个方面都赶上或几乎赶上了美国人"[①]；美国总统奥巴马说过："在开发新能源方面处于世界领先的国家，将领导 21 世纪的全球经济。"而在这个方面，中国也走在美国前面：由于经济疲软导致了美国倒退，"中国已经成为太阳能和风能设备的制造中心"，"中国现在的汽车销量位居全球之首，而且已经涉足电动汽车发动机领域"，"今年第一季度，与清洁能源技术相关的风险投资在美国骤减了 84%，而在中国却继续增加"，虽然"要成为真正的胜利者之前，中国还有很长的路要走"。[②]

　　为什么苏联在与资本主义的竞赛中败下阵来乃至招致剧变解体，而中国特色社会主义却能在 30 年这短短的历史瞬间，在发展趋势和速度上显示出社会主义是必由之路、社会主义优于资本主义呢？这主要是因为中国特色社会主义在总结苏联和我国"文化大革命"经验教训的基础上，顺应世界发展潮流，从中国的实际出发，从三个方面推进了社会主义的理论和实践。

（一）坚持社会主义

　　在 1985 年 4 月的一次谈话中，邓小平说："我们建立的社会主义制度是个好制度，必须坚持"，"但问题是什么是社会主义、如何建设社会主义，我们的经验教训有许多条，最重要的一条，就是要搞清楚这个问题"。[③]

---

① 罗伯特·佩普：《帝国的衰落》，美国《国家利益》双月刊 2009 年 1—2 月号。
② 爱德华·西尔弗：《中国挤进高效能源产业》，美国《洛杉矶时报》2009 年 5 月 19 日。
③ 《邓小平文选》第 3 卷，人民出版社 1993 年版，第 116 页。

　　马克思主义的基本原则、社会主义的首要任务，本来都是讲要发展社会生产力，逐步提高人民的物质和精神生活水平。可是，在世界社会主义的发展历程中，由于存在着急于求成、盲目求纯的情绪，却出现了认为社会主义所有制形式越大越公越纯越好，而长期把发展生产力的任务推到次要地位的倾向，在我国"文化大革命"中，甚至出现了"宁要社会主义的草，不要资本主义的苗"的荒谬口号，影响所及，导致了同资本主义国家发展差距拉大、社会主义的优越性遭到质疑的后果。

　　所以，在理念的层面上，坚持社会主义并不是要教条主义地停留在原有论断上，而是必须把坚持社会主义同坚持解放思想结合起来。正如邓小平所指出的："不解放思想不行，甚至包括什么叫社会主义这个问题也要解放思想。经济长期处于停滞状态总不能叫社会主义。人民生活长期停止在很低的水平总不能叫社会主义。"① 正是由于邓小平在坚持社会主义的问题上坚持解放思想，这才破除了对马克思主义的教条式理解和附加到马克思主义名义下的错误观点，把解放生产力、发展生产力列入社会主义的本质之中。邓小平强调："坚持社会主义的发展方向，就是要肯定社会主义的根本任务是发展生产力，逐步摆脱贫穷，使国家富强起来，使人民生活得到改善。"②

　　而在制度的层面上，要坚持社会主义，就要弄清楚"社会主义制度并不等于建设社会主义的具体做法"。③ 在 1985 年 8 月的一次谈话中，邓小平指出："我们总的原则是四个坚持。问题是怎么坚持。是坚持那种不能摆脱贫穷落后状态的政策，还是在坚持四项原则的基础上选择好的政策，使社会生产力得到比较快的发展？"④ 所以，在制度的层面上，坚持社会主义必须同坚持改革开放紧密结合起来：既坚持社会主义的基本制度，又坚持改革不适合生产力发展的具体体制。因为在"社会主义基本制度确立以后，还要从根本上改变束缚生产力发展的经济体制，建立起充满活力的社

---

① 《邓小平文选》第 2 卷，人民出版社 1994 年版，第 312 页。
② 《邓小平文选》第 3 卷，人民出版社 1993 年版，第 264—265 页。
③ 《邓小平文选》第 2 卷，人民出版社 1994 年版，第 250 页。
④ 《邓小平文选》第 3 卷，人民出版社 1993 年版，第 134—135 页。

会主义经济体制，促进生产力的发展，这是改革，所以改革也是解放生产力"①。

邓小平在理念和制度两个层面上提出的这种坚持社会主义观，在原苏东国家得到高度的评价。俄罗斯科学院院士季塔连科说，"在社会主义处于深刻危机和战略撤退的情况下，中国共产党承担了按照时代的要求和新的历史机遇保留并发展社会主义的任务。邓小平提出的建设中国特色社会主义理论，避免了社会主义被撤出历史舞台的危险"，他选择了"既保持了继承性，又总结了全球化条件下进行政治改革和开放的新经验"的目标，"制定了克服理论停滞和思想危机的方法"，"提出了用社会主义来代替自由派'历史末日'的模式"②；俄罗斯《真理报》也发表文章指出，与原苏东国家的做法相比，中国坚持社会主义的这些举措，其"最重要的经验是中国领导人并没有打破以前的体制，也不是绞尽脑汁地要从社会主义向资本主义过渡，而是在社会主义体制中融进已成为改革社会主义体制动力的一系列重要的成分"，"中国的经验表明：在社会主义制度下，不仅可以进行改革，而且可以建立一种比震惊全世界的亚洲四小龙那样的资本主义社会更快地推动经济发展的机制"③。

（二）坚持马克思主义同中国具体实际的紧密结合

马克思、恩格斯早就强调对于《共产党宣言》所揭示的马克思主义基本原理的实际运用，"随时随地都要以当时的历史条件为转移"④。

可是，从20世纪30年代开始，苏联在资本主义较不发达的基础上建设社会主义这个客观实际却遭到了忽视，出现了在某些方面照抄照搬马克思、恩格斯设想的在高度发达的资本主义社会的基础上建设社会主义的具体举措，超越阶段地盲目追逐社会主义所有制的一大二公三纯，乃至急于向共产主义过渡的现象。影响所及，在"二战"以后，欧亚的一些社会主义国家也争相仿效，以致不仅没能充分发挥社会主义的优越性，还使它们

---

① 《邓小平文选》第3卷，人民出版社1993年版，第370页。
② 俄罗斯《远东问题》双月刊2004年10月22日。
③ 《真理报》1996年4月5日。
④ 《马克思恩格斯选集》第1卷，人民出版社1972年版，第248页。

的社会主义建设再三遭遇困难和挫折，而这些困难和挫折又使一些人对在经济文化较不发达的国家究竟能否建设社会主义产生怀疑和动摇，使之成为一个世纪性难题。直到出现社会主义初级阶段论，才解开了这个难题。

1987 年 8 月，邓小平在一次同外宾的谈话中说："我们党的十三大要阐述中国社会主义是处在一个什么阶段，就是处在初级阶段，是初级阶段的社会主义。社会主义本身是共产主义的初级阶段，而我们中国又处在社会主义的初级阶段，就是不发达的阶段"，"一切都要从这个实际出发，根据这个实际来制定规划"。[①] 根据这个理论，中国社会已经是社会主义社会，我们必须坚持社会主义，而不能倒退回去"补资本主义的课"；另外，我国的社会主义社会还处在初级阶段，生产力落后，产品经济不发达，建立在此基础上的社会主义制度也还不完善、不成熟，这就决定了我们必须经历一个很长的初级阶段，去实现许多国家在资本主义制度下实现的工业化和生产的商品化、社会化、现代化。这个理论不仅为中国特色社会主义制定社会主义初级阶段的基本路线提供理论基础，还为其他以社会主义为方向的发展中国家根据自己的基本国情，制定正确的路线方针和政策提供了理论借鉴，所以在国际上也引起巨大反响。如日本的丹藤佳纪曾发表过《中国的"初级阶段论"将对第三世界产生影响》一文指出："中国的'初级阶段'论对苏联和东欧国家也会产生刺激。对越南、埃塞俄比亚、坦桑尼亚等第三世界的社会主义国家将产生重大的影响。在这些发展中的社会主义国家中，多数都忽视国情，急急忙忙地实现了国有化和集体化。结果连人类最基本的'吃的权利'也难以得到保障。"[②] 1988 年，苏联科学院远东研究所等七个研究所的学者在讨论这个理论的时候，有的认为，它的提出本身就标志着"放弃社会主义建设方面的革命浪漫主义，从而过渡到革命的现实主义、回到历史唯物主义"；有的则强调其现实的国际意义，因为"无论在苏联还是中国以及大多数其他当前的'现实社会主义国家'，新社会据以从旧社会产生出来的物质前提条件都还没有完全成熟，因此，应当先把物质前提条件提高到哪怕是当代资本主义国家那样的水

①　《邓小平文选》第 3 卷，人民出版社 1993 年版，第 252 页。
②　日本《读卖新闻》1987 年 11 月 12 日。

平。特别对于发展中国家来说，这个理论可能有极大的吸引力，因为它使社会主义就时间而言同它们大为'接近'，从而在社会经济和政治发展的低级阶段，在革命的社会改造领域开辟了新的可能性"。①

（三）顺应时代发展潮流，拓展世界眼光，在吸取和借鉴当代人类创造的文明成果的基础上，建设对资本主义具有优越性的社会主义

在经济文化较不发达的基础上建设社会主义，必须吸取资本主义的一切肯定成果，这是马克思主义创始人的一贯思想；列宁更把吸取资本主义制度的一切肯定成就看作是十月革命以后苏联建设社会主义中面临的一个迫切的现实问题。但限于历史条件，他们在这个方面的设想都没有能够得到预期的实现。正是在总结社会主义国家曾经遭到封锁和自我封闭、严重阻碍了社会生产力发展的经验教训的基础上，邓小平从和平与发展已经成为时代主题的高度，强调指出："社会主义要赢得与资本主义相比较的优势，就必须大胆吸取和借鉴当今世界各国包括发达资本主义国家的一切反映现代社会化生产规律的先进经营方式、管理方法。"②

在这方面，中国特色社会主义相继推出了一系列创新性决策，其中又以三项举措尤为典型。

首先，是推进由计划经济到社会主义市场经济的转变。早在改革开放之初，邓小平就牢牢把握解放思想、实事求是的思想路线，从根本上解除了把计划经济和市场经济看作是从属于社会基本制度范畴的思想束缚，从现代市场经济比传统的计划经济在资源配置方面更加有效的客观事实出发，把市场经济同社会主义基本制度结合起来，实行社会主义市场经济，既发挥它有利于解放和发展社会生产力，有利于增强社会主义国家综合国力，有利于提高人民生活水平，把社会主义的优越性充分发挥出来的优点，又因为把市场经济同社会主义的政治、经济基本制度，同社会主义精神文明建设紧密结合起来，而避免了市场经济所固有的缺陷和消极方面。原苏东国家的一些人在把他们国家向市场经济转轨的情况同中国的社会主

---

① 苏联《远东问题》杂志 1989 年第 1 期。

② 《邓小平文选》第 3 卷，人民出版社 1993 年版，第 373 页。

义市场经济进行对比后，得出结论说："东欧国家、俄罗斯和独联体其他国家 1989 年之后发展市场经济的办法不是完善社会主义，结果不仅违背了本国国家利益，而且破坏了生产力，生产不断下降；经济危机不断加深，社会危机和道德危机在全社会蔓延，把国家变成了依赖于别国的'香蕉共和国'"①；"在原社会主义国家中，只有中国是成功的，那里没有迅速摧毁需要改造的社会主义结构，并立刻实行市场化经济，而是在相对保持政治和经济结构的同时，逐步确立市场化经济。就这样在 15 年来生产不仅没有下降，甚至以前所未有的速度增长，生活水平不仅没有下滑，甚至比任何走在资产阶级道路上的国家更快地提高"。②

另一个典型实例，是在 20 世纪 90 年代末期，当经济全球化趋势既有力地促进了社会生产力和科学技术在世界范围内的迅猛发展，又带来诸如东南亚经济危机等负面效应的时候，以江泽民为核心的党中央第三代领导集体冷静地权衡了利弊得失，毅然作出了以趋利避害的方针进一步积极参与国际经济合作和竞争的战略决策。江泽民指出："我们要坚定不移地实行对外开放政策"，"充分利用经济全球化带来的各种有利条件和机遇。不能看到有风险、有不利因素，就因噎废食，不敢参与进去。同时，又要对经济全球化带来的风险保持清醒的认识，坚持独立自主，加强防范工作。增强抵御和化解能力，以切实维护我国的经济安全，更好地发展壮大自己"。③ 中国积极参与经济全球化又坚持独立自主、趋利避害的实践，被墨西哥一家报纸称作"中国严格按照自己的发展速度融入全球化进程，让各跨国企业服务于它的发展模式，并没有让全球化成为国家自身发展的威胁"，"中国依靠中国社会主义市场经济这一特殊模式取得了经济上的稳定，并完全进入到全球化过程当中，囊括了纺织、制造业、家电、医药、汽车乃至电子和石油领域的国有企业成了中国政府占据国外市场的生力军，中国政府终将实现它的目标，那就是成为 21 世纪的全球大国"。④ 西班牙前首相费利佩·冈萨雷斯更在《中国：全球化中的自主国家》一文中

① 保加利亚《言论报》1994 年 11 月 1 日。
② 匈牙利《新闻报》1994 年 9 月 4 日。
③ 《江泽民文选》第 2 卷，人民出版社 2006 年版，第 201 页。
④ 劳拉·阿莉西亚·加林多：《21 世纪是中国世纪》，墨西哥《每日报》2005 年 7 月 31 日。

称，20 年来，"中国是唯一在采取决定方面以有着重大意义的自主权行事的国家，也是在当前这个单极和不平衡的全球化时代唯一有条件这样做的国家"。

又一个典型实例，是以胡锦涛为总书记的党中央在新世纪、新阶段，我国既面对发展机遇，又面对矛盾凸显的新的历史起点上，提出以人为本、全面协调可持续发展的科学发展观和构建社会主义和谐社会的理论。胡锦涛指出："科学发展观，是立足社会主义初级阶段基本国情，总结我国发展实践，借鉴国外发展经验，适应新的发展要求提出来的。"①

"二战"以后，资本主义世界各国曾把加快经济增长奉为共识，美国学者刘易斯提出了把发展等同于经济增长，认为有了经济增长就有了一切的发展观。有些国家因为片面追逐经济增长，忽视能源资源节约和环境保护而爆发生态危机。经过深刻反思以后，从 20 世纪 80 年代开始，世界上出现了大致向三个方向推进的新的发展观：一是朝横向拓展发展理念，主张发展是整体、内生、综合的，关心文化价值的新的发展理论；二是朝纵向拓展发展理念的可持续发展概念和可持续发展战略；三是从内涵上拓展发展理念，主张发展的目的在于使人们获得能力、扩展自由的发展理论。立足于社会主义初级阶段、总结我国发展实践、适应新的发展要求的科学发展观，借鉴了这些新的发展理念，在同中国实际相结合的基础上进一步丰富和发展了它们：如在朝横向拓展发展理念方面，科学发展观使中国特色社会主义的布局由经济、政治、文化建设三位一体，发展为经济、政治、文化、社会建设以及生态文明建设和党的建设，并在经济建设方面提出全面协调城乡、区域、经济和社会、人和自然、国内发展和对外开放的"五个统筹"。在社会建设方面，提出努力使全体人民学有所教，劳有所得，病有所医，老有所养，住有所居，推动建设和谐社会；在朝纵向拓展发展理念方面，科学发展观提出了节约发展，清洁发展，安全发展，实现可持续发展，以及发展循环经济，建设资源节约型和环境友好型社会，促进经济发展与人口、资源、环境相协调等；在从内涵上拓展发展理念方面，科学发展观提出要以人为本，以人的全面发展为目标，以发展好、维

_____

① 《中国共产党第十七次全国代表大会文件汇编》，人民出版社 2007 年版，第 13 页。

护好、实现好最广大人民的利益为出发点和落脚点；在国际上则坚持走和平发展道路，奉行互利共赢的开放战略，争取和平、开放、合作、和谐的发展，建设一个民主、和谐、公正、包容的和谐世界。这样，科学发展观就被人们称作是"人类发展理论的重大创新"。

国际社会对科学发展观、和谐社会论进行了多方面的解读：如有人认为，胡锦涛所倡导的"科学发展观"是一种以人为本的理念，它使经济发展更加关注生活质量和公平感等内容，为构建和谐社会提供了政策指导；这使得经济发展向重视民生和民权的方向转变，大力推进经济、社会、政治、文化、环境等各个领域的协调和平衡发展[①]；有人认为，科学发展观"最大限度地体现了中国的现实，团结和带领中国所有阶层的人民，找到了凝聚全社会的最好结合点"。[②] 十分明显，科学发展观、和谐社会论的提出和实践，表明我们摸索出了一种将进一步预示社会主义是必由之路、社会主义优于资本主义的可持续发展的模式。

（原载《中国特色社会主义研究》2009 年第 4 期）

---

① 　日本共同社 2007 年 10 月 15 日电。
② 　季塔连科说"中国模式是世界近代史上的一次创举"，参见《光明日报》2009 年 5 月 9 日。

第三编

中国特色社会主义理论体系的形成和发展

毛泽东对适合中国国情的社会主义
建设道路的先行探索

毛泽东依据马克思主义普遍真理和中国具体实际相结合的原则，不仅在民主革命时期领导中国人民找到了一条以农村包围城市，最后夺取全国政权的有中国特色的新民主主义革命道路，完成了民族独立和人民解放的历史任务，创建了新中国，建立了社会主义制度，为当代中国的发展奠定了政治基础和制度前提，从而实现了马克思主义中国化的第一次历史性飞跃，创立了毛泽东思想；而且在社会主义革命时期，创立了有中国特色的社会主义革命转变理论，开辟了一条适合中国国情的社会主义改造道路，用国家资本主义的形式与和平赎买的政策改造资本主义义工商业、用逐步过渡的形式改造个体农业和手工业，使社会生产力在改造过程中继续得到发展，广大人民的生活水平得到提高。在建立社会主义制度以后，毛泽东又面对着在经济文化比较落后的基础上如何巩固和发展社会主义的课题时，在借鉴苏联社会主义建设经验教训的基础上，开始了对适合中国国情的社会主义建设道路的探索。

一　毛泽东以马克思主义基本原理同中国具体
实际的第二次结合为目标的艰辛探索

由于缺乏经验等原因，中国在开始社会主义建设的时候，在许多方面承袭了苏联模式的做法，但不久就发现了问题，因而早在 1955 年底，毛泽东就在中央领导集体的范围内提出过"以苏为鉴"，走中国自己的路的问题；特别是社会主义改造提前基本完成、要求加快工业化步伐的形势，

更促使毛泽东把注意力转到经济建设和科学文化建设上来，从对实际情况
进行系统而周密的调查研究入手，开始对适合中国国情的社会主义建设道
路的探索。

　　毛泽东的这次调查研究，从 1956 年 2 月 14 日开始到 4 月 24 日结束，
在此期间，他用了 43 天、每次都是 4—5 个小时的时间，听取国务院 34 个
部门的工作汇报和国务院计委关于第二个五年计划的汇报。除了审读他们
事先送交的书面汇报材料外，毛泽东在听取口头汇报时，还不断插话、提
出问题、发表意见、进行评论。

　　在此期间发生的一件重大事情，便是 1956 年 2 月召开的苏共第 20 次
代表大会和赫鲁晓夫在会上所作的秘密报告，以及我们党在 1956 年 4 月 5
日在《人民日报》上发表的，表明我们党对苏共二十大明确而初步的态度
的《关于无产阶级专政的历史经验》的文章。1956 年 4 月 4 日，毛泽东
在主持召开中央书记处讨论该文的会议行将结束的时候，讲了一段有关探
索适合中国国情的社会主义建设道路的话。他指出：

　　"问题在于我们自己从中得到教训。这篇文章算是我们初步总结了经
验教训。我认为最重要的教训是独立自主，调查研究，摸清本国国情，把
马克思列宁主义的基本原理同我国革命和建设的具体实际结合起来，制定
我们的路线、方针、政策。民主革命时期，我们走过了一段弯路，吃了大
亏以后才成功地实现了这种结合，取得革命的胜利。现在是社会主义革命
和建设时期，我们要进行第二次结合，找出在中国进行社会主义革命和建
设的正确道路"，"开始我们模仿苏联，因为我们毫无搞社会主义的经验，
只好如此，但这也束缚了自己的积极性和创造性。现在我们有了自己的初
步实践，又有了苏联的经验和教训，应当更加强调从中国的国情出发，强
调开动脑筋，强调创造性，在结合上下功夫，努力找出在中国这块土地上
建设社会主义的具体道路"。①

　　所以，毛泽东对中国社会主义建设道路的探索，从一开始就是以马克
思列宁主义的基本原理同中国具体实际的"第二次结合"作为明确的目标
的。而达到这个目标的方法，首先是同苏联进行比较。1956 年 4 月 25 日，

---

　　①　引自吴冷西《十年论战》（上），中央文献出版社 1999 年版，第 23—24 页。

毛泽东在有各省市自治区党委第一书记参加的中央政治局扩大会议上，根据他的调查研究作了《论十大关系》的报告：在同年 5 月 2 日的最高国务会议上所作讲话中，他又就此作了进一步的阐述。毛泽东在报告中说："最近苏联方面暴露了他们在建设社会主义过程中的一些缺点和错误，他们走过的弯路，你还想走？过去我们就是鉴于他们的经验教训，少走了一些弯路，现在当然更要引以为戒。"① 报告从中国的实际出发，对比着苏联模式的做法，阐述了社会主义建设中的十个关系，即重工业和轻工业、农业的关系；沿海工业和内地工业的关系；经济建设和国防建设的关系；国家、生产单位和生产者个人的关系；中央和地方的关系；汉族和少数民族的关系；党和非党的关系；革命和反革命的关系；是非关系；中国和外国的关系。其中又以前五个关系为主要。毛泽东讲这十个关系的目的，是为了寻找一条适合中国国情的建设社会主义的路线。对于这个报告，无论从动机讲还是从内容讲，毛泽东都对它作出了极高的评价：在 1958 年 3 月的成都会议上，他说"一九五六年四月的《论十大关系》，开始提出我们自己的建设路线，原则和苏联相同，但方法有所不同，有我们自己的一套内容"②；新中国建立以后的"头八年照抄外国的经验。但从 1956 年提出十大关系起，开始找到自己的一条适合中国的路线，开始反映中国客观经济规律"。③

毛泽东的《论十大关系》随即成为在 1956 年 9 月 15 日召开的党的八大的指导思想和纲领。由毛泽东亲自主持对其政治报告进行反复讨论和修改的党的八大，在其关于政治报告的决议中指出："由于社会主义革命已经基本上完成，国家的主要任务已经由解放生产力变为保护和发展生产力"，国内的主要矛盾"已经是人民对于经济文化迅速发展的需要同当前经济文化不能满足人民需要的状况之间的矛盾"，明确提出党和国家的主要任务是"保护和发展生产力"。这样，毛泽东对适合中国国情的社会主义建设道路的探索，就聚焦到在社会主义革命基本完成以后，要以经济建

---

① 《毛泽东文集》第 7 卷，人民出版社 1999 年版，第 23 页。
② 同上书，第 369—370 页。
③ 中共中央文献研究室：《关于建国以来党的若干历史问题的决议注释本（修订版）》，人民出版社 1985 年版，第 246 页。

设为中心的思想框架上。

1957 年 1 月 27 日，毛泽东在最高国务会议第十一次（扩大）会议上发表的《关于正确处理人民内部矛盾的问题》中，又进一步展开了这个以经济建设为中心的思想框架。他在这个报告中讲到社会主义社会基本矛盾、两类不同性质的社会矛盾、把正确处理人民内部矛盾作为国家政治生活的主题的时候，特别强调"现在的情况是：革命时期的大规模的急风暴雨式的群众阶级斗争基本结束"，我们要"团结全国各族人民进行一场新的战争——向自然界开战，发展我们的经济，发展我们的文化"①；在 1957 年 3 月 19 日的一份讲话提纲中，毛泽东还指出："现在处在转变时期；由阶级斗争到向自然界斗争，由革命到建设，由过去的革命到技术革命和文化革命"；在 1958 年 1 月的《工作方法 60 条》中，毛泽东指出："要把党的工作的着重点放到技术革命上去"，等等。

所有这些，说明毛泽东对于适合中国国情的社会主义建设道路的探索，具有良好的开端，而且富有成果。然而，毛泽东的探索又是艰难而曲折的。艰难，是因为在中国建设社会主义是一项崭新的实践，对如何走出适合中国国情的社会主义道路还缺少规律性认识，再加上当时严峻复杂的国际环境的影响，他必须随时打破国内外种种矛盾的干扰和影响，才能使这种探索沿着正确的道路进行下去，向预定的目标前进；曲折，是因为毛泽东在这种干扰和影响下，离开了探索的正确道路，而在发现错误后又在纠正错误中折回来再探索，但接着又遭到干扰和影响。

二　毛泽东探索的积极成果，成为中国特色社会主义　理论体系的思想来源或给它提供思想启示

毛泽东在探索中国社会主义建设道路的过程中，形成的积极思想成果，大体上说有三个方面：

第一个方面是，关于中国社会主义现代化的战略目标和实现步骤。

1954 年 9 月，周恩来在一届一次人大会议上所作《政府工作报告》

---

① 《毛泽东文集》第 7 卷，人民出版社 1999 年版，第 216 页。

中，代表党中央明确提出了建设现代化的工业、农业、交通运输业和国防的要求；1957年2月，毛泽东在《关于正确处理人民内部矛盾的问题》中指出要"将我国建设成为一个具有现代工业、现代农业和现代科学文化的社会主义国家"；在1964年底和1965年初的二届一次人大会议上，周恩来正式代表党中央向全国人民公布了实现农业、工业、国防和科学技术四个现代化的战略目标。在战略步骤上，1963年9月，中央工作会议在讨论国民经济发展的长远规划时，提出了两步走的发展步骤：第一步，建立一个独立的、比较完整的工业体系和国民经济体系；第二步，全面实现农业、工业、国防和科学技术的现代化，使我国经济走在世界前列。

第二个方面是，关于适合我国国情的中国工业化的道路和方针。

毛泽东认为工业化是社会主义现代化的主要内容和标志，中国的工业化要从中国是一个农业大国这种情况出发。如何处理发展工业和发展农业的关系，发展重工业和发展轻工业的关系？关系到走什么样的工业化道路：苏联和其他一些东欧国家走的是片面强调发展重工业的道路，在一定程度上牺牲了轻工业和农业，导致了严重的后果。毛泽东在借鉴苏联经验教训的基础上，在1956年4月的《论十大关系》报告中指出：重工业是我国建设的重点，必须优先发展生产资料的生产，这是已经定了的。但是决不可以因此忽视生活资料尤其是粮食的生产。我们对于农业、轻工业是比较注重的。但是还要适当地调整重工业和农业、轻工业的投资比例，更多地发展农业、轻工业。1957年2月，在《关于正确处理人民内部矛盾的问题》的讲话中，毛泽东明确地提出了中国工业化道路的问题。他说工业化道路的问题，主要是指重工业、轻工业和农业的发展关系问题。我国的经济建设是以重工业为中心，这一点必须肯定。但是同时必须充分注意发展农业和轻工业。发展工业必须和发展农业同时并举，工业才有原料和市场，才有可能为建设强大的重工业积累较多的资金。

1958年，毛泽东提出一整套"两条腿走路"的方针，其中包括工业和农业并举，重工业和轻工业并举，中央工业和地方工并举，沿海工业利内地工业并举等；1959年，毛泽东又针对"大跃进"中片面发展钢铁工业，导致国民经济比例失调的问题，提出了安排国民经济要以农、轻、重为序的思想。他说："过去是重、轻、农、商、交，现在强调把农业搞好，次序改为农、轻、重、交、商。这样提还是优先发展生产资料，并不违反马克思主义"；"大跃进的重要教训之一、主要缺点是没有搞平衡。说了两条腿走路、并举，实际上还是没有兼顾"①；1959 年底至 1960 年初，毛泽东又进而指出："我们的提法是在优先发展重工业的条件下，发展工业和发展农业同时并举。所谓并举，并不否认重工业优先增长，不否认工业发展快于农业；同时，并举也并不是要平均使用力量。"② 总之，不能把工业强调到不适当的地位，必须使农业能够得到和工业相适应的发展，工农业产品的交换，也要确定一个合理的比价。在进入国民经济调整时期以后，毛泽东又提出了"以农业为基础，以工业为主导"的发展国民经济的总方针，进一步丰富和发展了他关于中国工业化道路的思想。

为了把国内外一切积极因素调动起来，为社会主义事业服务，毛泽东还提出要坚持沿海工业和内地工业共同发展、坚持国防建设必须以经济建设为基础等方针。

第三个方面是，关于社会主义社会的矛盾、发展阶段、经济体制以及民主政治建设和文化建设等的方针。

1. 社会主义社会的矛盾

在 1859 年的《〈政治经济学批判〉序言》中，马克思指出："社会的物质生产力发展到一定阶段，便同它们一直在其中运动的现存生产关系或财产关系（这只是生产关系的法律用语）发生矛盾。于是这些关系便由生产力的发展形式变成生产力的桎梏。那时社会革命的时代就到来了。随着经济基础的变更，全部庞大的上层建筑也或慢或快地发生变革"，"大体说来，亚细亚的、古代的、封建的和现代资产阶级的生产方式可以看作是经济的社会形态演进的几个时代，资产阶级的生产关系是社会生产过程的最后一个对抗形式"，"人类社会的史前时期就以这种社会形态而告终"。③ 列宁认为，在社会主义社会，对抗消失了，矛盾还存在。但是，在苏联进入社会主义社会以后，斯大林却长期不承认社会主义社会还有矛盾，致使

---

① 《毛泽东文集》第 8 卷，人民出版社 1999 年版，第 78、80 页。
② 同上书，第 123 页。
③ 《马克思恩格斯选集》第 2 卷，人民出版社 1995 年版，第 32—33 页。

无冲突论横行，另一方面又混淆了两类不同性质的矛盾，难以正确认识和处理各种矛盾问题。针对这种否认社会主义社会还有矛盾的形而上学，毛泽东指出："世界是由矛盾组成的。没有矛盾就没有世界。我们的任务，是要正确处理这些矛盾"，"努力把党内党外、国内国外的一切积极的因素，直接的、间接的积极因素，全部调动起来，把我国建设成为一个强大的社会主义国家"。①

在 1957 年 2 月的《关于正确处理人民内部矛盾的问题》的讲话中，毛泽东把对立统一规律用于观察和研究社会主义社会的矛盾，提出了社会主义社会的基本矛盾论。他说："在社会主义社会，基本的矛盾仍然是生产关系和生产力之间的矛盾，上层建筑和经济基础之间的矛盾。不过社会主义社会的这些矛盾，同旧社会的生产关系和生产力的矛盾、上层建筑和经济基础的矛盾，具有根本不同的性质和情况罢了。"② 所谓根本不同的性质和情况，是指社会主义生产关系和生产力的发展是相适应的，其不完善的方面是和生产力的发展相矛盾的，社会主义上层建筑和经济基础也是又相适应又相矛盾的；因而就根本不同于资本主义社会的矛盾，因为资本主义社会的矛盾表现为剧烈的对抗和冲突、剧烈的阶级斗争，它不可能由资本主义制度本身来解决，而只有社会主义革命才可能加以解决。社会主义社会的矛盾则不是对抗性的矛盾，可以通过社会主义制度本身不断地得到解决，今后必须按照具体的情况，继续解决上述的各种矛盾。毛泽东的社会主义社会的基本矛盾论揭示了社会主义社会的发展动力，从认识论上为尔后的社会主义改革提供了依据。

在上述讲话中，毛泽东还从调动一切积极因素，并尽可能地将消极因素变为积极因素着眼，提出正确区分和处理两类不同性质的矛盾的问题。他说："在现阶段，在建设社会主义的时期，一切赞成、拥护和参加社会主义建设事业的阶级、阶层和社会集团，都属于人民的范围；一切反抗社会主义革命和敌视、破坏社会主义建设的社会势力和集团，都是人民的敌

① 《毛泽东文集》第 7 卷，人民出版社 1999 年版，第 44 页。
② 同上书，第 214 页。

人。"① 敌我之间的矛盾是对抗性的矛盾，人民内部的矛盾在劳动人民之间来说，是非对抗性的，在被剥削阶级和剥削阶级之间来说，除了对抗性的一面以外，还有非对抗性的一面。不同质的矛盾，只有用不同质的方法才能解决。敌我矛盾用专政的方法去解决，人民内部矛盾用民主的方法去解决。毛泽东把解决人民内部矛盾的方法概括成"团结—批评—团结"的公式，并提出了正确处理人民内部矛盾的各项方针和政策，即"统筹兼顾，适当安排"，"百花齐放，百家争鸣"，"长期共存，互相监督"，团结、教育知识分子，搞好民族团结，加强政治思想工作等。

关于社会主义社会的主要矛盾，1956 年 9 月在毛泽东亲自主持对其政治报告进行反复讨论和修改的党的八大作出决议指出，由于中国新民主主义革命的胜利和社会主义改造的基本完成，"我国的无产阶级同资产阶级之间的矛盾已经基本上解决，几千年来的阶级剥削制度的历史已经基本结束，社会主义的社会制度在我国已经基本上建立起来了"，"我们国内的主要矛盾已经是人民对于建立先进的工业国的要求同落后的农业国的现实之间的矛盾，已经是人民对于经济文化迅速发展的需要同当前经济文化不能满足人民需要的状况之间的矛盾"，"党和全国人民的当前的主要任务，就是要集中力量来解决这个矛盾，把我国尽快地从落后的农业国变为先进的工业国"。

2. 关于社会主义社会的发展阶段

1959 年以后，毛泽东在总结"大跃进"和人民公社运动失误的基础上，在读苏联《政治经济学教科书》时谈道："社会主义这个阶段，又可能分为两个阶段，第一个阶段是不发达社会主义，第二个阶段是比较发达的社会主义。后一阶段可能比前一阶段需要更长的时间。"②

3. 关于社会主义社会的商品生产、商品交换和价值规律

1958 年底，毛泽东在发现"大跃进"和人民公社运动中严重存在的否定商品生产和商品交换以及"共产风"等问题以后，在进行了认真的思考和研究的基础上，在第一次郑州会议上，多次发表讲话指出："只要存

---

① 《毛泽东文集》第 7 卷，人民出版社 1999 年版，第 205 页。
② 《毛泽东文集》第 8 卷，人民出版社 1999 年版，第 116 页。

在两种所有制，商品生产和商品交换就是极其必要、极其有用的"；"商品生产，要看它是同什么经济制度相联系，同资本主义制度相联系就是资本主义的商品生产，同社会主义制度相联系就是社会主义的商品生产"。① 1959 年初，毛泽东又在第二次郑州会议上批评无代价地调拨生产队财产是否认价值法则，是无偿占有别人劳动的行为，是不允许的；并在一个报告上批示说："价值法则……是一个伟大的学校，只有利用它，才有可能教会我们的几千万干部和几万万人民，才有可能建设我们的社会主义和共产主义。否则一切都不可能。"②

4. 关于社会主义社会的经济体制和管理体制及其改革问题

毛泽东主张搞计划经济，但不赞成搞高度集中的计划经济。在 1956 年的《论十大关系》中，毛泽东认为："为了建设一个强大的社会主义国家，必须有中央的强有力的统一领导，必须有中央的统一计划和统一纪律，破坏这种必要的统一，是不允许的。同时，又必须充分发挥地方的积极性，各地都要有适合当地情况的特殊。"因此，"应当在巩固中央统一领导的前提下，扩大一点地方的权力，给地方更多的独立性，让地方办更多的事情"。③ 而不能像苏联那样，把什么都集中到中央，把地方卡得死死的，一点机动权也没有。毛泽东还主张中央部门和地方各级管理的企业，也都要在统一领导和统一计划下，有一定的自治权。

毛泽东认为，在所有制基本解决以后，最重要的问题是管理问题。关于国有企业的管理制度，他在 1958 年 5 月的党的八大二次会议上，提出过干部参加劳动，工人参加管理的要求。在 1959 年底到 1960 年初读苏联《政治经济学教科书》的时候，他又谈道："对企业的管理，采取集中领导和群众运动相结合，工人群众、领导干部和技术人员三结合，干部参加劳动，工人参加管理，不断改革不合理的规章制度。"④ 1960 年 3 月，在转发中共鞍山市委一份报告的批示中，毛泽东再次强调了"两参一改三结合"的问题，并称之为中国工人阶级创造的"鞍钢宪法"。

---

① 《毛泽东文集》第 7 卷，人民出版社 1999 年版，第 439、440 页。
② 《毛泽东文集》第 8 卷，人民出版社 1999 年版，第 34 页。
③ 《毛泽东文集》第 7 卷，人民出版社 1999 年版，第 32、31 页。
④ 《毛泽东文集》第 8 卷，人民出版社 1999 年版，第 135 页。

在如何对待社会主义改造基本完成后又新出现非公有制经济成分的问题上，针对社会主义改造后期上海出现"地下工厂"的情况，毛泽东在1956年12月7日同民建和工商联负责人的谈话中指出：上海出现地下工厂是"因为社会有需要，就发展起来。要使它成为地上，合法化，可以雇工"，"还可以考虑，只要社会需要，地下工厂还可以增加。可以开私营大厂，订个协议，十年、二十年不没收。华侨投资的，二十年、一百年不要没收。可又开投资公司，还本付息。可以搞国营，也可以搞私营。可以消灭了资本主义，又搞资本主义"。毛泽东把"这叫新经济政策"。①

5. 关于社会主义民主政治建设的方针

在1957年的《关于正确处理人民内部矛盾的问题》中，毛泽东根据社会主义民主政治建设经验，阐述了民主集中制的辩证统一关系："在人民内部，民主是对集中而言，自由是对纪律而言。这些都是一个统一体的两个矛盾着的侧面，它们是矛盾的，又是统一的，我们不应该片面地强调某一个侧面而否定另一个侧面。在人民内部，不可以没有自由，也不可以没有纪律；不可以没有民主，也不可以没有集中。这种民主和集中的统一、自由和纪律的统一，就是我们的民主集中制。"② 在《一九五七年夏季的形势》和1962年1月《在扩大的中央工作会议上的讲话》中，毛泽东一再重申我们的目标是想造成一个又有集中又有民主，又有纪律又有自由，又有统一意志又有个人心情舒畅的一种政治局面。

6. 关于社会主义文化建设的方针

1956年4月，毛泽东在中央政治局扩大会议上提出："艺术问题上的百花齐放，学术问题上的百家争鸣，我看应该成为我们的方针"③；在1957年的最高国务会议和全国宣传工作会议上，他又进一步阐述说："'百花齐放，百家争鸣'的方针，是促进艺术发展和科学进步的方针，是促进我国的社会主义文化繁荣的方针"，"它是根据中国的具体情况提出来的，是在承认社会主义社会仍然存在各种矛盾的基础上提出来的，是在国家需要迅

---

① 《毛泽东文集》第7卷，人民出版社1999年版，第170页。
② 同上书，第209页。
③ 同上书，第54页。

速发展经济和文化的迫切要求上提出来的"。① 因为为了判断正确的东西和
错误的东西，常常需要有考验的时间，因此，对于科学上、艺术上的是非，
应当保持慎重的态度，提倡自由讨论，而不要轻率地下结论。

为了加强社会主义文化建设，毛泽东还提出了"古为今用，洋为中用"
的方针。认为对中国的文化遗产，应当充分地利用，批判地利用；在对待外
国文化的问题上，一切民族、一切国家的长处都要学，但必须有分析有批判
地学，不能盲目地学，不能一切照抄，机械搬用。而"应该学习外国的长
处，来整理中国的，创造出中国自己的、有独特的民族风格的东西"。②

7. 关于加强党的建设

早在 1949 年党的七届二中全会上，毛泽东就指出，夺取全国胜利，
这是万里长征走完了第一步，革命以后的路程更长，工作更伟大、更艰
苦。因此，"务必使同志们继续地保持谦虚、谨慎、不骄、不躁的作风，
务必使同志们继续地保持艰苦奋斗的作风"。③ 他特别针对新中国成立以后
我们党成为执政党所面临的严峻考验，强调必须从思想理论、工作作风、
艰苦奋斗、反对官僚主义、密切联系群众、坚决反对腐败等方面加强党自
身的建设。

8. 奉行独立自主的和平外交政策

新中国建立以后，毛泽东把中国共产党在长期革命斗争中形成的独立
自主、自力更生的原则运用到新中国的对外关系中，把维护国家的独立、
主权和领土完整放在第一位，又在处理国与国之间的关系中，倡导和奉行
和平共处五项原则，并且为了争取和维护世界和平，坚决反对帝国主义的
侵略和霸权主义、强权政治的干涉。

毛泽东在探索中国社会主义建设道路中形成的这些积极的思想成果，
是他把马克思主义基本原理同中国的具体实际努力结合起来的思想结晶，
因而理所当然地为一代又一代的中国共产党人所坚持和继承下来，成为中
国特色社会主义理论体系的思想来源或者从中获得思想启示。例如，关于

---

① 《毛泽东文集》第 7 卷，人民出版社 1999 年版，第 229 页。
② 同上书，第 83 页。
③ 《毛泽东选集》第 4 卷，人民出版社 1999 年版，第 1439 页。

中国社会主义现代化的战略目标；关于适合中国国情的工业化道路和方针的某些原则；关于毛泽东提出的独立自主、自力更生原则，邓小平在1982年说过："我们建国以后长期处于孤立的地位。几乎是关起门来搞建设。现在情况不同了，国际条件不同了，我们可以在更大范围内同发达国家建立联系。但是不管怎样，中国这么一个大国搞四个现代化，基本点还是立足于自力更生"①；关于毛泽东的《论十大关系》，邓小平认为"这篇东西太重要了，对当前和以后，都有很大的针对性和理论指导意义，对国际（特别第三世界）的作用也大"②；关于社会主义社会的基本矛盾，邓小平指出："我想现在还是按照毛泽东同志在《关于正确处理人民内部矛盾的问题》一文中的提法比较好"，"当然，指出这些基本矛盾，并不就完全解决了问题，还需要就此作深入的具体的研究，但是从二十多年的实践看来，这个提法比其他的一些提法妥当"③；关于社会主义的发展阶段，邓小平说，所谓"初级阶段"，就是毛泽东说的"不发达的阶段"；关于毛泽东所说社会主义民主政治建设要造成的那种又有集中又有民主，又有纪律又有自由，又有统一意志又有个人心情舒畅、生动活泼的政治局面，邓小平在1979年元旦讲话中指出："这是实现四个现代化的政治基础。没有这样的政治局面，四个现代化是不可能实现的"④；关于毛泽东提出的社会主义文化建设方针，邓小平说："无论如何，思想理论问题的研究和讨论，一定要坚决执行'百花齐放、百家争鸣'的方针"⑤；如此等等。

三　以阶级斗争为纲的思想框架
使毛泽东的探索步入歧途

既然毛泽东对中国社会主义建设道路的探索开局良好，又取得了重要

---

①　中共中央文献研究室编《邓小平论十一届三中全会》，中央文献出版社1998年版，第28页。
②　引自《关于建国以来党的若干历史问题的决议注释本（修订版）》，人民出版社1985年版，第245页。
③　《邓小平文选》第2卷，人民出版社1994年版，第181—182页。
④　同上书，第155页。
⑤　同上书，第183页。

的理论成果，难能可贵的是在发现和纠正"大跃进"和人民公社运动中的失误和错误后，又继续进行这种探索，那为什么没有能够达到这种探索的目标，实现马克思主义基本原理与中国具体实际的"第二次结合"，形成中国特色社会主义理论呢？

最主要的原因是，在这种探索的过程中，在国内外矛盾的干扰和影响下，特别是在严峻复杂的国际环境的影响下，在毛泽东的思想中，逐渐形成和发展出一个与以经济建设为中心的思想框架相对立的，以阶级斗争为纲的思想框架。

在 1857 年的《〈政治经济学批判〉导言》中，马克思曾经谈到"在一切社会形式中都有一种一定的生产决定其他一切生产的地位和影响，因而它的关系也决定其他一切关系的地位和影响"的情形。他说："这是一种普照的光，它掩盖了一切其他色彩，改变着它们的特点。这是一种特殊的以太，它决定着它里面显露出来的一切存在的比重。"[①] 在思想领域里也存在着同样的情形：在以经济建设为中心的思想框架中占有巨大比重、具有重要意义的事情，在以阶级斗争为纲的思想框架中不仅比重完全不同，而且其特点也完全变了样。

在 1956 年党的八大明确提出以经济建设为中心的思想框架以后，毛泽东曾在多种场合、多次讲话中进一步阐释了这个思想框架。例如，1957年 3 月 20 日，他在南京党员干部会议上讲话指出："从鸦片战争反帝国主义算起，有一百多年，我们仅仅做了一件事，就是搞阶级斗争。阶级斗争改变上层建筑和社会经济制度，这仅仅是为建设、为发展生产、为由农业国到工业国开辟道路，为人民生活的提高开辟道路"；1957 年 3 月 18 日，他在济南党员干部会议上讲话指出："阶级斗争基本结束，我们的任务转到什么地方？转到搞建设，率领整个社会，率领几亿人口，同自然界作斗争，把中国兴盛起来，变成一个工业国。"[②] 应该说，毛泽东探索中的重要理论成果，从《论十大关系》到《关于正确处理人民内部矛盾的问题》等，全都是在这个思想框架里形成的。

---

① 《马克思恩格斯选集》第 2 卷，人民出版社 1995 年版，第 24 页。
② 引自《新中国 60 年研究文集（一）》，中央文献出版社 2009 年版，第 9—10 页。

　　但是，当时国内外的形势，首先是在国际上发生的由于赫鲁晓夫在苏共二十大上全盘否定斯大林而引起的对于社会主义、共产党的冲击波，国内则由于1957年反右派斗争的扩大化，以及尔后国内外一些重大事件的冲击和干扰，使毛泽东对形势作出了过分严重的错误估计，使他从一些正确判断上逆转过来，逐步形成和发展出了以阶级斗争为纲的思想框架。例如，在匈牙利事件发生以后，毛泽东说过：匈牙利有那么多反革命分子，这下暴露出来了，这下教育了我们中国同志。他从苏共二十大、国际反苏反共浪潮、匈牙利事件等总结说：不依靠群众进行阶级斗争，不分清敌我，这很危险。东欧一些国家的基本问题就是阶级斗争没搞好，那么多反革命分子没肃清，现在自食其果，火烧到自己头上来了。①

　　正是在这些矛盾斗争的干扰和影响下，毛泽东对国内阶级斗争形势也作出了过分严重的估计，并据此在1957年10月的党的八届三中全会上，改变了党的八大关于我国社会主要矛盾的正确分析，而认为"无产阶级和资产阶级的矛盾，社会主义道路和资本主义道路的矛盾，毫无疑问，这是当前我国社会的主要矛盾"②；虽然在当时还没有立即影响到党的实际工作，相反地，在八届三中全会以后的一段时期内，毛泽东仍然致力于抓生产、抓经济建设、抓技术革命，一直到轻率地发动"大跃进"，但与此同时，他又在1958年5月的党的八大二次会议上，让工作报告确认八届三中全会关于改变国内社会主要矛盾的论断，即"在整个过渡时期，也就是说，在社会主义社会建成以前，无产阶级同资产阶级的斗争，社会主义道路同资本主义道路的斗争，始终是我国内部的主要矛盾"。这就通过党代大会正式改变了八大一次会议关于国内社会主要矛盾的正确论断，为尔后发生的阶级斗争严重扩大化提供了理论依据。

　　在采取切实有效的措施纠正"大跃进"中的错误以后，1962年的经济形势逐步好转，但党内围绕包产到户问题发生的意见分歧，又使毛泽东认为有一些领导人离开了社会主义方向。于是，在1962年9月的党的八届十中全会上所作的关于阶级、形势、矛盾和党内团结问题的讲话中，又

进一步重提阶级斗争，他把社会主义社会中一定范围内存在的阶级斗争加以扩大化和绝对化，断言在整个社会主义历史阶段中，资产阶级都将存在，并有资本主义复辟的危险，这是党内产生修正主义的基础，因此，阶级斗争要年年讲，月月讲。随后，就在全国开展社会主义教育运动。而在1963年关于农村社会主义教育问题的指示中，毛泽东又提出"阶级斗争，一抓就灵"和以阶级斗争为纲的方针；在1965年农村社会主义教育运动"二十三条"中，他又提出"这次运动的重点是整党内那些走资本主义道路的当权派"。虽然即使在毛泽东的阶级斗争思想有了进一步发展的时候，他还提出，不要让阶级斗争妨碍了我们的工作，要把工作放在第一位，阶级斗争不要放在很严重的地位。他还提出要把阶级斗争和生产斗争相结合的思想，所谓"抓革命，促生产"。

但是随着国内外不断出现的一些政治风波，特别是不时出现的国内外敌对势力的攻击和破坏活动，使毛泽东越来越重视和强调阶级斗争，越来越超出其对于经济建设的重视，以致最终动摇了原先确立的以经济建设为中心的思想框架，而完全代之以阶级斗争为纲的思想框架，直到1966年发动"文化大革命"。

然而，在社会主义改造基本完成、社会主义制度已经建立起来的情况下，用以阶级斗争为纲的思想框架去观察和处理事情，却是既违背马克思主义的基本原理，又有悖于中国的具体实际，而且会导致极其严重的后果的。应当说，对此，毛泽东在分析斯大林犯错误的根源时，是看得十分清楚的。1956年9月22日，在党的八大期间，毛泽东在会见意大利共产党代表团时，就曾经说过："苏联在阶级消灭以后，当国家机构的职能丧失了十分之九时，当阶级斗争已经没有或已经很少的时候，仍找对象，大批捉人杀人，继续行使它们的职能"，"客观形势已经发展了，社会已从这一个阶段过渡到另一个阶段，这时阶级斗争已经完结，人民已经用和平的方法来保护生产力，而不是通过阶级斗争来解放生产力的时候，但是在思想上却没有认识这一点，还要继续进行阶级斗争，这就是错误的根源"。[①] 为

---

① 引自中共中央文献研究室编《毛泽东传（1949—1976）》（上），中央文献出版社2003年版，第539页。

什么在斯大林犯过错误的地方，毛泽东又重蹈覆辙，这显然同当时国际国内复杂的矛盾斗争对于长期从事激烈紧张的阶级斗争的毛泽东的影响有关：这种形势使他的思想越来越向"左"倾斜，把社会主义社会中在一定范围内存在的阶级斗争扩大化和绝对化，把本来不属于阶级斗争性质的问题，包括党内的意见分歧，也认为是阶级斗争或者是阶级斗争在党内的反映，混淆了是非，混淆了敌我。

以阶级斗争为纲的思想框架改变了毛泽东探索的方向，使之由探索适合中国国情的社会主义建设道路转而变成实施"无产阶级专政下的继续革命"。"无产阶级专政下的继续革命"的理论，发轫于1967年5月18日《人民日报》、《红旗》杂志编辑部的文章《伟大的历史文件》中首次提出的"无产阶级专政下的继续革命"的概念，而在1967年11月6日两报一刊编辑部的文章《沿着十月社会主义革命开辟的道路前进》中得到系统阐释，并被毛泽东批示为"可用"。这个理论的核心思想是认为在无产阶级取得政权、建立社会主义制度以后，还要进行以"文化大革命"为最重要形式的、一个阶级推翻另一个阶级的政治大革命。所以，实施"无产阶级专政下的继续革命"，意味着从根本上改变和逆转了原先旨在探索在中国怎样建设适合国情的社会主义的大方向，改变和逆转了原先旨在探索怎样实现把马克思主义基本原理和中国具体实际的"第二次结合"的大方向。

不仅如此，以阶级斗争为纲的思想框架还像"普照的光"和"特殊的以太"那样，严重地影响着毛泽东在探索中已经形成的重要的理论成果：

一是扩大和加深社会主义社会基本矛盾论中"左"的缺陷。

在社会主义社会基本矛盾论中，毛泽东正确地指出了社会主义社会的矛盾不同于资本主义社会的矛盾之处，在于它可以通过社会主义制度不断地加以解决。解决的办法就是解决生产关系、上层建筑中同生产力的发展不相适应的"不完善的方面"和"某些环节上的缺陷"。应该说，这是一个为社会主义社会的改革奠定理论基础的重要论断。但在毛泽东的这个重要论断中，又留有"左"的缺陷：这就是在要解决的究竟是哪些不完善的方面和某些环节上的缺陷的问题上，毛泽东在"左"的思想的影响下，认为主要是资产阶级意识形态及其残余。在以阶级斗争为纲的思想框架下，这种"左"的缺陷又被扩大和加深成一系列的"兴无灭资"的方针政策，以后更发展成进行"一个阶级推翻另一个阶级"的"文化大革命"。

二是用群众性阶级斗争的办法去发展生产力，导致适得其反的结果。

在探索中国的社会主义建设道路中，毛泽东一直想调动一切积极因素，加快建设速度，但他套用民主革命中群众性阶级斗争的办法去发展生产力，却带来了相反的结果。在 1958 年党的八大二次会议上，毛泽东说过："斯大林不搞群众路线"，"苏联的方法可以建设社会主义，我们也可以有另一种方法，都是搞社会主义，他们是由上而下的方法，我们是自上而下又发动群众"。而发动群众的办法就是"拔白旗，插红旗"，揭盖子，"揭压抑创造性的盖子，破除迷信，让劳动人民的积极性、创造性爆发出来"，结果导致了以 1958 年的"大跃进"为标志的错误。其原因在于，毛泽东提出的单纯依靠政治动员、群众性阶级斗争等一系列方针政策，混淆了民主革命和社会主义、革命和建设的不同情况，违背了他自己提出的并长期坚持的实事求是的思想路线。列宁曾经说过："热情、强攻、英雄主义"，"一直是并且将永远是革命伟业和革命能够创造伟业的明证。我们就是靠这些取得了政治上和军事上的胜利，但是这个优点现在成了我们最危险的缺点，我们老是向后看，以为经济任务用同样的办法也能完成，但错误正出在这里"。①

三是把有些重要的理论成果置于被废弃、被否定的状态。

例如，党的八大决议提出的关于社会主义社会的主要矛盾的科学论断，在党的八届三中全会以后就被完全废弃了。再如，毛泽东在 1958—1959 年关于社会主义商品生产、商品交换和价值规律的科学分析，到了 1974—1976 年间被他自己所否定了。1974 年 10 月 20 日，毛泽东在会见丹麦首相保罗 - 哈特林时说：八级工资制，按劳分配，货币交换，这些跟旧社会没有多少差别。在 1975 年底到 1976 年初的一系列谈话，他又重申了这一观点，认为分等级，有八级工资，按劳分配，等价交换，跟旧社会差不多。②

---

① 《列宁全集》第 42 卷，第 349 页。
② 引自中共中央文献研究室《关于建国以来党的若干历史问题的决议注释本（修订版）》，人民出版社 1985 年版，第 447 页。

四是把有些积极的思想成果搁置起来，不公开、不登报。

毛泽东在 1956 年《论十大关系》的讲话，是一篇被他本人认为"开始找到自己的一条适合中国的路线"、"开始反映中国客观经济规律"、"开始提出自己的建设路线"的重要文献，但当邓小平在 1975 年 7 月 13 日把这个讲话的整理稿送交给他，请他早日定稿后公开发表，并作为全国学理论的重要文献时，他却批示说暂时不要公开、不登报，以致在长时间内未能得到贯彻执行。① 为什么对于同一个讲话，毛泽东会采取这样截然不同的态度？这显然同他在不同时间采用了两种不同的思想框架有关：他高度评价这个讲话时，是在用以经济建设为中心的思想框架下观察问题，而在他批示对于这个讲话暂时不要公开、不登报时，则是在按照以阶级斗争为纲的思想框架下处理问题。

五是让有些积极思想成果停留在口头宣示的层面上，而在实践中则采取与之相反的行动。

这方面最典型的是关于社会主义发展阶段和关于可以消灭了资本主义又搞资本主义的谈话。在发现和纠正人民公社运动中生产关系被拔高的超越阶段的错误以后，毛泽东谈到社会主义又可能分为不发达的社会主义和比较发达的社会主义的两个阶段，意思是说我国还处在不发达的社会主义阶段。这个闪光的思想无疑给人以启示，但它不仅没有成为我们党据以制定方针政策的指导思想，而且在实践中还继续奉行着拔高生产关系的超越阶段的方针政策，所谓社会主义的不发达阶段论实际上被以阶级斗争为纲的思想框架吹走吹散了。

所谓可以消灭了资本主义又搞资本主义的说法的命运同样如此，因为在实际生活中，连农民的自留地都要被当作"资本主义的尾巴"来不断地割除，又哪里谈得上"消灭了资本主义又搞资本主义"的"新经济政策"的实施呢？

以阶级斗争为纲的思想框架就这样使毛泽东对适合中国国情的社会主义建设道路的探索步入歧途，而未能达到马克思主义基本原理和中国具体

① 引自中共中央文献研究室《关于建国以来党的若干历史问题的决议注释本（修订版）》，人民出版社 1985 年版，第 245—246 页。

实际"第二次结合"目标的实现。

四　毛泽东的先行探索对于中国特色
社会主义的深远影响

综上所述，可以看出，毛泽东对于适合中国国情的社会主义建设道路的探索，既取得过重要的理论成果，也经历了多次曲折，付出了巨大的代价。但是，无论是其正确、成功的方面，还是其错误、失败的方面，又都对邓小平后来创立的中国特色社会主义理论具有极其深远的影响。

毛泽东在探索中取得的重要理论成果，无疑是邓小平创立中国特色社会主义理论的直接的思想来源，或者给他提供重要的思想启示，就连毛泽东在探索中所犯错误和遭遇的失败，也促使后人从中吸取了教训，懂得了不能那样做的负面界限。正是在这个意义上，可以说失败是成功之母，错误是正确的先导。邓小平指出："从许多方面来说，现在我们还是把毛泽东同志已经提出、但是没有做的事情做起来，把他反对错了的改正过来，把他没有做好的事情做好。今后相当长的时期，还是做这件事。当然，我们也有发展，而且还要继续发展。"[1] 后来，邓小平又进一步强调说："我们现在的路线、方针、政策是在总结了成功时期的经验、失败时期的经验和遭受挫折时期的经验后制定的。历史上成功的经验是宝贵财富，错误的经验、失败的经验也是宝贵财富"[2]；"（文化大革命）那件事，看起来是坏事，但归根到底也是好事，促使人们思考，促使人们认识我们的弊端在哪里"，"现在的方针政策，就是对'文化大革命'进行总结的结果"。[3]

（原载《马克思主义与现实》2010 年第 3 期）

---

① 《邓小平文选》第 2 卷，人民出版社 1994 年版，第 300 页。
② 《邓小平文选》第 3 卷，人民出版社 1993 年版，第 234—235 页。
③ 同上书，第 172、223 页。

邓小平对建设中国特色
社会主义新道路的开辟

在 20 世纪 70 年代中后期，"文化大革命"以江青反革命集团的被粉碎而宣告结束的时候，虽然我国的经济建设在我们党带领全国人民 20 多年的艰苦奋斗下已经取得了重大的成就：我们告别了旧中国"一辆汽车、一架飞机、一辆坦克、一辆拖拉机都不能造"的极端落后局面，建立起了独立的、比较完整的工业体系和国民经济体系，以"两弹一星"为代表的尖端科学技术也获得了骄人的进步，一大批又红又专的各类建设人才茁壮成长；但是，由于"大跃进"的失误，特别是"文化大革命"的破坏，我国的国民经济在 1960—1962 年和 1967—1968 年的 5 年里都出现了幅度较大的负增长；在 1957—1960 年间，我国的农业增加值年均下降 10.9%；在 1966—1976 年间，我国全民所有制单位职工的实际工资下降了 6.6%；据联合国开发计划署的数据，当时我国的月均收入不足 3 美元的绝对贫困人口达 2.6 亿人，占世界贫困人口的 25%。除了极其严峻的经济形势之外，"文化大革命"还遗留下了极其严重的政治、思想和组织上的混乱：当时，冤假错案堆积如山，政治、思想极其混乱，党和国家的各级组织遭到严重破坏，对外关系也非常紧张。正因为这样，在"文化大革命"十年内乱结束的时候，中国又一次面临向何处去的问题：当时，一种思潮主张走"两个凡是"，即"凡是毛主席作出的决策，我们都坚决维护，凡是毛主席的指示，我们都始终不渝地遵循"的路，也就是主张继续肯定"文化大革命"及此前毛泽东的"左"的错误，这条路显然不能帮助人们从困境中摆脱出来，而只能使我们在困境中深陷到不能自拔的地步；另一种思潮则借口纠正"文化大革命"的错误，主张否定社会主义而走资本主义道路，这条路显然只能使我们沦为资本帝国主义的附庸；以邓小平为代表的中国共产党人理所当然地拒绝了这条老路和邪路，而主张重新确立解放思想、实事求是的马克思主义思想路线，实现从以阶级斗争为纲到以经济建设为中心，从僵化半僵化到全面改革，从封闭半封闭到对外开放的历史性转折中，开辟出一条建设中国特色社会主义的新道路。

一　邓小平开辟新道路的实践根据和时代背景

有些同志往往倾向于把中国特色社会主义道路的形成和发展，看成是由毛泽东开创、邓小平完成那样的直线式的继承和发展，然而，历史的发展却并不是这样径情直遂的。

（一）从毛泽东的探索到邓小平的开辟新道路，是两个并不直接连续的过程

事实上，毛泽东 1956 年 4 月 4 日在中央书记处会议上提出"把马克思列宁主义的基本原理同我国革命和建设的具体实际""进行第二次结合，找出在中国进行社会主义革命和建设的正确道路"的历史任务，并为此而进行艰辛的探索，形成了一些重要的理论成果之后，又在国内外矛盾的干扰和影响下，特别是在严峻复杂的国际环境的影响下，逐渐形成和发展出了一个与以经济建设为中心的思想框架相对立的、以阶级斗争为纲的思想框架，使他的探索步入歧途，这不仅改变了探索的方向，使之由探索适合中国国情的社会主义建设道路转而变成实施以"文化大革命"为最重要形式的"无产阶级专政下的继续革命"，还严重地影响了毛泽东在探索中已经形成的重要理论成果，使这些成果或者被废弃、否定，或者被搁置，或者被停留在口头宣示的层面甚至只是停留在瞬间的思想闪光，而在实践中则采取与之相反的行动，如此等等。邓小平在第二次复出以后，曾经试图改变这种局面，在"整顿"的名义下逐渐纠正"文化大革命"的错误，回过头来再把毛泽东在 1956 年开始的探索继续下去。后来，邓小平曾经回顾说，"说到改革，其实在一九七四年

到一九七五年我们已经试验过一段"；"一九七五年我主持中央常务工作。那时的改革，用的名称是整顿，强调把经济搞上去，首先是恢复生产秩序。凡是这样做的地方都见效"。① 为把这种整顿同毛泽东在1956年开始的探索连接起来，1975 年 7 月 13 日，邓小平就《论十大关系》讲话整理稿事，致信毛泽东说："《论十大关系》稿，已整理好，我看整理得比较成功，现连同原记录两份，以及乔木写的几点说明，一并送上。我们在读改时，一致觉得这篇东西太重要了，对当前和以后，都有很大的针对性和理论指导意义，对国际（特别是第三世界）的作用也很大。所以，我们有这样的想法，希望早日定稿，定稿后即予公开发表，并作为全国学理论的重要文献。此点，请考虑。"② 如果当年毛泽东认可了邓小平搞的整顿，并同意把它同自己从《论十大关系》开始的对适合中国国情的社会主义建设道路的探索连接起来，使之成为当时全国学理论的重要文献，那么，中国社会主义建设的历史显然会和当年的实际发展有所不同了。但不禁令人扼腕长叹的是，当时毛泽东却不能容忍邓小平在整顿的名义下对"文化大革命"所作的系统纠正，因此不仅不同意当即登报公开发表《论十大关系》稿，而且在几个月之后又发动了所谓"批邓、反击右倾翻案风"运动，使全国再度陷入混乱。

　　所以，尽管邓小平在开辟中国特色社会主义道路的过程中，吸取和继承了毛泽东在探索适合中国国情的社会主义建设道路时所形成的许多重要的理论成果，但邓小平对中国特色社会主义道路的开辟，却并不是对毛泽东探索的直接的直线继续，而是两个不同的探索过程的表现和结果。邓小平说过："从许多方面来说，现在还是把毛泽东同志已经提出、但是没有做的事情做起来……把他没有做好的事情做好……"③ 而完成毛泽东所提出、但没有完成和实现的马克思列宁主义基本原理和中国具体实际的第二次结合，便是其中的首要；至于做和做好这件事情的具体办法，则是"恢复和坚持毛泽东同志提出的实事求是的思想路线，根据这条思想路线来探

---

①《邓小平文选》第 3 卷，人民出版社 1993 年版，第 255 页。

②《邓小平年谱（1975—1997）》（上），中央文献出版社 2004 年版，第 68 页。

③《邓小平文选》第 2 卷，人民出版社 1994 年版，第 300 页。

索中国怎样建设社会主义"。这里，邓小平特别强调"我们现在干的事业是全新的事业"。①既然探索是从毛泽东开始的，邓小平所实现的归根结底还是马克思列宁主义基本原理同中国具体实际的第二次结合，那为什么又说是"全新的事业"呢？其原因就在于，邓小平开辟中国特色社会主义新道路和毛泽东探索适合中国国情的社会主义建设道路，是两个并不直接连续的过程，这两个过程不仅在内容上有所不同，而且其实践根据和时代背景也是各不相同的。

（二）两种不同的实践根据

从实践根据来看，如果说毛泽东探索适合中国国情的社会主义建设道路的历史依据，是在苏共二十大揭开了斯大林的个人迷信以后苏联模式缺陷的日益明显的暴露，以及在总结我国社会主义建设初期经验的基础上，在同苏联模式的对比中，探索一条适合中国国情的建设社会主义道路的话，那么，邓小平开辟建设中国特色社会主义的新道路的历史依据，则首先是1949年新中国建立以来我国社会主义建设正反两个方面的经验教训，特别是1966年"文化大革命"以来的经验教训。也就是说，它的直接契机是"文化大革命"。

正因为这样，毛泽东在其探索一开始，在《论十大关系》中，就以"把国内外一切积极因素调动起来，为社会主义事业服务"为基本方针，把苏联的经验教训引为鉴戒以少走一些弯路为目的和方法，全面展开同苏联道路的对比，力求找到反映中国客观经济规律的适合中国的路线。例如，在重工业和轻工业、农业的关系问题上，毛泽东指出，苏联和一些东欧国家"片面地注重重工业，忽视农业和轻工业，因而市场上的货物不够，货币不稳定"，"我们……做得好些"，但"还要适当地调整重工业和农业、轻工业的投资比例，更多地发展农业、轻工业"；在国家、生产单位和生产者个人的关系问题上，毛泽东指出："苏联的办法把农民挖得很苦。他们采取所谓义务交售制等项办法，把农民生产的东西拿走太多，给的代价又极低。他们这样来积累资金，使农民的生产积极性受到极大的损

---

① 《邓小平文选》第3卷，人民出版社1993年版，第254页。

害"，"我们……是兼顾国家和农民的利益。我们的农业税历来比较轻。工农业品的交换，我们是采取缩小剪刀差，等价交换或者近乎等价交换的政策"；在中央和地方的关系问题上，毛泽东指出："我们不能像苏联那样，把什么都集中到中央，地方卡得死死的，一点机动权也没有"，而"应当在巩固中央统一领导的前提下，扩大一点地方的权力，给地方更多的独立性，让地方办更多的事情"；在是非关系问题上，毛泽东认为："正确的态度应当是，对于犯错误的同志，采取'惩前毖后，治病救人'的方针，帮助他们改正错误，允许他们继续革命"，而"斯大林……在社会上不要中间势力，在党内不允许人家改正错误，不准革命"，如此等等。①

而邓小平对中国特色社会主义新道路的开辟，则首先以我国社会主义胜利和挫折的历史经验为依据，并且在我国改革开放和社会主义现代化建设的实践过程中，不断研究新情况，解决新问题，不断作出新概括，逐渐形成和开辟出新道路。

邓小平指出："在建立社会主义经济基础以后，多年来没有制定出为发展生产力创造良好条件的政策。社会生产力发展缓慢，人民的物质和文化生活条件得不到理想的改善，国家也无法摆脱贫穷落后的状态。这种情况，迫使我们在一九七八年十二月召开的党的十一届二中全会上进行改革。"② 1978 年 12 月 13 日，邓小平在中共中央工作会议上所作的、实际上成为十一届三中全会主题报告的《解放思想，实事求是，团结一致向前看》的报告，是开辟新时期新道路、开创建设中国特色社会主义新理论的宣言书；十一届三中全会在重新确立的解放思想、实事求是的思想路线的指引下，开始了对社会主义的再认识，实现了从以阶级斗争为纲到以经济建设为中心，从僵化半僵化到全面改革，从封闭半封闭到对外开放的历史性转折。

1979 年 3 月 30 日，邓小平在《坚持四项基本原则》的讲话中，提出了"要适合中国情况，走出一条中国式的现代化道路"的目标和任务。

1979 年 9 月 30 日，在由邓小平主持起草、党的十一届四中全会通过、

---

① 《毛泽东文集》第 7 卷，人民出版社 1999 年版，第 23—44 页。
② 《邓小平文选》第 3 卷，人民出版社 1993 年版，第 134 页。

叶剑英代表中央发表的庆祝中华人民共和国成立30周年的讲话中，提出建设高度的社会主义精神文明，是社会主义现代化建设的重要目标，实现四个现代化的必要条件；一并提出"我们要从中国的实际出发，认真研究经济规律和自然规律，努力走出一条适合我国情况和特点的实现现代化的道路"。

1980年1月16日，邓小平在《目前的形势和任务》的讲话中，指出："我们在发展经济方面，正在寻求一条合乎中国实际的、能够快一点、省一点的道路"，其要点"包括扩大自主权和民主管理，发展专门化和协作，计划调节和市场调节相结合，先进技术和中等技术相结合，合理利用外国资金、外国技术等等"。

1980年2月29日，邓小平在党的十一届五中全会第三次会议上讲话时指出："一心一意搞四个现代化建设，必须一心一意地维护和发展安定团结生动活泼的政治局面。"

1980年5月5日，邓小平在会见几内亚总统杜尔时说："根据我们自己的经验，讲社会主义，首先就要使生产力发展，这是主要的。只有这样，才能表明社会主义的优越性。社会主义经济政策对不对头，归根到底要看生产力是否发展，人民收入是否增加。这是压倒一切的标准。"

1981年6月，由邓小平主持起草的、党的十一届八中全会通过的《关于建国以来党的若干历史问题的决议》指出：

1. "我们的社会主义制度还是处于初级的阶段。"

2. "适合中国情况的社会主义现代化建设的正确道路"，"将在实践中不断充实和发展，但是它的主要点，已经可以从建国以来正反两方面的经验、特别是从'文化大革命'的教训中得到基本的总结"。

（1）"社会主义改造基本完成以后，我国所要解决的主要矛盾是人民日益增长的物质文化需要同落后的社会生产之间的矛盾。党和国家工作的重点必须转移到以经济建设为中心的社会主义现代化建设上来……党的各项工作都必须服从和服务于经济建设这个中心。"

（2）社会主义经济建设必须从实际出发，量力而行，积极奋斗，有步骤分阶段地实现现代化的目标。

（3）社会主义生产关系的变革和完善必须适应生产力的状况，有利于生产的发展。……一定范围的劳动者个体经济是公有制经济的必要补充。要大力发展社会主义的商品生产和商品交换。

（4）在剥削阶级作为阶级消灭以后，阶级斗争已经不是主要矛盾。既要反对阶级斗争扩大化的观点，又要反对认为阶级斗争已经熄灭的观点。

（5）逐步建设高度民主的社会主义政治制度。

（6）社会主义必须有高度的精神文明。

（7）改善和发展社会主义的民族关系，加强民族团结。必须坚持实行民族区域自治。

（8）必须加强现代化的国防建设。

（9）在对外关系，必须继续坚持反对帝国主义、霸权主义、殖民主义和种族主义，维护世界和平。

（10）加强执政党的党风建设，把中国共产党建设成为具有健全的民主集中制的党。

1982年9月1日，邓小平在党的十二大的开幕词中指出："我们的现代化建设，必须从中国的实际出发。无论是革命还是建设，都要注意学习和借鉴外国经验。但是，照抄照搬别国经验、别国模式，从来不能得到成功"，"把马克思主义的普遍真理同我国的具体实际结合起来，走自己的路，建设有中国特色的社会主义，这就是我们总结长期历史经验得出的基本结论"。[①]

1987年10月25日，党的十三大提出了社会主义初级阶段理论，确立了以"一个中心、两个基本点"为主要内容的基本路线："在社会主义初级阶段，我们党的建设有中国特色的社会主义的基本路线是：领导和团结全国各族人民，以经济建设为中心，坚持四项基本原则，坚持改革开放，自力更生，艰苦创业，为把我国建设成为富强、民主、文明的社会主义现代化国家而奋斗。"[②] 并确立了社会主义初级阶段的六条指导方针，必须：（1）集中力量进行现代化建设；（2）坚持全面改革；（3）坚持对外开放；（4）以公有制为主体，大力发展有计划的商品经济；（5）以安定团结为

---

① 《邓小平文选》第3卷，人民出版社1993年版，第2—3页。
② 《十三大以来重要文献选编》（上），人民出版社2011年版，第15页。

前提，努力建设民主政治；（6）以马克思主义为指导，努力建设精神文明。

1992年10月12日，党的十四大高度评价邓小平对建设有中国特色社会主义理论的创立所作出的历史性的重大贡献，并根据邓小平1992年初的南方谈话的精神，把邓小平建设有中国特色社会主义的主要内容概括为九个方面：社会主义的发展道路；社会主义的发展阶段；社会主义的根本任务；社会主义的发展动力；社会主义建设的外部条件；社会主义建设的政治保证；社会主义建设的战略步骤；社会主义的领导力量和依靠力量以及祖国统一。①

1997年9月12日，党的十五大把邓小平创立的建设有中国特色社会主义理论正式命名为邓小平理论，把它作为党的指导思想写入党章，并高度评价和系统总结了其历史地位和指导意义："马克思列宁主义同中国实际相结合有两次历史性飞跃"，继第一次飞跃的理论成果毛泽东思想之后的"第二次飞跃的理论成果是建设有中国特色社会主义理论，它的主要创立者是邓小平，我们党把它称为邓小平理论"，"在当代中国，只有把马克思主义同当代中国实践和时代特征结合起来的邓小平理论，而没有别的理论能够解决社会主义的前途和命运问题。邓小平理论是当代中国的马克思主义，是马克思主义在中国发展的新阶段"。②

邓小平对中国特色社会主义新道路的开辟，也借鉴了其他社会主义国家兴衰成败的历史经验。在东欧国家和苏联发生动乱和剧变解体的过程中，邓小平在揭示其原因和总结其经验教训时说："帝国主义肯定想要社会主义国家变质。现在的问题不是苏联的旗帜倒不倒，苏联肯定要乱，而是中国的旗帜倒不倒。因此，首先中国自己不要乱，认真地真正地把改革开放搞下去，没有改革开放就没有希望。这十年的成绩哪里来的？是从改革开放得来的。中国只要这样搞下去，旗帜不倒，就会有很大影响"③；"世界上一些国家发生问题，从根本上说，都是因为经济上不去，没有饭

---

①　《十四大以来重要文献选编》（上），人民出版社1997年版，第13—14页。
②　《十五大以来重要文献选编》（上），人民出版社2003年版，第9—10页。
③　《邓小平文选》第3卷，人民出版社1993年版，第320页。

吃，没有衣穿，工资增长被通货膨胀抵消，生活水平下降，长期过紧日子。如果经济发展老是停留在低速度，生活水平就很难提高"，"所以，我们要力争在治理整顿中早一点取得适度的发展"。①

（三）两种不同的时代背景

如果说毛泽东对适合中国国情的社会主义建设道路的探索，是在以战争与革命为时代主题的条件下进行的话，那么，邓小平对中国特色社会主义道路的开辟，则是在和平与发展成为时代主题的条件下进行的。

1940年1月，毛泽东在《新民主主义论》中指出，"现在的世界，是处在革命和战争的新时代，是资本主义决然死灭和社会主义决然兴盛的时代"②；1957年11月18日，他说："我认为目前形势的特点是东风压倒西风，也就是说，社会主义的力量对于帝国主义的力量占了压倒的优势。"③但从那时以来，世界形势发生了变化，到20世纪70年代中期以后，时代主题越来越明显地发生着由战争与革命到和平与发展的转换。1985年3月，邓小平指出："现在世界上真正大的问题，带全球性的战略问题，一个是和平问题，一个是经济问题或者说发展问题"④；1990年3月，邓小平又说："现在旧的格局在改变中，但实际上并没有结束，新的格局还没有形成。和平与发展两大问题，和平问题没有得到解决，发展问题更加严重。"⑤

时代主题的转换，对我国的社会主义建设提出了严峻的挑战。由于1957年以后的若干年中，我们没有制定出为发展生产力创造良好条件的政策，以致在一段时期里经济长期处于停滞徘徊状态。反之，发达资本主义国家却借助于新技术革命和一系列的自我调节、改良和改善，实现了经济的较快增长。例如，在1953—1973年间，它们的国民生产总值年均增长速度大大超过了1913—1950年间的增速。这样，以1973年与1950年相

---

① 《邓小平文选》第3卷，人民出版社1993年版，第354页。
② 《毛泽东著作选读》上册，人民出版社1986年版，第368页。
③ 《毛泽东文集》第7卷，人民出版社1999年版，第321页。
④ 《邓小平文选》第3卷，人民出版社1993年版，第105页。
⑤ 同上书，第353页。

比，日本的国民生产总值增长了 28.1 倍，法国增长了 11.7 倍，意大利、西班牙、德国增长了 9 倍以上，英国增长了 6.2 倍，美国增长了 4.5 倍，这就拉大了发达资本主义国家在经济上、综合国力上同我国的差距。在此期间，我国周围的一些东亚和东南亚国家与地区也实现了经济的较快发展，在 1992 年时，它们的人均国民生产总值都一倍乃至几倍、几十倍地超过我国。在这种情况下，社会主义怎样在经济上显示出与资本主义相比较的优越性，成了迫切的政治问题。所以，邓小平大声疾呼"低速度就等于停步，甚至等于倒退"。① 而且和平与发展的时代主题对于社会主义建设提出挑战的严峻性，还在于不仅要有超过资本主义经济发展的速度，而且要在由粗放经营转向集约经营的基础上，以产出质量和生产效益为中心，并且注意环境保护的较高的经济发展速度，因为只有这样的快速发展才是健康的，才能够持续。苏联的经济发展速度在 20 世纪 70 年代以后的不断递减，就清楚地说明了这一点。

时代主题的转换对社会主义建设提出的另一个挑战，就是西方资本主义对社会主义国家实行的和平演变。邓小平强调说："资本主义是想最终战胜社会主义，过去拿武器，用原子弹、氢弹，遭到世界人民的反对，现在搞和平演变"；在西方资本主义用这个战略促进东欧国家和平演变的时候，邓小平又指出："可能是一个冷战结束了，另外两个冷战又已经开始。一个是针对南方、第三世界的，另一个是针对社会主义的。西方国家正在打一场没有硝烟的第三次世界大战。所谓没有硝烟，就是要社会主义国家和平演变。"②

但是，在另一方面，时代主题的转换，又为我们的社会主义建设提供了机遇。这首先表现在它给我们提供了和平的环境，使我们有可能把人力、物力、财力集中到经济建设上去。和平的国际环境是我们一心一意发展经济，逐渐摆脱贫困落后状况的大好时机。这种机遇也表现在它使我们有可能置身于世界经济发展的大潮中，积极利用世界先进的成果，包括世界可能提供的资金、资源和技术，来加快我们的社会主义建设。在第二次

---

① 《邓小平文选》第 3 卷，人民出版社 1993 年版，第 375 页。
② 同上书，第 326、344 页。

世界大战以后科学技术革命日新月异的发展引起了产业结构的调整和变化，也促使世界经济日趋一体化，从而为经济比较落后的发展中国家提供了千载难逢的发展良机，使它们可以不必拘泥于西方发达国家实现工业化、现代化的老路，而可以通过加速发展某些新的技术部门，用高新科技对传统产业进行技术改造，同时利用自身的劳动力低廉和有广阔市场等方面的有利条件，引进外国的先进技术和资金，来加速发展本国的经济，迅速缩短与发达国家的差距。在历史上，有些发达资本主义国家就是抓住这样的机遇实现经济的跳跃发展，而把原先比自己更发达的国家落在后面的，这方面的典型实例就是美国之于英国。目前，我国的社会主义建设同样面临这样一种千载难逢的大好时机，要是我们能够抓住时机，发展经济，我们同样能较快地实现社会主义现代化，逐步赶上发达国家。所以，邓小平强调说："现在我们国内条件具备，国际环境有利，再加上发挥社会主义制度能够集中力量办大事的优势，在今后的现代化建设过程中，出现若干个发展速度比较快、效益比较好的阶段，是必要的，也是能够办到的。我们就是要有这个雄心壮志。"①

二　建设中国特色社会主义新道路在内容上的主要创新

邓小平开辟的建设中国特色社会主义道路之所以被称为新道路，最主要的原因在于，它在把马克思主义基本原理同发展变化着的时代特征、中国具体实际结合起来的过程中，顺应时代潮流，从中国当前的实际出发，在什么是社会主义、怎样建设社会主义的问题上，提出并实践了一系列重大创新；而后继的以江泽民为核心的党的第三代中央领导集体，以胡锦涛为总书记的党中央，又一代接一代地不断发展着这条新道路，不断地拓宽、加深和继续推进着这种创新。这种创新就其主要之点来说，表现在以下一些方面：

第一，顺应时代主题的转换，把中国特色社会主义明确地定义为不断

① 《邓小平文选》第3卷，人民出版社1993年版，第377页。

发展社会生产力和主张和平的社会主义。

　　邓小平指出："我们搞的是有中国特色的社会主义，是不断发展社会生产力的社会主义，是主张和平的社会主义。只有不断发展社会生产力，国家才能一步步富强起来，人民生活才能一步步改善。只有争取到和平的环境，才能比较顺利地发展。"① 把中国特色社会主义明确定义为不断发展社会生产力的社会主义，是邓小平在总结我国多年来离开生产力抽象地谈论社会主义，把许多束缚生产力发展的、并不具有社会主义本质属性的东西，当作"社会主义原则"加以固守，又把许多在社会主义条件下有利于生产力发展的东西，当作"资本主义复辟"加以反对，以致社会生产力发展缓慢，人民的物质和文化生活条件得不到理想的改善，国家也无法摆脱贫穷落后状态的历史教训而提出来的，也是对于只有使生产力迅速发展，才能回答资本主义的严峻挑战、表明社会主义的优越性，才能在此基础上，消灭剥削、消除两极分化、最终达到共同富裕的社会主义本质的深刻揭示。这是对马克思主义的反映时代精神的重大发展。之后，江泽民在庆祝中国共产党成立80周年大会上的讲话中指出："要努力促进人的全面发展。这是马克思主义关于建设社会主义新社会的本质要求"；胡锦涛在党的十六届六中全会第二次会议上的讲话中，又指出："社会和谐是中国特色社会主义的本质属性"，并从这个高度加快推进以改善民生为重点的社会建设。这就进一步拓展和深化了对社会主义本质的认识。

　　把中国特色社会主义明确定义为主张和平的社会主义，则意味着邓小平在敏锐觉察和牢牢把握时代主题转换的基础上，把反对霸权主义、维护世界和平同社会主义牢牢地联结和统一起来。它表明中国特色社会主义将充分利用世界和平的大好时机努力发展和壮大自己，又以自身的发展更好地维护世界和平，实现中国的发展与和平国际环境的良性互动；我们参与维护和建设现存国际体系，又积极推动公正合理的国际新秩序的建立；我们坚持独立自主地建设中国特色社会主义，又积极参与世界经济一体化、全球化发展进程，趋利避害；我们反对霸权主义，也严格约束自己永远不称霸。

---

　　① 《邓小平文选》第3卷，人民出版社1993年版，第328页。

在 2004 年 8 月 22 日纪念邓小平诞辰 100 周年大会上，胡锦涛正式提出了"坚持走和平发展道路"这一中国特色社会主义的政策宣示；2005年 12 月，中国国务院新闻办公室发表政策性文件《中国的和平发展道路》白皮书。这实际上是把邓小平所揭示的中国特色社会主义对内不断发展社会生产力的根本战略和对外主张和平的根本战略联结和贯通起来，从发展道路的高度上加以集中的概括和宣示。以后，胡锦涛又在总结中国特色社会主义历史经验的基础上，把中国特色社会主义对内不断发展社会生产力的指导方针，拓展成用以人为本、全面协调可持续的科学发展观统领经济社会发展全局、贯穿改革开放和现代化建设全过程的指导方针；把中国特色社会主义对外主张和平的指导方针，拓展成和世界各国一道，推动建设持久和平、共同繁荣的和谐世界的中国特色社会主义国际战略新理念。

第二，根据我国的基本国情，确定中国特色社会主义现在处于并将长期处于社会主义初级阶段的历史方位。

在总结新中国建立以后，我们在认识基本国情、认识我国社会主义所处历史阶段问题上的曲折经历的基础上，1987 年 8 月 29 日，邓小平在《一切从社会主义初级阶段的实际出发》的讲话中指出："我们党的十三大要阐述中国社会主义是处在一个什么阶段，就是处在初级阶段，是初级阶段的社会主义。社会主义本身是共产主义的初级阶段，而我们中国又处在社会主义的初级阶段，就是不发达的阶段。一切都要从这个实际出发，根据这个实际来制定规划。"[①] 党的十三大据此制定了党在社会主义初级阶段的基本路线："领导和团结全国各族人民，以经济建设为中心，坚持四项基本原则，坚持改革开放，自力更生，艰苦创业，为把我国建设成为富强、民主、文明的社会主义现代化国家而奋斗。"[②] 邓小平反复强调："基本路线要管一百年，动摇不得。"[③] 在党的十五大上，江泽民在总结十几年来我国社会主义现代化建设的实践和贯彻执行党的基本路线的经验时，提出了从经济、政治、文化等方面展开基本路线的社会主义初级阶段的基本

---

① 《邓小平文选》第 3 卷，人民出版社 1993 年版，第 252 页。
② 《中国共产党第十三次全国代表大会文件汇编》，人民出版社 1987 年版，第 15 页。
③ 《邓小平文选》第 3 卷，人民出版社 1993 年版，第 370—371 页。

纲领，使这条基本路线在指导我们各项工作中更便于操作。

在结合着反思和总结我国"大跃进"的经验教训读苏联《政治经济学教科书》时，毛泽东曾经谈话指出："社会主义这个阶段，又可能分为两个阶段，第一个阶段是不发达的社会主义，第二个阶段是比较发达的社会主义，后一阶段可能比前一阶段需要更长的时间。"① 邓小平也说过"社会主义的初级阶段，就是不发达的阶段"，但社会主义初级阶段论毕竟是一项重大的理论创新，它和毛泽东当年的社会主义可分为两个阶段的谈话的区别在于，首先，社会主义初级阶段论并不是从毛泽东当年的那个设想中延伸演绎出来的，而是从总结我国社会主义在实际生活中胜利和挫折的正反两方面的经验教训中，在不同社会思潮的交锋中逐步形成和发展起来的：在结束"文化大革命"、中国面临向何处去的抉择的时刻，右的社会思潮借口我们在社会主义建设过程中多次发生失误，不承认中国可以不经过资本主义的充分发展阶段而走上社会主义道路，主张退回去"补资本主义的课"；"左"的社会思潮则认为不经过生产力的巨大发展就可以越过社会主义的初始阶段，乃至向共产主义过渡。正是在反对这两种错误思潮的过程中，以邓小平为代表的中国共产党人进行了有关社会主义初级阶段的探索；在邓小平主持起草、叶剑英代表党中央发表的在国庆 30 周年大会上的讲话指出，同已经有了三四百年历史的资本主义相比，社会主义还处在幼年时期；党的十一届六中全会通过的《关于建国以来党的若干历史问题的决议》指出："我们的社会主义还是处在初级的阶段"；党的十二大确认了这个提法；党的十二届六中全会的决议论述了这个初级阶段实行的分配、流通和所有制等方面的政策；一直到党的十三大以社会主义初级阶段为立论基础。而毛泽东当年的论述，只是一时的设想，并没有成为党据以制定路线、方针和政策的指导思想，其后更湮没在以阶级斗争为纲的思想框架之中。其次，在具体内容上也有所不同：社会主义初级阶段论说的是这个阶段以及在此期间实行的路线、方针、政策都要经历相当长的时期，而毛泽东当年所说的却是比较发达的社会主义阶段要比不发达的社会主义阶段可能经历更长的时间。

---

① 《毛泽东文集》第 8 集，人民出版社 1999 年版，第 116 页。

　　第三，坚持实行改革开放。

　　在党的十一届三中全会制定的一系列方针政策的指引下，从农村到城市，从经济领域到其他各个领域，全面改革的进程势不可当地展开了，改革开放成为决定当代中国命运的关键性抉择，成为新时期最鲜明的特点。邓小平曾经说过："从一九七八年我们党的十一届三中全会开始，确定了我们的根本政治路线，把四个现代化建设，努力发展社会生产力，作为压倒一切的中心任务。在这个基础上制定了一系列新的方针政策。主要是改革和开放政策。"① 从这场改革广泛而深入地重新选择政策和构建体制，以解放生产力、扫除发展生产力的障碍来说，它是一场革命性变革，而从这场改革是要坚持和巩固、而不是要否定和抛弃社会主义制度来说，它又是社会主义基本制度的自我完善和发展。

　　社会主义的改革所涉及的，首先是社会主义社会的发展动力问题。应当充分肯定毛泽东在这个问题上所作出的奠基性贡献，他在《关于正确处理人民内部矛盾的问题》中阐明了社会主义社会的基本矛盾仍然是生产关系和生产力、上层建筑和经济基础之间的矛盾，指出社会主义的生产关系和生产力的发展是相适应的，社会主义的上层建筑和经济基础也是相适应的，但是，社会主义制度中的不完善的方面、某些环节上的缺陷又是和生产力的发展相矛盾的，因而在社会主义制度基本适合需要的情况下，仍然需要经过社会主义制度本身不断地调整和解决这些相矛盾的方面。但毛泽东在对这些基本矛盾的具体表现的判断上却出现了失误，他认为阻碍生产力发展的根本原因是"资产阶级意识形态的存在，国家机构中某些官僚主义作风的存在，国家制度中某些环节上缺陷的存在"，在实际生活中更把它归咎于社会主义生产关系的公有化程度还不够高，社会主义社会还存在无产阶级和资产阶级的矛盾，因而离开了生产力发展的实际去盲目追求生产资料公有化程度的提高，不断地发动"兴无灭资"、"割资本主义的尾巴"的斗争，结果遭到了严重挫折。邓小平在这个问题上的重大创新在于，他在总结社会主义建设经验教训的基础上，围绕在实际生活中到底是什么在束缚生产力发展的问题，而不是离开了生产力的发展而抽象地谈论

---

① 《邓小平文选》第3卷，人民出版社1993年版，第237页。

社会主义，去寻找社会主义制度中的不完善方面和有缺陷的环节，并由此得出结论说："社会主义基本制度确立以后，还要从根本上改变束缚生产力发展的经济体制，建立起充满生机和活力的社会主义经济体制，促进生产力的发展，这是改革，所以改革也是解放生产力。"① 这就找到了在社会主义基本制度适应需要的情况下，用改革去不断地解决生产关系和生产力、上层建筑和经济基础之间矛盾的正确途径，也表明我们已经开始找到一条建设中国特色社会主义的路子，实践已经并将继续证明，只要我们坚定不移地推进改革开放，就能不断解放和发展社会生产力，就会使中国社会永远充满生机和活力。江泽民把改革开放称作"是社会主义发展史上从未有过的崭新创造"，认为这是邓小平"创造性地发展毛泽东思想、发展马克思列宁主义关于建设社会主义理论的最突出贡献"。②

在党的十一届三中全会以后，同改革一起被列为我国的基本国策的还有对外开放。这既是总结中国的发展离不开世界、闭关自守只能导致长期停滞的历史经验得出的结论，又是以宽广的眼光观察世界，顺应世界潮流而采取的重大决策，其根本着眼点在于，在当前的世界条件下，我们要更好地利用人类文明成果，去加快我国的社会主义现代化建设。邓小平指出："社会主义要赢得与资本主义相比较的优势，就必须大胆吸取和借鉴人类社会创造的一切文明成果，吸取和借鉴当今世界各国包括资本主义发达国家的一切反映现代社会化生产规律的先进经营方式、管理方法。"③ 由于在对外开放条件下，我们吸收资本主义中一些有用的方法来发展生产力，有的舆论就以为我们这是在搞资本主义，或者以为这样搞最终要走到资本主义道路上，然而，我国改革开放的实践却清楚地说明，吸收和借鉴资本主义中一些有用的方法去发展社会主义社会的生产力，这既不是在搞资本主义，也不会导致资本主义，"因为我们在改革中坚持了两条，一条是公有制经济始终占主体地位，一条是发展经济要走共同富裕的道路，始终避免两极分化"④；同时因为我们要求刹住自由化的歪风，教育人民坚持

---

① 《邓小平文选》第 3 卷，人民出版社 1993 年版，第 370 页。
② 《江泽民文选》第 1 卷，人民出版社 2006 年版，第 352—353 页。
③ 《邓小平文选》第 3 卷，人民出版社 1993 年版，第 373 页。
④ 同上书，第 149 页。

四项基本原则，这就使对外开放会带来一些资本主义腐朽东西和消极影响的风险，比起对外开放加速发展的积极效果要小得多。

邓小平在 20 世纪 70 年代作出了必须把我们的发展放在自己力量的基点上，又要充分利用世界的先进成果来加快我国的社会主义现代化建设的决策，并在世界范围内新科技革命、产业结构调整和资金流动浪潮蓬勃兴起时，敏锐地把握住这一发展趋势，作出了要与经济全球化相联系而不是相脱离的决策。20 世纪 90 年代，在经济全球化的负面影响逐渐显现，发生了亚洲金融危机，又出现了反全球化抗议运动时，江泽民又在全面分析经济全球化的正面和负面因素的基础上，果断地确定了以"趋利避害"为方针进一步参与经济全球化，并采取"引进来"和"走出去"相结合，全方位扩大对外开放的战略举措。

第四，实行由计划经济到社会主义市场经济的转变。

多年的经验说明，我国的集中统一的计划经济体制，虽曾在全国财经统一、社会主义改造和我国初步工业化建设中起过重要作用，但随着经济规模的不断扩大，经济联系的日益复杂，它统得过多过死的弊端也日趋明显，如再把发挥市场作用、发展商品经济当作"资本主义"来加以排斥，就会使本应生机盎然的社会主义经济逐渐失去活力。反之，农村家庭联产承包责任制、乡镇企业、特区经济的发展，对外开放的扩展等事实却说明，在市场作用发挥得比较充分的地方，经济活力就比较强、发展态势比较好；我国社会主义建设的实践和世界范围经济发展的实践更说明：市场在资源配置中起基础性作用的市场经济，是社会化大生产所必需的。早在 1979 年 11 月，邓小平就指出："说市场经济只存在于资产阶级社会，只有资本主义的市场经济，这肯定是不正确的"，"社会主义也可以搞市场经济"，"这是社会主义利用这种方法来发展社会生产力。把这当作方法，不会影响整个社会主义，不会重新回到资本主义"[①]；1985 年 10 月，邓小平说："社会主义和市场经济之间不存在根本矛盾"，"从某种意义上说，只搞计划经济会束缚生产力的发展。把计划经济和市场经济结合起来，就更

---

① 《邓小平文选》第 2 卷，人民出版社 1994 年版，第 236 页。

能解放生产力，加速经济发展"①；在 1992 年初的南方谈话中，邓小平明确提出："计划经济不等于社会主义，资本主义也有计划；市场经济不等于资本主义，社会主义也有市场"②；江泽民据此主张把"社会主义市场经济体制"作为我们要建立的社会主义新经济体制，1992 年党的十四大明确规定了把建立社会主义市场经济体制作为我国经济体制改革的目标。

建立社会主义市场经济体制，就是要使市场在国家宏观控制下对资源配置起基础性作用，这就使它具有了社会主义计划经济所不具备的优势。但社会主义市场经济又和资本主义市场经济不同，它在所有制结构、分配制度、宏观调控上具有鲜明的社会主义特征，因而也就具有资本主义市场经济所不可能具有的优势。这就是说，在社会主义市场经济中，我们既要坚持和发扬我们自己的优势，重视自己创造的经验，又要结合中国实际，积极吸收和借鉴西方发达资本主义国家利用市场促进生产力发展的有益经验，使社会主义制度的优越性和市场在资源配置中的长处都得到充分发挥。

第五，在所有制结构和分配制度方面进行改革。

由于《关于党在过渡时期的总路线》规定"总路线的实质，就是使生产资料的社会主义所有制成为我国国家和社会的唯一的经济基础"③，再加上 1955 年下半年以后，社会主义改造中存在要求过急、工作过粗、改变过快、形式过于划一等缺点，在"大跃进"和人民公社化运动中又盲目追求所有制上的"一大二公三纯"，以致长期以来，我国的所有制形式过于单一，不利于社会生产力的发展。为此，1981 年的《关于建国以来党的若干历史问题的决议》在指出国营经济和集体经济是我国基本的经济形式时，又正式提出一定范围的劳动者个体经济是公有制经济的必要补充。1985 年，邓小平指出："公有制包括全民所有制和集体所有制，现在占整个经济的百分之九十以上。同时，发展一点个体经济，吸收外国的资金和技术，欢迎中外合资合作，甚至欢迎外国独资到中国办工厂，这些都是对

---

① 《邓小平文选》第 3 卷，人民出版社 1993 年版，第 148—149 页。
② 《邓小平文选》第 3 卷，人民出版社 1993 年版，第 373 页。
③ 《毛泽东著作选读》下册，人民出版社 1986 年版，第 705 页。

社会主义经济的补充"①；"吸收外资也好，允许个体经济的存在和发展也好，归根到底，是要更有力地发展生产力，加强公有制经济。只要我国经济中公有制占主体地位，就可以避免两极分化"②。党的十五大更以邓小平关于所有制的理论为指导，在总结我国改革的实践经验时指出："公有制为主体、多种所有制经济共同发展，是我国社会主义初级阶段的一项基本经济制度"，并强调公有制的实现形式可以而且应当多样化。实践证明，只有这样，才能使我国的经济充满生机和活力，促进社会生产力的迅速发展。

　　相应地，我国社会主义初级阶段的个人收入分配制度，也必须与公有制为主体、多种所有制共同发展的基本经济制度相适应，与社会主义市场经济的规则相适应。党的十一届三中全会以后，我国逐步实行了以按劳分配为主、多种分配形式并存的方针，党的十五大报告更明确规定"坚持按劳分配为主体、多种分配方式并存的制度"。实行按劳分配，这是由社会主义社会的客观经济条件决定的，它是社会主义生产关系的重要体现、坚持社会主义的重要内容、我国社会主义初级阶段的主体分配方式，也是推动社会主义市场经济发展的有效途径；但另一方面，非公有制经济的存在和公有制实现形式的多样化，又决定了在社会主义初级阶段，还必然存在按劳分配以外的多种分配方式。党的十五大明确规定要"把按劳分配和按生产要素分配结合起来"，"允许和鼓励资本、技术等生产要素参与收益分配"。按生产要素分配，就是资本、技术、土地、劳动力等生产要素的所有者按其直接或间接投入生产经营活动的数量和质量或贡献率获取收益的分配方式。这种分配方式源自对生产要素所有权的承认，它是一种能把生产要素所有者的权益同提高资源配置效率统一起来的分配规则。而社会主义市场经济则为把按劳分配和按要素分配这两种分配原则结合起来提供了现实基础。

　　早在1978年底，邓小平就提出了让一部分人、一部分地区先富起来，最终达到共同富裕的政策。他说："在经济政策上，我认为要允许一部分

---

① 《邓小平文选》第3卷，人民出版社1993年版，第138页。
② 《邓小平文选》第3卷，人民出版社1993年版，第149页。

地区、一部分企业、一部分工人农民，由于辛勤努力成绩大而收入先多一些，生活先好起来。一部分人生活先好起来，就必然产生极大的示范力量，影响左邻右舍，带动其他地区、其他单位的人们向他们学习。这样，就会使整个国民经济不断地波浪式地向前发展，使全国各族人民都能比较快地富裕起来。"① 党的十二届三中全会通过的关于经济体制改革的决议从理论上阐释了这一政策的正确性和合理性，指出如果把共同富裕这个社会主义的根本目标理解为完全平均或同步富裕，不但做不到，而且势必导致共同贫穷。而且由于一部分人先富起来而产生的差别，是全体社会成员在共同富裕道路上有先有后、有快有慢的差别，而绝不是那种极少数人变成剥削者，人多数人陷于贫穷的两极分化。所以，鼓励一部分人先富起来的政策，是符合社会主义发展规律的，是整个社会走向富裕的必由之路。在1992 年的南方谈话中，邓小平又指出问题的另一个方面：但"如果富的愈来愈富，穷的愈来愈穷，两极分化就会产生，而社会主义制度就应该而且能够避免两极分化。解决的办法之一，就是先富起来的地区多交点利税，支持贫困地区的发展"，"什么时候突出地提出和解决这个问题，在什么基础上提出和解决这个问题，要研究。可以设想，在本世纪末达到小康水平的时候，就要突出地提出和解决这个问题"。② 1993 年 9 月，邓小平再次强调说："少部分人获得那么多财富，大多数人没有，这样发展下去总有一天会出问题。分配不公，会导致两极分化，到一定时候问题就会出来。这个问题要解决。过去我们讲先发展起来。现在看，发展起来以后的问题不比不发展时少。"③

第六，发展社会主义的政治文明。

随着我国社会主义现代化建设的发展和经济体制改革的深入，也把政治体制改革提上了议事日程。实际上，早在党的十一届三中全会前夕，邓小平就指出实现社会主义现代化"这场革命既要大幅度地改变目前落后的生产力，就必然要多方面地改变生产关系，改变上层建筑……使之适应现

① 《邓小平文选》第 2 卷，人民出版社 1994 年版，第 152 页。
② 《邓小平文选》第 3 卷，人民出版社 1993 年版，第 364 页。
③ 《邓小平年谱（1975—1997）》（下），中央文献出版社 2004 年版，第 1364 页。

代化大经济的需要"。① 这里所说的"改变上层建筑"就包含有政治体制改革的意思，所以，邓小平后来解释说："我们提出改革时，就包括政治体制改革。"② 他在总结"文化大革命"中党的民主制度遭到严重破坏，个人崇拜、家长制、"一言堂"盛行，无政府主义思想泛滥的基础上，把发展民主政治作为社会主义现代化的重要内容和目标提出来。他强调说："没有民主就没有社会主义，就没有社会主义的现代化。"③ 但这种民主是社会主义民主或人民民主，而不是资产阶级的个人主义的民主，是共产党领导的人民民主制度，这是我国政治制度的优点和特点，政治体制改革要保持自己的优势，避免资本主义社会的毛病和弊端。"政治体制改革包括民主和法制。我们的民主和法制是相关联的"④，是实现民主的法制化。所以，发展社会主义民主，健全社会主义法制，是党的十一届三中全会以来我们党坚定不移的基本方针。

党的十五大以邓小平理论为指导，在认真总结改革开放以来民主法制建设经验的基础上，明确提出了依法治国，建设社会主义法治国家的任务。这就意味着我们要把坚持党的领导、人民当家做主和依法治国有机统一起来。在这种有机统一中，党的领导是人民当家做主和依法治国的根本保证，因为中国共产党是我国社会主义事业的领导核心，也是我国社会主义民主政治建设的领导核心；人民当家做主是社会主义民主政治的本质和核心，社会主义民主政治建设的出发点和归宿，也是我们党执政的根本目的和可靠基础，离开了人民群众的根本利益和当家做主，党的领导就会成为无源之水、无本之木，社会主义的政治法律制度就失去了前提和基础；而依法治国则是我们党领导国家的基本方略，因为民主与法治相互依赖、相互促进，密不可分，社会主义民主是社会主义法治的前提和基础，社会主义法治则是社会主义民主的体现和保障。

第七，从社会主义精神文明建设到中国特色社会主义文化建设、社会主义核心价值体系建设。

---

① 《邓小平文选》第 2 卷，人民出版社 1994 年版，第 135—136 页。
② 《邓小平文选》第 3 卷，人民出版社 1993 年版，第 176 页。
③ 《邓小平文选》第 2 卷，人民出版社 1994 年版，第 168 页。
④ 《邓小平文选》第 3 卷，人民出版社 1993 年版，第 244 页。

　　我国的社会主义现代化以经济建设为中心，同时又是全面的现代化。早在 1979 年 10 月，邓小平就指出："我们要在建设高度物质文明的同时，提高全民族的科学文化水平，发展高尚的丰富多彩的文化生活，建设高度的社会主义精神文明。"① 社会主义精神文明是社会主义社会的重要特征、社会主义现代化建设的重要目标和重要保证；只有经济、政治、文化、社会、生态协调发展，这几个文明都建设好，才是中国特色的社会主义。1982 年党的十二大根据邓小平的思想，系统地论述了社会主义精神文明的问题，党的十二届六中全会和十四届六中全会的决议都重申了社会主义精神文明是社会主义社会的重要特征的论断。邓小平还强调物质文明和精神文明要两手抓，两手都要硬："搞四个现代化建设，一定要有两手，只有一手是不行的"，"一手要抓改革开放，一手要抓严厉打击经济犯罪，包括抓思想政治工作。就是两点论"。② 在深化改革、发展社会主义市场经济的条件下，更要注意形成有利于社会主义现代建设的共同理想、价值观念、道德规范和文化条件，防止和遏制腐朽思想和丑恶现象的蔓延；这才能在扩大对外开放、经济全球化和新科技革命的情况下，既吸取人类社会创造的一切先进文明成果，弘扬中华民族优秀文化传统和革命文化传统，防止和消除文化垃圾的传播，抵御敌对势力对我"西化"、"分化"的图谋。

　　面对 21 世纪科学技术的迅猛发展、综合国力的激烈竞争和世界范围的各种思想文化相互激荡的形势，面对我国进入小康社会的人民群众日益增长的文化需要，江泽民在党的十五大报告中全面地提出了建设有中国特色社会主义文化的任务。就主要内容来说，建设社会主义精神文明和建设社会主义文化是相一致的。这意味着我们要在社会主义现代化建设的过程中，在马克思主义的指导下，改造、发展和超越传统文化、外国文化，形成一种崭新的有中国特色社会主义文化。而随着改革开放和社会主义市场经济的发展和深入，人们思想活动的独立性、选择性、多变性和差异性的不断增长，建设社会的共同思想基础、建设社会主义核心价值体系和积极发展这个体系教育具有越来越迫切的重要意义，胡锦涛在党的十六届六中

① 《邓小平文选》第 2 卷，人民出版社 1994 年版，第 208 页。
② 《邓小平文选》第 3 卷，人民出版社 1993 年版，第 154、306 页。

全会上，明确提出要建设社会主义核心价值体系，形成全民奋发向上的精神力量和团结和谐的精神纽带；在党的十七大上提出要使广大党员、干部成为实践社会主义核心价值体系的模范；党的十七届四中全会更把开展社会主义核心价值体系学习教育列为建设马克思主义学习型政党的一项重要任务。社会主义核心价值体系包括马克思主义的指导思想，中国特色社会主义的共同理想，以爱国主义为核心的民族精神和以改革创新为核心的时代精神，以及社会主义荣辱观。其中，重中之重就是理想信念的教育。

第八，推进以改善民生为重点的社会建设，构建社会主义和谐社会。

邓小平在开辟社会主义建设新道路的过程中，十分重视社会建设问题，他要求按照统筹兼顾的原则，来调节各种利益的相互关系，正确处理人民内部矛盾，调动人民群众的积极性；并认为没有安定团结的政治环境，没有稳定的社会秩序，什么事情也干不成。江泽民提出要坚持稳定压倒一切的方针，正确处理改革发展稳定的关系，把不断改善人民生活作为处理改革发展稳定关系的重要结合点。党的十六大以后，胡锦涛更在新世纪新阶段及新的历史起点上，根据加快推进中国特色社会主义伟大事业的现实需要，解决当前影响社会和谐的突出矛盾和问题的迫切需要，把社会建设列入中国特色社会主义的总体布局，提出要构建社会主义和谐社会的历史任务，以及一系列加快推进以改善民生为重点的社会建设的重要举措。

自从党的十六大把使"社会更加和谐"作为全面建设小康社会的目标之一以来，我们党一直在不断深化关于社会和谐在中国特色社会主义事业中地位和作用的探索：党的十六届四中全会将"不断提高构建社会主义和谐社会的能力"作为加强党的执政能力建设的重要内容；2005 年 2 月，胡锦涛指出："我们所要建设的社会主义和谐社会，应该是民主法治、公平正义、诚信友爱、充满活力、安定有序、人与自然和谐相处的社会"；党的十六届六中全会强调："社会和谐是中国特色社会主义的本质属性，是国家富强、民族振兴、人民幸福的重要保证"；党的十七大则就加快推进以改善民生为重点的社会建设进行了全面部署。在这些部署中，包括：促进教育公平，办好人民满意的教育；扩大就业，促进以创业带动劳动就业；合理调节收入分配，更加注重社会公平；加快建设覆盖城乡居民的社会保障体系，保障人民基本生活；建立基本医疗卫生制度，提高全民健康水平；完善社会管理，维护社会安定团结。

第九，把建设生态文明列为中国特色社会主义文明建设的重要内容。

我们党在马克思主义自然观的指导下，历来重视对自然环境的保护，为维护自然界的生态平衡进行了不懈的探索，随着生态环境的保护问题在社会主义现代化建设中的重要性日益凸显，党的十六大把"促进人和自然的和谐，推动整个社会走上生产发展、生活富裕、生态良好的文明发展道路"列为"全面建设小康社会的奋斗目标"。在党的十七大上，胡锦涛更从以科学发展观统领经济社会全局的高度，把建设生态文明当作中国特色社会主义文明建设的一项重要内容。

在人类文明发展史上，生态文明是一种崭新的文明形态，是人类对工业文明进行深刻反思，决心在发展物质生产的过程中，努力保护和改善生态环境的宝贵成果。它以人与自然、人与人、人与社会的和谐共生、良性循环、全面发展、持续繁荣为宗旨，以建立可持续的经济发展模式、健康合理的消费模式以及和睦和谐的人际关系为主要内容，倡导人类在遵循人、自然、社会和谐发展的基础上追求物质和精神财富的创造和积累。建设生态文明的思想，是我们党在领导和总结中国特色社会主义现代化建设的过程中，借鉴国外发展经验和理论，吸取人类文明的有益成果而提出的。它反映了中国特色社会主义顺应世界发展潮流，走出一条不同于传统工业化和现代化，人类创造文明的新路的决心和信心。

第十，用"一国两制"和平统一祖国的构想解决香港、澳门、台湾问题。

如何和平解决香港、澳门，特别是台湾的回归祖国，实现祖国的和平统一？一段时期以来，一直是我们党中央所认真思考和探索的一个重大问题。1958 年 10 月，毛泽东曾经表示，蒋介石"同美国的连理枝解散，同大陆连起来，枝连起来，根还是他的，可以活下去，可以搞他的一套"，"他的军队可以保存，我不压迫他裁兵，不要他简政，让他搞三民主义"。后来周恩来把这些思想概括为"一纲四目"，即台湾必须回归祖国（一纲），除外交之外的所有军政大权、人事安排由蒋决定；所有军政及建设经费不足之数，由中央拨付；台湾的社会改革可以从缓，协商解决；双方互约不派人进行破坏对方团结之事（四目）。在党的十一届三中全会以后，以邓小平为代表的中国共产党人考虑到，如果台湾保留其资本主义制度，使两种不同的社会制度在一个国家里和平共处和长期共存，不仅有利于保持台湾的稳定和发展，而且有利于祖国大陆的对外开放，加速大陆的现代化进程，使大陆和台湾的经济发展取长补短，互助互利，共同发展。同时建立包括台湾地区在内的广泛的爱国统一战线，调动一切积极因素，有利于更快地实现中华民族的繁荣昌盛，使中国更快地进入世界强国之林。因此，在1982年1月11日，邓小平提出了"在国家实现统一的大前提下，国家主体实行社会主义制度，台湾实行资本主义制度"的"一个国家，两种制度"。[①]

"一国两制"的构想适用于香港、澳门与台湾，1984年6月，邓小平在会见香港人士时指出："我们的政策是实行'一个国家，两种制度'，具体说，就是在中华人民共和国内，十亿人口的大陆实行社会主义制度，香港、台湾实行资本主义制度。"[②] 但台湾与港澳现状形成的背景有所不同：台湾问题是中国的内政，其核心是祖国统一；港澳问题则涉及英国、葡萄牙的殖民主义统治。因此，在那里实行一国两制的具体办法也不尽相同。在港澳问题的解决办法中，体现的主要原则是：必须由中国恢复行使主权、派驻军队；随后50年内现行的社会经济制度、生活方式不变，现行法律基本不变；那里的国防、外交权属中国。而台湾则可维持与外国的民间关系，享有一定的外事权，可拥有自己的自卫力量、军事力量，大陆不派驻军队，有充分的自治权。现在，香港、澳门已经在20世纪末先后回归祖国，与台湾的和平统一还有待继续努力。邓小平强调说："我们搞的是有中国特色的社会主义，所以才制定'一国两制'的政策，才可以允许两种制度存在"；"我们的社会主义制度是有中国特色的社会主义制度，这个特色，很重要的一个内容就对香港、澳门、台湾问题的处理，就是'一国两制'。这是个新事物。这个新事物不是美国提出来的，不是日本提出来的，不是欧洲提出来的，也不是苏联提出来的，而是中国提出来的，

---

① 转引自《台湾问题与中国的统一》白皮书，《人民日报》1993年9月1日。
② 《邓小平文选》第3卷，人民出版社1993年版，第58页。

这就叫中国特色"。①

第十一，调整对国际形势的判断和我国的对外政策。

邓小平不仅敏锐地揭示了时代主题由战争与革命到和平与发展的转换，而且据此调整了我们对国际形势的判断和我国的对外政策。

首先是根据世界形势的变化，改变了战争不可避免的观点，作出了世界大战是可以避免的论断。邓小平明确指出："我们多年来一直强调战争的危险。后来我们的观点有点变化"；"现在看来第三次世界大战短时期内不会打。当然战争的危险仍然存在，但是可以争取相当长一段时间的和平。如果世界和平的力量发展起来，第三世界国家发展起来，可以避免世界大战"。②"从全局看，在本世纪和下一个世纪相当一段时间里仗打不起来，我们不要丧失这个时机，而要利用这二十年、三十年、四十年的和平时间好好发展自己。"③

自从新中国建立以来，我国一直奉行独立自主的和平外交政策。但是在面对不同时期的主要威胁，我国在过去又曾先后主张建立反对美帝国主义侵略的国际统一战线和反对苏联霸权主义扩张的国际统一战线。到了20世纪80年代，这种组织国际统一战线的战略，显然已经不适合当代和平与发展的要求了，必须加以调整和改变。邓小平指出，过去一段时间，针对苏联霸权主义的威胁，我们搞了"一条线"战略，现在，我们改变了这一战略，这是一个重大的转变，是顺应国内外形势发展的重大决策。④这就确定了"真正的不结盟"战略，向全世界表明，中国坚持独立自主的和平外交政策，坚决反对超级大国争夺霸权，决不依附于任何大国或者国家集团。对于一切国际事务，我们都要从中国人民和世界人民的根本利益出发，根据事情本身的是非曲直，决定自己的立场和政策，不屈从于任何外来压力，不同任何大国或国家集团结盟，不搞军事集团，不参加军备竞赛，不进行军事扩张，不搞政治游戏，不打别人的牌，也不允许别人打中国牌。这样才能不受制于人，才能有效地阻止任何国家和国家集团干涉中

①　《邓小平文选》第3卷，人民出版社1993年版，第217、218页。
②　同上书，第105、249页。
③　《邓小平年谱（1975—1997）》（下），中央文献出版社2004年版，第1185页。
④　引自《邓小平外交思想学习纲要》，世界知识出版社2000年版，第70页。

国内政、侵害中国的独立和主权，才能同谁都来往，同谁都交朋友，从而在国际关系中发挥积极而独特的作用。

第十二，实施和推进党的建设新的伟大工程。

中国经济社会发展的实践反复证明，办好中国的事情，关键在党；而用党的建设的伟大工程来保证党所领导的伟大事业，则是我们党的一条基本经验。在新民主主义革命时期，毛泽东成功地实施了党的建设的伟大工程。在"文化大革命"中，由于把党的建设完全纳入以阶级斗争为纲的轨道，造成了极为严重的后果，因而在"文化大革命"结束后，在社会上出现一股怀疑和否定党的领导的思潮。对此，邓小平旗帜鲜明地指出，在整个改革开放和现代化建设过程中，必须始终坚持以共产党的领导为核心的四项基本原则，动摇了这个原则，中国就要倒退到分裂和混乱。而"为了坚持党的领导，必须努力改善党的领导"①。要加强和改善党的领导，就要自觉地加强党的自身建设。他指出，要聚精会神地抓党的建设，"把我们党建设成为有战斗力的马克思主义政党，成为领导全国人民进行社会主义物质文明和精神文明建设的坚强核心"②，由此开创了党的建设新的伟大工程：它要求我们围绕在改革开放和现代化建设条件下建设一个什么样的党、怎样建设党这个基本问题，从思想上、组织上、作风上全面加强党的建设，解决好提高执政能力和领导水平、提高拒腐防变和抵御风险能力这两大历史性课题。

在世纪之交，江泽民继续推进党的建设新的伟大工程，他指出："只要我们党始终成为中国先进生产力的发展要求、中国先进文化的前进方向、中国最广大人民的根本利益的忠实代表，我们党就能永远立于不败之地，永远得到全国各族人民的衷心拥护并带领人民不断前进。"（《人民日报》2000年2月26日）他要求按照"三个代表"要求加强和改进党的建设。在党的十七大上，胡锦涛提出要以改革创新精神全面推进党的建设新的伟大工程："中国特色社会主义事业是改革创新的事业。党要站在时代前列，带领人民不断开创事业发展新局面，必须以改革创新精神加强自身

① 《邓小平文选》第2卷，人民出版社1994年版，第268页。
② 《邓小平文选》第3卷，人民出版社1993年版，第39页。

建设，始终成为中国特色社会主义事业的坚强领导核心。"为此，党的十七大报告要求必须把党的执政能力建设和先进性建设作为主线，要求坚持党要管党、从严治党，贯彻为民、务实、清廉的要求，加强五个方面的建设，这就是：以坚定理想信念为重点加强思想建设，以造就高素质党员、干部队伍为重点加强组织建设，以保持党同人民群众的血肉联系为重点加强作风建设，以健全民主集中制为重点加强制度建设，以完善惩治和预防腐败体系为重点加强反腐倡廉建设。党的十七届四中全会又作出了把建设马克思主义学习型政党作为党的重大而紧迫的战略任务抓紧抓好的战略部署。

尽管邓小平开辟的中国特色社会主义建设新道路同毛泽东探索的适合中国国情的社会主义建设道路相比，实践根据、时代背景不同，在内容上有更多的创新，但它们却并不是互不相干、完全不同的两同事。邓小平说过："从许多方面来说，现在我们还是把毛泽东同志已经提出、但是没有做的事情做起来，把他反对错了的改正过来，把他没有做好的事情做好。今后相当长的时期，还是做这件事。当然，我们也有发展，而且还要继续发展"①，这清楚地说明了它们是一脉相承、与时俱进的关系。这突出地表现在以下七个方面：

（一）两者都是在新民主主义革命的胜利和社会主义基本制度的建立所奠定的根本政治前提和制度基础上进行的。毛泽东的探索始于 20 世纪 50 年代中期，邓小平的开辟则始于 20 世纪 70 年代末期，这两者都是在以毛泽东为核心的党的第一代中央领导集体带领全党全国各族人民取得新民主主义革命的胜利、建立新中国和社会主义基本制度的根本政治前提和制度基础上进行的。

（二）两者有共同的马克思主义世界观和实事求是的思想路线。毛泽东强调领导我们事业的核心力量是中国共产党，指导我们思想的理论基础是马克思列宁主义。邓小平指出"对马克思主义的信仰，是中国革命胜利的一种精神动力"②，强调"我们现在要建设有中国特色社会主义"，"这

---

① 《邓小平文选》第 2 卷，人民出版社 1994 年版，第 300 页。
② 同上书，第 63 页。

就更要求我们努力针对新的实际，掌握马克思主义基本理论"。①

　　毛泽东最早倡导实事求是的思想路线，他说："'实事'就是客观存在着的一切事物，'是'就是客观事物的内部联系，即规律性，'求'就是我们去研究。我们要从国内外、省内外、县内外、区内外的实际情况出发，从其中引出其固有的而不是臆造的规律性，即找出周围事变的内部联系，作为我们行动的向导。"② 邓小平则指出："实事求是，一切从实际出发，理论联系实际，坚持实践是检验真理的标准，这就是我们党的思想路线"，"这条思想路线，有一段时间被抛开了，给党的事业带来很大的危害，使国家遭到很大的灾难，使党和国家的形象受到很大的损害"，党的十一届"三中全会确立了，准确地说是重申了党的马克思主义的思想路线"③。

　　（三）两者都遵循把马克思主义基本理论和中国社会主义建设的具体实际结合起来，走自己的路的基本原则。毛泽东指出："一定要把马克思列宁主义的普遍真理和本国的具体情况这两个方面结合起来"④，"找出在中国进行社会主义革命和建设的正确道路"⑤。邓小平则在党的十二大的开幕词中强调："把马克思主义的普遍真理同我国的具体实际结合起来，走自己的路，建设有中国特色的社会主义，这就是我们总结长期历史经验得出的基本结论。"⑥

　　（四）两者都以人民利益为出发点和归宿。毛泽东说："我们一切工作干部，不论职位高低，都是人民的勤务员，我们所做的一切，都是为人民服务。"⑦ 邓小平反复强调要把"人民拥护不拥护，人民赞成不赞成，人民高兴不高兴，人民答应不答应"作为判断我们想的事情对不对、做的工作好不好的"根本的衡量尺度"⑧，并把人民利益标准与生产力标准和综

　　① 《邓小平文选》第 3 卷，人民出版社 1993 年版，第 146—147 页。
　　② 《毛泽东选集》第 3 卷，人民出版社 1966 年版，第 801 页。
　　③ 《邓小平文选》第 2 卷，人民出版社 1994 年版，第 278 页。
　　④ 《毛泽东文集》第 7 卷，人民出版社 1999 年版，第 133 页。
　　⑤ 引自吴冷西《十年论战》（上册），中央文献出版社 1999 年版，第 23—24 页。
　　⑥ 《邓小平文选》第 3 卷，人民出版社 1993 年版，第 3 页。
　　⑦ 《毛泽东文集》第 3 卷，人民出版社 1996 年版，第 243 页。
　　⑧ 引自江泽民《论党的建设》，中央文献出版社 2003 年版，第 193—194 页。

合国力标准一起作为判断改革和各方面工作是非得失的根本标准。江泽民提出的"三个代表"要求"始终代表最广大人民的根本利益",把实现人的自由而全面发展看作是建设社会主义新社会的本质要求。胡锦涛要求各级领导干部做到"权为民所用,情为民所系,利为民所谋"[1];他提出的科学发展观把以人为本奉为核心,要求始终把实现好、维护好、发展好最广大人民的根本利益作为党和国家一切工作的出发点和落脚点,尊重人民主体地位,发挥人民首创精神,保障人民各项权益,促进人的全面发展,做到发展为了人民,发展依靠人民,发展的成果由人民共享。

（五）中国特色社会主义把毛泽东确立的一些重要思想和制度奉为自身发展的基础。在经济建设方面有,要正确处理农业、轻工业和重工业的关系的中国工业化道路的思想等;在政治建设方面有,邓小平所说在中国实现四个现代化中必须在思想政治上坚持的四项基本原则（社会主义道路、无产阶级专政、共产党的领导、马列主义毛泽东思想）,脱胎于毛泽东所说判断我们的言论和行动的是非的六条标准（是否有利于:团结全国各族人民、社会主义改造和社会主义建设、巩固人民民主专政、巩固民主集中制、巩固共产党的领导、社会主义的国际团结。其中最重要的是社会主义道路和党的领导两条）。中国特色社会主义坚持毛泽东确立的人民代表大会制度、共产党领导的多党合作和政治协商制度、民族区域自治制度等。中国特色社会主义致力于实现毛泽东提出的"又有集中又有民主,又有纪律又有自由,又有统一意志又有个人心情舒畅、生动活泼,那样一种政治局面";在文化建设方面有:中国特色社会主义坚持毛泽东提出的"民族的、科学的、大众的"文化理论以及文艺为人民大众首先是为工农兵服务、为社会主义服务的方向,以及"百花齐放,百家争鸣"、"古为今用,洋为中用"等繁荣科学文化事业的方针;在社会建设方面有:中国特色社会主义坚持毛泽东提出的正确处理两类不同性质的矛盾的方针等;在国防建设和军队建设方面有:中国特色社会主义坚持毛泽东规定的全心全意为人民服务是人民军队的唯一宗旨,是党指挥枪而不是枪指挥党的建军原则,一整套军队政治工作的方针方法,以及积极防御的战略方针等;

---

[1]《十六大以来重要文献选编》（上）,中央文献出版社2006年版,第84页。

在国际战略思想和外交方针方面有：中国特色社会主义坚持毛泽东提出的独立自主的和平外交政策，坚持他制定的维护世界和平、反对霸权主义、中国属于第三世界、中国永远不称霸的基本原则；在党的建设方面有：中国特色社会主义牢记毛泽东提出的"两个务必"（务必继续保持谦虚、谨慎、不骄、不躁的作风，务必继续保持艰苦奋斗的作风），保持党同人民的血肉联系，保持马克思主义先进政党的本色，防止和平演变。

（六）毛泽东在探索中形成的积极成果成为中国特色社会主义的思想来源或给它提供思想启示。如关于中国社会主义现代化的战略目标和实现步骤；关于适合我国国情的中国工业化的道路和方针；关于社会主义社会的矛盾、发展阶段、经济体制以及民主政治建设和文化建设等的方针。

（七）毛泽东在探索中的失误为邓小平开展社会主义建设新道路积累了经验教训。在1963年9月，毛泽东在一次谈话中谈道，"我们有两种经验，错误的经验和正确的经验，正确的经验鼓励了我们，错误的经验教训了我们"[1]。邓小平则指出："我们现在的路线、方针、政策是在总结了成功时期的经验、失败时期的经验和遭受挫折时期的经验后制定的。历史上成功的经验是宝贵的财富，错误的经验、失败的经验也是宝贵财富。"[2] 中国特色社会主义新道路，就是邓小平不仅吸取了毛泽东在探索中形成的积极成果，而且更加认真研究和总结了毛泽东在探索中的失误的基础上开辟和开创的。例如，邓小平正是在总结"以阶级斗争为纲"导致阶级斗争扩大化乃至"一个阶级推翻另一个阶级"的"文化大革命"的教训中，更加强调社会主义改造完成以后应该以经济建设为中心，而为此就必须实行改革开放等一系列方针政策的；邓小平正是在总结离开了生产力的发展抽象地谈论社会主义，盲目追求"一大二公二纯"导致公社化运动的失误的教训中，深刻反思"什么是社会主义、怎样建设社会主义"这个基本问题，提出社会主义的根本任务是解放生产力、发展生产力，进而提出社会主义本质论和社会主义市场经济论的；邓小平正是在总统经济建设中的急躁冒进、急于求成导致"大跃进"的失误中，强调要正确判断我国的基本

---

[1]　《毛泽东文集》第8卷，人民出版社1999年版，第338页。
[2]　《邓小平文选》第3卷，人民出版社1993年版，第234—235页。

国情，提出一切都要从这个实际出发和根据这个实际来制定规划的社会主义初级阶段论的。

邓小平曾经说过："我们搞改革开放，把工作重心放在经济建设上，没有丢马克思，没有丢列宁，也没有丢毛泽东，老祖宗不能丢啊!"① 不丢老祖宗，体现了坚持、继承，体现了一脉相承；而结合社会主义建设新的实践经验和新的时代要求，说出诸如"改革开放"这样一些老祖宗所没有说过而又符合客观实际的新话，用这样一些新的思想观点去发展马克思主义，则体现了与时俱进。综观邓小平对社会主义建设新道路的开辟同毛泽东对适合中国国情的社会主义建设道路的先行探索的全部关系，正是这样一种一脉相承、与时俱进的关系。

（原载《中国特色社会主义研究》2010 年第 5 期）

---

① 《邓小平文选》第 3 卷，人民出版社 1993 年版，第 369 页。

对"什么是社会主义、怎样建设社会主义"问题的创造性解决

20 年前的 1992 年初，邓小平以 88 岁的高龄，前往南方视察并发表重要谈话，从理论上深刻回答了长期困扰和束缚人们思想的许多重大认识问题，提出了对整个社会主义现代化建设具有现实和长远指导意义的重要思想，为把中国特色社会主义伟大事业推向新阶段作出了重大贡献。

在邓小平南方谈话所回答和解决的许多重大问题中，首要的是创造性地回答和解决了什么是社会主义和怎样建设社会主义的问题。

一　什么是社会主义和怎样建设社会主义问题的提出、探索与解决历程

虽然早在 1917 年俄国的十月革命取得胜利以后，社会主义就已经由理论发展为实践，在"二战"后社会主义在欧亚一系列国家取得胜利以后，社会主义更由一国实践发展成多国实践。但在这几十年里，社会主义国家所经历的曲折发展、所遭遇的种种危机和挫折，特别是在 1989—1991 年发生的东欧剧变、苏联解体，却说明人们对到底什么是社会主义、怎样建设社会主义的问题，并没有完全搞清楚。我们在建立新中国以后，开始时照搬苏联模式建设社会主义，遇到不少问题。1957 年开始，又在一些基本问题上犯了"左"的错误，使我国经济处于缓慢发展和停滞状态，以后又发生了"文化大革命"。事情正如邓小平所指出的那样："总起来看，这主要就是不完全懂社会主义。因此，我们提出的课题是：什么是社会主

义和怎样建设社会主义?"①

提出对什么是社会主义和怎样建设社会主义问题没有完全搞清楚,并不意味着否认我们已经建立了社会主义制度,或否认我们正在进行着社会主义建设,而是说我们对社会主义的理解和所采取的政策并没有完全体现出社会主义的本质,从而不能充分发挥出社会主义制度的优越性。事情正如邓小平所指出的那样:"社会主义是一个很好的名词,但是如果搞不好,不能正确理解,不能采取正确的政策,那就体现不出社会主义的本质。"②

在1985年的几次谈话中,邓小平曾经多次提到这个问题。例如说"我们冷静地分析了中国的现实,总结了从建国到1978年三十年的成绩很大,但做的事情不能说都是成功的。我们建立的社会主义制度是个好制度,必须坚持","但问题是什么是社会主义,如何建设社会主义。我们的经验教训有许多条,最重要的一条,就是要搞清楚这个问题"。③

什么是社会主义和怎样建设社会主义的问题,不光我们有,苏联也有,也没有解决。邓小平指出:"社会主义究竟是个什么样子,苏联搞了很多年,也并没有完全搞清楚。可能列宁的思路比较好,搞了个新经济政策,但是后来苏联的模式僵化了。"④

那为什么从十月革命胜利后建立第一个社会主义国家苏联以来,人们对什么是社会主义和怎样建设社会主义的问题都没有完全搞清楚呢?列宁新经济政策的思路又好在哪里呢?

问题主要出在从马克思到列宁,在时代特征上发生了变化,而有些人的思想认识却没有摆脱教条主义的影响,没有能够紧跟时代特征的这种变化与时俱进。马克思、恩格斯所处的时代是自由资本主义时代,他们设想社会主义是在资本主义充分发达的基础上产生出来的,他们关于革命胜利后建设社会主义应采取措施的某些论断也是在此基础上提出来的。而列宁所处的时代,则是垄断资本主义即帝国主义时代,资本主义极不平衡和跳跃式的发展,使帝国主义重新分割世界的战争成为不可避免,也使社会主

---

① 《邓小平年谱(1975—1992)》(下),中央文献出版社2004年版,第1158页。

② 《邓小平文选》第2卷,人民出版社1994年版,第313页。

③ 《邓小平文选》第3卷,人民出版社1993年版,第115—116页。

④ 同上书,第139页。

义革命有可能首先在帝国主义链条的薄弱环节上突破，俄国的十月革命就是在此基础上取得胜利的。但是，由此建立起来的社会主义国家，却并不是奠基在发达资本主义的基础上，而是奠基在经济文化较不发达的基础上。这些国家建设社会主义时本应从这个实际出发，但人们却习惯于照搬马克思、恩格斯原先针对发达资本主义国家在革命胜利后如何建设社会主义所提出的某些论断，这就表现出对什么是社会主义和怎样建设社会主义问题的不完全清楚。

而列宁新经济政策的思路之所以比较好，是因为他在总结了战时共产主义作为直接过渡到共产主义的生产和分配方法的失败教训之后，得出结论说，在一个生产力不发达、小农经济占优势的国家，不能实现从小生产到社会主义的直接过渡。从而就从原先的基本上是把马克思、恩格斯关于社会主义社会的设想应用于俄国的思路，转变为从俄国的实际出发，以马克思主义的基本理论为指导，提出和实行以向社会主义迂回过渡、逐渐过渡的思路，这就是新经济政策。他指出："新经济政策的基本的、有决定意义的、压倒一切的任务，就是使我们开始建设的新经济同千百万农民赖以为生的农民经济结合起来"，"把社会主义拖进了日常生活"。列宁认为，这就意味着"我们对社会主义的整个看法根本改变了"。[①]

归结起来，对什么是社会主义和怎样建设社会主义问题的不完全清楚，突出表现在两个问题上：一是离开了生产力的发展，片面地从生产关系上去规定社会主义的特征，由此产生不问生产力的发展水平如何，盲目追逐更大更公更高更纯的社会主义生产关系的"左"的倾向；二是在片面地把资本主义和社会主义绝对对立起来的意义上去规定社会主义的特征。结果就把许多束缚生产力发展、又不具有社会主义本质属性的东西，当作"社会主义原则"来固守，又把许多在社会主义条件下有利于生产力发展和生产商品化、社会化、现代化的东西当作"资本主义复辟"来加以反对。到了"文化大革命"中，江青反革命集团更把这种倾向发展到荒谬绝伦的顶峰，提出什么"宁要社会主义的草，不要资本主义的苗"。

从1978年党的十一届三中全会开始，我们党就在总结历史经验的基

---

① 《列宁全集》第43卷，人民出版社1987年版，第75、302、367页。

础上，不断探索对这个问题的回答和解决。邓小平特别强调要把坚持社会主义同坚持解放思想结合起来，他说："不解放思想不行，甚至于包括什么叫社会主义这个问题也要解放思想。"① 这就是说，在探索什么是社会主义和怎样建设社会主义问题的时候，要自觉地把我们对社会主义的认识从那些不合时宜的观念、做法、体制的束缚中解放出来，从对马克思主义的错误的和教条式的理解中解放出来，把坚持社会主义同坚持从本国的实际出发结合起来，把坚持社会主义同坚持当代世界的实际结合起来。

经过多年的探索，邓小平在1988年的几次讲话中才宣称已经解决了这些问题。

例如，在1988年5月18日，他说："我们坚持马列主义、毛泽东思想，坚持社会主义道路，不过什么叫社会主义的问题，我们现在才解决"②。

在1988年6月22日，他说："在'文化大革命'的十年中，什么叫社会主义，没有搞清楚，什么叫马克思主义，也没有搞清楚。现在我们坚持马克思主义、列宁主义和毛泽东思想，从经验教训中，我们已经了解到什么叫马克思主义。"③

在这些年所发表的讲话和政策文件中，邓小平不断地阐述着我们党为解决这些问题所作的探索以及探索到的解决办法，而在南方谈话中，则把这种探索到的解决办法集中起来，提到中国特色社会主义的新的高度来加以展开。

二　南方谈话对什么是社会主义问题的创造性解决

邓小平对什么是社会主义问题的探索和解决，首先从正本清源地确立发展生产力在坚持社会主义中的首要地位入手。早在1980年5月的一次谈话中，他就强调指出："根据我们自己的经验，讲社会主义，首先就要

---

① 《邓小平文选》第2卷，人民出版社1994年版，第312页。
② 《邓小平文选》第3卷，人民出版社1993年版，第261页。
③ 中共中央党校哲学教研部编：《邓小平哲学思想》（摘编），中共中央党校出版社1993年版，第74页。

使生产力发展，这是主要的。只有这样，才能表明社会主义的优越性。社会主义经济政策对不对，归根到底要看生产力是否发展，人民收入是否增加。这是压倒一切的标准。空讲社会主义不行，人民不相信。"① 讲坚持社会主义，同样离不开坚持发展社会生产力，因为"坚持社会主义的发展方向，就是要肯定社会主义的根本任务是发展生产力，逐步摆脱贫穷，使国家富强起来，使人民生活得到改善"。② 后来，邓小平又把中国特色社会主义称作"不断发展社会生产力的社会主义"。③

在南方谈话中，邓小平更把我们党对于这个问题所作的多年探索集中起来，提到新的高度：

一是把解放生产力、发展生产力作为消灭剥削、消除两极分化、最终达到共同富裕的基础和前提，列入"社会主义的本质"之中。邓小平在那里指出："社会主义的本质，是解放生产力，发展生产力，消灭剥削，消除两极分化，最终达到共同富裕。"并且说："过去，只讲在社会主义的条件下发展生产力，没有讲还要通过改革解放生产力，不完全。应该把解放生产力和发展生产力两个讲全了。"

二是把"是否有利于发展社会主义社会的生产力"等三个"有利于"的原则作为改革开放是姓"资"还是姓"社"判断的标准。

三是强调我们党在十一届三中全会以来从我国的国情出发制定的"以经济建设为中心"，"以坚持四项基本原则和坚持改革开放为两个基本点"的"社会主义初级阶段基本路线"，"要管一百年，动摇不得。只有坚持这条路线，人民才会相信你，拥护你"。

邓小平在南方谈话中为解决什么是社会主义问题提出的这些重要思想，在科学社会主义的发展史上具有巨大的创新意义。

邓小平提出的社会主义本质论，既坚持了马克思主义社会主义论"最注重发展生产力"，"所以社会主义阶段的最根本任务就是发展生产力"的基本观点，又反映了当今时代主题由战争与革命转换到和平与发展的特

---

① 《邓小平文选》第2卷，人民出版社1994年版，第314页。
② 《邓小平文选》第3卷，人民出版社1993年版，第264—265页
③ 同上书，第328页。

征，把发展生产力（以赢得社会主义与资本主义相比较的优势）、（通过改革束缚生产力发展的具体体制以）解放生产力同消灭剥削，消除两极分化，最终达到共同富裕一起列入社会主义本质之中。

邓小平强调要坚持一百年不动摇的社会主义初级阶段论，则既坚持了马克思列宁主义关于在一定条件下，经济文化较不发达国家可以跨越资本主义充分发展阶段的设想，又强调了生产的社会化在任何条件下都不可能超越的历史经验，从而破解了不发达国家建设社会主义这个20世纪的世纪性难题。

在现实生活中，邓小平对于什么是社会主义问题的解决，更具有开辟我国社会主义现代化建设新道路的指导意义。仍以他强调社会主义初级阶段基本路线要坚持一百年不动摇为例，实际上，这正是牢牢抓住了建设中国特色社会主义理论和实践的总纲。30多年来的实践证明，我们党之所以能够领导和团结全国人民，经受住困难和风险的考验，保持社会政治稳定和经济快速发展，最根本的原因就是坚决排除各种干扰，坚定不移地贯彻执行了党的这条基本路线。

三　南方谈话对怎样建设社会主义问题的创造性解决

在怎样建设社会主义的问题上，邓小平提出的主要思想是要进行社会主义的改革开放。应该说，早在1957年的《关于正确处理人民内部矛盾的问题》一书中，毛泽东就说过社会主义社会又相适应又需要不断解决的生产关系和生产力、上层建筑和经济基础之间的矛盾，仍然是推动社会向前发展的基本矛盾。社会主义社会经济、政治制度中某些不完善的方面和某些环节上的缺陷，虽然不需要用根本性质的变革去解决，却仍然需要及时地不断地加以调整和解决。人们都认为这个理论观点为社会主义的改革奠定了基础。后来，苏联东欧一些国家则提出和进行过一些经济改革措施。但为什么所有这一切都没有解决怎样建设社会主义的问题呢？原因在于，毛泽东的着眼点不是看到底是什么东西在阻碍社会主义社会生产力的发展，而是认为需要解决的社会主义社会中的"不完善的方面"和"某些环节上的缺陷"，主要是指资产阶级意识形态的存在，解决的办法则是在 20 世纪 50 年代末开始实施的"以阶级斗争为纲"和一系列"兴无灭资"的方针政策，如"拔白旗、插红旗"，"割资本主义的尾巴"等"左"的做法，这当然解决不了怎样建设社会主义的问题。而苏东国家的一些经济改革措施，则没有弄清对社会主义社会中的诸种事物，到底要改革的是什么、要坚持和保卫的又是什么，头发胡子一把抓的结果，或则在捍卫社会主义的借口下，使改革限于只是在原有束缚生产力发展的旧体制上修修补补，或者把社会主义的基本制度同束缚生产力发展的具体体制混为一谈，打着改革的旗号根本抛弃了社会主义基本制度。

与此相比，邓小平所倡导的改革，其创新之处首先是把社会主义基本制度和具体体制明确地区分开来。他指出："社会主义制度并不等于建设社会主义的具体做法"①；我们建立的社会主义制度是个好制度，必须坚持"②；需要改革的是那些束缚和阻碍社会生产力发展的具体做法，其中包括具体体制和运行机制。所以，邓小平所倡导的社会主义的改革开放，是一种围绕促进社会生产力的发展而坚持社会主义基本制度、改革不适合生产力发展需要的具体体制的改革开放。

其次是把资本主义也区分为制度层面和发展生产力的方法的层面，认为后者属于人类文明发展的成果，既可以为资本主义所用，也可以为社会主义所用，这就把社会主义与资本主义的对立，恢复到其本来位置上，避免了形而上学的绝对对立。邓小平强调指出："要坚持社会主义制度，最根本的是要发展生产力"，而"多年的经验表明，要发展生产力，靠过去的经济体制不能解决问题。所以，我们吸收资本主义中一些有用的方法来发展生产力。现在看得很清楚，实行对外开放政策，搞计划经济和市场经济相结合，进行一系列的改革，这个路子是对的"。③ 因为在坚持社会主义基本制度的情况下，吸收资本主义中一些有用的方法来发展生产力，既不等于实行资本主义制度，也不会使社会主义重新回到资本主义去。

而在南方谈话中，邓小平更把我们党对于改革开放的这些探索，上升

---

① 《邓小平文选》第 2 卷，人民出版社 1994 年版，第 250 页。
② 《邓小平文选》第 3 卷，人民出版社 1993 年版，第 116 页。
③ 同上书，第 149 页。

到怎样建设社会主义的高度，从计划和市场、社会主义和资本主义的关系的角度加以系统的分析，提炼和总结成建设社会主义的基本原则：

"社会主义基本制度确立以后，还要从根本上改变束缚生产力发展的经济体制，建立起充满生机和活力的社会主义经济体制，促进生产力的发展，这是改革，所以改革也是解放生产力"。

"计划多一点还是市场多一点，不是社会主义与资本主义的本质区别。计划经济不等于社会主义，资本主义也有计划；市场经济不等于资本主义，社会主义也有市场。计划和市场都是经济手段"。

"社会主义要赢得与资本主义相比较的优势，就必须大胆吸取和借鉴人类社会创造的一切文明成果，吸取和借鉴当今世界各国包括资本主义发达国家的一切反映现代社会化生产规律的先进经营方式、管理方法"。

邓小平南方谈话所提出的这些原则，为接着召开的我们党的十四大确定以建立社会主义市场经济为经济体制改革的目标奠定了基础。这里需要强调的是，邓小平是在总结我国社会主义胜利和挫折的历史经验，借鉴其他国家社会主义兴衰成败历史经验，探索中国社会主义现代化建设规律的基础上提出社会主义市场经济论的。它突破了把计划经济和市场经济看作属于社会基本制度范畴，认为市场经济是资本主义特有的东西、计划经济才是社会主义经济的基本特征的传统观念的束缚，它包含有许多精辟的科学论断，更重要的是史无前例地把市场经济同社会主义基本制度结合起来，从而为我国国民经济持续、快速、健康发展开辟了无限广阔的道路，它标志着中国特色社会主义对于科学社会主义作出了划时代的创新发展。

在开始时，国际上有一些左派和左翼政党曾对我国实行社会主义市场经济体制持怀疑的态度，而我国发展社会主义市场经济的实践却逐步改变了人们的认识。现在，就连一些发达资本主义国家的共产党人也认为，在他们国家实行社会主义制度以后也要搞社会主义市场经济。例如，美国共产党主席萨姆·韦伯在深入观察许多国家的情况后指出，一些社会主义国家尝试迅速跨越社会主义发展中的市场关系阶段，结果却造成极为严重的消极后果，而中国的对外开放以及利用市场机制却加快了经济增长的步伐。他说，即使像美国这样的国家，如果发生了社会主义革命，也会将市场机制用于社会主义经济建设。日本共产党则在2004年二十三大的新党纲中，修改了旧党纲中关于实行社会主义计划经济是必要的提法，强调指出通过市场经济迈向社会主义，是适合日本条件的社会主义规律性的发展方向；市场经济将在未来的社会主义、共产主义社会中占主导地位。

20 年来，邓小平的南方谈话对于什么是社会主义和怎样建设社会主义问题的创造性解决，指引着我国的社会主义现代化建设取得了举世瞩目的伟大成就，今后，它还将指引我们去夺取更大的胜利。在谈到解决什么是社会主义和怎样建设社会主义的问题时，邓小平不仅谈到了发展社会生产力，而且也谈到了共同富裕。例如，在南方谈话中他就明确提出了要在 20 世纪末达到小康水平的时候，突出地提出和解决贫富差距、避免两极分化的问题。由于种种原因，这个问题至今还没有得到解决，我们一定要在邓小平南方谈话的指引下，把突出地提出和解决这个问题迫切地提上日程，以夺取我国社会主义现代化建设的新胜利！

（原载《中国延安干部学院学报》2012 年第 2 期）

"三个代表"重要思想对马克思主义的继承和发展

　　党的十六大报告指出："'三个代表'重要思想是对马克思列宁主义、毛泽东思想和邓小平理论的继承和发展。"这种继承和发展表现在哪些方面，它们又是怎样实现的？对于党的十六大精神的深入学习和贯彻，要求我们深刻理解和牢牢把握这个问题。

一　在社会基本矛盾论上的一脉相承

　　江泽民 2000 年 5 月 14 日在江苏、浙江、上海党建工作座谈会上曾经说过："我们现在遇到的矛盾和问题很多，而且错综复杂、相互交织，但归根到底，是要正确认识和妥善处理新的历史条件下解放和发展社会生产力与调整完善生产关系，根据经济基础的发展自觉改革和完善上层建筑中不相适应的问题。这就要求全党同志在贯彻党的理论、路线和方针政策时，在从事各项事业中，都要牢记落实'三个代表'的要求，看看我们所采取的措施，所做的工作，是不是符合'三个代表'的要求，符合的就毫不动摇地坚持，不完全符合需要调整补充的积极调整补充，不符合的就勇于实事求是地纠正，以利我们的改革和建设不断向前迈进，充分体现共产党人的先进性和时代精神。"[①]
　　把正确认识和妥善处理我们所面对的生产关系和生产力、上层建筑和经济基础之间错综复杂、相互交织的矛盾和问题的任务，直接归结为把

------

　　① 江泽民：《论"三个代表"》，中央文献出版社 2001 年版，第 20 页。

"三个代表"当作检验我们所采取的措施、所做的工作的标准，这清楚地说明了江泽民同志集中全党智慧提出的"三个代表"重要思想，其理论渊源是马克思主义的社会基本矛盾论，"三个代表"重要思想对马克思主义的继承和发展，首先表现在它在社会基本矛盾论上是和马克思主义一脉相承的。

在 1859 年的《〈政治经济学批判〉序言》中，马克思综合其研究成果，用生产关系和生产力、上层建筑和经济基础的矛盾从静态上分析了社会结构，又从动态上揭示了社会变革的机制，显示出人类历史上社会经济形态的发展是一个自然历史过程。关于社会的结构，马克思指出："人们在自己生活的社会生产中发生一定的、不以他们的意志为转移的关系，即同他们的物质生产力的一定发展阶段相适合的生产关系。这些生产关系的总和构成社会的经济结构，即有法律的和政治的上层建筑树立其上并有一定的社会意识形式与之相适应的现实基础"，这就是说，"物质生活的生产方式制约着整个社会生活、政治生活和精神生活的过程，不是人们的意识决定人们的存在，相反，是人们的社会存在决定人们的意识"。接着，马克思又揭示社会变革的动力和程序说："社会的物质生产力发展到一定阶段，便同它们一直在其中运动的现存生产关系或财产关系（这只是生产关系的法律用语）发生矛盾，于是这些关系便由生产力的发展形式变成生产力的桎梏，那时社会革命的时代就到来了，随着经济基础的变更，全部庞大的上层建筑也或慢或快地发生变革。"①

马克思在这里提出的生产关系和生产力、上层建筑和经济基础之间矛盾的理论，是之后一切马克思主义者始终不渝地坚持的基本理论。毛泽东在《关于正确处理人民内部矛盾的问题》中，更把马克思所揭示的这两对矛盾概括为社会基本矛盾，并把它贯穿到社会主义社会中去，构成适用于整个人类社会的社会基本矛盾论。毛泽东指出："在社会主义社会中，基本的矛盾仍然是生产关系和生产力之间的矛盾，上层建筑和经济基础之间的矛盾。不过社会主义社会的这些矛盾，同旧社会的生产关系和生产力的

---

① 《马克思恩格斯选集》第 2 卷，人民出版社 1995 年版，第 32—33 页。

矛盾，上层建筑和经济基础的矛盾，具有根本不同的性质和情况罢了。"①

马克思主义的社会基本矛盾论，不仅是马克思主义的基本理论，而且也是马克思主义的世界观和方法论。事情正如列宁所指出的那样，首先，马克思主义社会基本矛盾论"所用的方法，就是从社会生活的各种领域中划分出经济领域，从一切社会关系中划分出生产关系，即决定其余一切关系的基本的原始的关系"，"这种唯物主义思想""第一次使人们有可能以严格的科学态度对待历史问题和社会问题"；其次，"它把生产关系划分为社会结构"，"使人们有可能把主观主义者认为不能应用到社会学上来的重复性这个一般科学标准，应用到这些关系上来"，从而"第一次把社会学提高到科学的水平"；最后，它又"把生产关系归结为生产力的水平"，这就"有可靠的根据把社会形态的发展看作自然历史过程"。② 所以，"三个代表"重要思想与马克思主义在社会基本矛盾论上的一脉相承，不仅是在基本原理上的一脉相承，而且也是在世界观和方法论上的一脉相承。

"三个代表"重要思想在坚持马克思主义基本原理、坚持马克思主义世界观和方法论的同时，又立足于国内外形势的新变化，主动顺应时代发展的潮流，反映当代世界和中国的发展变化对于我们党和国家工作的新要求，以新的思想、观点和论断，推进了马克思主义的生产力论、文化建设论和人民是历史的主体论。

二　对马克思主义生产力论的推进

马克思主义的社会基本矛盾论把社会生产力的发展看作是人类社会发展的最根本动力，与此相适应，"三个代表"也首先从要求我们党始终代表中国先进生产力的发展要求开始。

生产力是最活跃最革命的因素，是社会发展的最终决定力量。人类社会的发展是一个以先进生产力不断取代落后生产力的发展过程；社会主义

---

① 毛泽东：《关于正确处理人民内部矛盾的问题》，《毛泽东著作选读》下册，人民出版社1986年版，第767页。

② 《列宁全集》第1卷，人民出版社1984年版，第107—110页。

对于资本主义的优越性归根结底要体现在它的生产力比资本主义发展得更快一些、更高一些，而且在发展生产力的基础上不断改善人民的物质文化生活上面，社会主义现代化必须建立在发达生产力的基础之上。马克思、恩格斯在《共产党宣言》中指出：无产阶级在取得政治统治以后，要"尽可能快地增加生产力的总量"。[1]列宁认为"无产阶级取得国家政权以后它的最主要最根本的需要就是增加产品数量，大大提高社会生产力"。[2]邓小平则反复强调"在社会主义国家，一个真正的马克思主义政党在执政以后一定要致力于发展生产力，并在这个基础上提高人民的生活水平"。[3]从当前我国国内外形势及其发展变化的角度来看，由于我国现在处于并将长期处于社会主义初级阶段，也就是说，还处于生产力和科技教育的总体水平比较低，要逐步摆脱不发达状态、基本实现社会主义现代化的历史阶段，需要迅速地、大幅度地发展社会生产力；而在国际上自从和平与发展成为时代主题以来，各大国之间的关系围绕着争夺以科技和经济为核心的综合国力优势而展开并日趋激烈，科技进步日新月异，越来越成为经济和社会发展的重要决定因素。冷战结束以后，特别是进入新世纪以来，国际形势错综复杂、各种矛盾相互交织，和平与发展仍然是世界面临的两大课题，但霸权主义和强权政治有新的发展和表现，经济全球化和世界格局多极化在曲折中发展，西方敌对势力加紧对我国实施"西化"和"分化"的战略图谋，我们必须增强忧患意识，抓住机遇，迎接挑战，归根结底还是要集中精力把国内的事情办好，尤其要抓紧今后20年的战略机遇期，把经济建设搞上去。在这种情况下，正确认识时代特征和世界发展潮流，把握社会前进脉搏，洞察历史发展大势，始终代表中国先进生产力的发展要求，不断促进先进生产力的发展，理所当然地就成为我们党始终站在时代前列、保持党的先进性的根本体现和根本要求。

代表先进生产力的发展要求包含两个方面的含义：一是要通过促进生产力要素的发展来不断推动社会生产力的发展；二是要通过改革不适合生

---

① 《马克思恩格斯选集》第1卷，人民出版社1972年版，第293页。

② 《列宁选集》第4卷，人民出版社1995年版，第623页。

③ 《邓小平文选》第3卷，人民出版社1993年版，第28页。

产力发展需要的生产关系和上层建筑，来不断地为生产力的解放和发展打开更广阔的通途。

在生产力诸要素中，马克思列宁主义历来认为"全人类的首要的生产力就是工人，劳动者"①。而随着知识要素在生产力中所占比重的不断增大，随着在社会主义国家知识分子已包括在工人阶级之内等情况的发展，不断提高工人、农民、知识分子和其他劳动群众以及全体人民的思想道德和科学文化素质，不断提高他们的劳动技能和创造才能，充分发挥他们的积极性、主动性、创造性就成为我们党代表中国先进生产力发展要求所必须履行的第一要务。

在生产力诸要素中，科学技术是一个越来越重要的组成要素，马克思根据他所处时代的情况指出"生产力中也包括科学"②，邓小平又按照当代的情况指出"科学技术是第一生产力"③。而"三个代表"重要思想又根据科技进步日新月异地给世界生产力和人类经济和社会发展带来极大推动的情况下，强调科学技术还是"先进生产力的集中体现和主要标志"，要求我们党敏锐地把握未来的科技发展还将产生新的重大飞跃的客观趋势，始终注意把发挥我国社会主义制度的优越性，同掌握、运用和发展先进的科学技术紧密地结合起来，大力推动科技进步和创新，不断用先进科技改造和提高国民经济，特别是改造、改进和提高不适应先进生产力和时代发展要求的一些落后的生产方式，努力实现我国生产力发展的跨越，这是我们党代表先进生产力发展要求所必须履行的重要职责。

马克思坚持生产力决定论，坚持生产关系要适合生产力发展需要论，他指出："为了不致丧失已经取得的成果，为了不致失掉文明的果实，人们在他们的交往方式不再适合既得的生产力时，就不得不改变他们继承下来的一切社会形式"，所以，"随着新的生产力的获得，人们便改变自己的生产方式，而随着生产方式的改变，他们便改变所有不过是这一特定生产方式的必然关系的经济关系"。④ 在社会主义社会，事情正如毛泽东所指出

---

① 《列宁全集》第 6 卷，人民出版社 1986 年版，第 346 页。
② 《马克思恩格斯全集》第 46 卷下册，人民出版社 1980 年版，第 211 页。
③ 《邓小平文选》第 3 卷，人民出版社 1993 年版，第 274 页。
④ 《马克思恩格斯选集》第 4 卷，人民出版社 1972 年版，第 532—533 页。

的，由于社会主义社会的矛盾同资本主义社会的矛盾根本不同，社会主义
生产关系同生产力的发展是相适应的，但其不完善的方面和生产力的发展
相矛盾，必须按照具体情况不断加以解决。① 邓小平则在对实践经验进行
深入具体地研究以后，强调指出"社会主义基本制度确立以后，还要从根
本上改变束缚生产力发展的经济体制，建立起充满生机和活力的社会主义
经济体制，促进生产力的发展"。② "三个代表"重要思想在坚持邓小平理
论的过程中，强调要在继续坚持和完善公有制为主体、多种所有制经济共
同发展的基本经济制度，坚持和完善社会主义市场经济体制等经济政治制
度的同时，还要通过坚持不懈的努力，不断完善社会主义的生产关系和上
层建筑，不断为生产力的解放和发展打开更广阔的通途，这就推进了马克
思主义的生产力论。

三 　对马克思主义文化建设论的推进

马克思主义的社会基本矛盾论，主要致力于论证政治法律和哲学文艺
等上层建筑的发展是以经济发展为基础的，但与此同时，他们又强调这些
上层建筑对于经济发展的反作用和引导作用。恩格斯曾经指出："并非只
有经济状况才是原因，才是积极的，其余一切都不过是消极的结果。这是
归根到底总是得到实现的经济必然性的基础上的互相作用"③；"经济状况
是基础，但是对于历史斗争的进程发生影响并且在许多情况下主要是决定
着这一斗争的形式的，还有上层建筑的各种因素"④。马克思、恩格斯还提
出了他们的文化观，指出在先进的文化下将培养出完全不同的人，创造出
这种人将是实现共产主义的重要条件和目标。

列宁在十月革命胜利以后领导俄国人民进行社会主义建设的过程中，
一方面强调要正确对待文化遗产，指出"无产阶级文化并不是天上掉下来

---

① 毛泽东：《关于正确处理人民内部矛盾的问题》，《毛泽东著作选读》下册，人民出版社 1986
年版，第 768—769 页。

② 《邓小平文选》第 3 卷，人民出版社 1993 年版，第 370 页。

③ 《马克思恩格斯选集》第 4 卷，人民出版社 1972 年版，第 732 页。

④ 同上书，第 696 页。

的，也不是那些自命为无产阶级文化专家的人杜撰出来的"，"无产阶级文化应当是人类在资本主义社会、地主社会和官僚社会压迫下创造出来的全部知识合乎规律的发展"①；另一方面，列宁又坚持无产阶级文化的党性原则，强调建设无产阶级文化要靠党的领导，而不能脱离党的领导另搞一套，强调"只有马克思主义的世界观才正确地反映了革命无产阶级的利益、观点和文化"②，强调"应该用批判的头脑来掌握人类创造的全部知识"，强调要用反映"统一意志"和"团结"的"工农的自觉纪律"去取代和"废除资产阶级社会内违反大多数人的意志而实行的强迫纪律"，强调要掌握"一切现代知识"并把它和自己的"直接工作统一起来"，强调要培养"完全服从无产阶级斗争的利益"的"共产主义道德"。③

　　毛泽东在领导我国人民进行新民主主义革命的过程中，提出我们在文化领域中的目的是建立民族的、科学的、大众的中华民族的新文化，指出这种先进文化在表现形式上是民族的、科学的、大众的，在内容上是继承了古今中外一切优秀文化遗产而成的，其灵魂是马克思主义，承担者是中国无产阶级及其先锋队，社会功能是团结教育人民。④ 邓小平则指出："我们要在建设高度物质文明的同时，提高全民族的科学文化水平，发展高度的丰富多彩的文化生活，建设高度的社会主义精神文明"⑤，"不加强精神文明的建设，物质文明的建设也要受破坏，走弯路"。⑥

　　世纪之交，国际国内形势发生的深刻变化，一方面，为我国具有强大的内在动力的社会主义文化建设提供了更加广阔的发展空间和良好的社会基础；另一方面，国际上各种思想文化更加激烈地相互激荡，西方敌对势力进一步加大的意识形态渗透，以及伴随着国内改革深化和社会主义市场经济的发展而出现的不同社会群体在价值取向、道德观念、文化选择上的多样化，又都使得思想政治领域长期面临尖锐复杂的斗争。"三个代表"

---

① 《列宁全集》第 39 卷，人民出版社 1986 年版，第 299 页。
② 《列宁选集》第 4 卷，人民出版社 1995 年版，第 299 页。
③ 《列宁全集》第 39 卷，人民出版社 1986 年版，第 300—303 页。
④ 《毛泽东选集》第 2 卷，人民出版社 1991 年版，第 694—709 页。
⑤ 《邓小平文选》第 2 卷，人民出版社 1994 年版，第 209 页。
⑥ 《邓小平文选》第 3 卷，人民出版社 1993 年版，第 144 页。

重要思想提出的党要始终代表中国先进文化的前进方向，正是在继承马克思列宁主义、毛泽东思想、邓小平理论关于社会主义文化建设的基本理论的同时，又反映了这些发展变化对于当前我国社会主义文化建设的新要求，是对马克思主义文化建设论的一个推进。

党要始终代表中国先进文化的前进方向，说的是党要努力发展面向现代化、面向世界、面向未来的民族的、科学的、大众的有中国特色的社会主义文化，努力建设社会主义精神文明，以便为我国的经济发展和社会进步提供精神动力和智力支持。这种先进文化的前进方向要体现在五个方面：一是要坚持以马克思列宁主义、毛泽东思想、邓小平理论为指导，唱响社会主义文化的主旋律，坚持为人民服务、为社会主义服务，实行"百花齐放，百家争鸣"，以引导广大人民群众从思想上、精神上正确武装和不断提高起来，这也是我们党站在时代前列保持先进性的根本体现和根本要求；二是要努力建设和弘扬反映革命、建设和改革要求的新文化，荡涤旧社会遗留下来的腐朽没落的旧文化，努力改造落后文化，坚决抵制各种错误思想对人们的侵蚀；三是要培养一代又一代有理想、有道德、有文化、有纪律的公民。要在发展社会主义物质文明和精神文明的基础上，不断推进人的全面发展，并把它提到马克思主义关于建设社会主义新社会本质要求的高度；四是要加强以爱国主义、集体主义、社会主义为重要内容和中心环节的社会主义思想道德建设，把依法治国和以德治国结合起来，以保持良好的社会秩序和风尚，营造高尚的思想道德基础；五是要继承、发扬中华民族的优秀文化和革命文化传统，积极吸取和借鉴一切外国的优秀文化成果，又充分体现时代精神和创新精神，积极进行文化创新。

四　对人民是历史的主体论的推进

马克思的社会基本矛盾论最终落脚在人民是历史的主体上面。正是马克思的社会基本矛盾论消除了以往历史理论不仅没有探索社会关系体系发展的客观规律性，而且还从来"忽视居民群众活动"的根本缺陷，"第一次使我们能以自然科学的精确性去研究群众生活的社会条件以及这些条件的变更","指出了科学地研究历史这一极其复杂、充满矛盾而又是有规律的统一过程的途径"。①

　　马克思主义认为，任何政党都是以一定的阶级为基础，在政治上代表着这个阶级的利益，是为这个阶级的利益服务的。在《共产党宣言》中，马克思、恩格斯指出：与为少数人谋利益的过去一切运动不同，"无产阶级的运动是绝大多数人的、为绝大多数人谋利益的独立的运动"，共产党人"没有任何同整个无产阶级的利益不同的利益"②；在《法兰西内战》一书中，他们又特别强调了巴黎公社为"防止"在以往所有的国家中都不可避免地存在的"国家和国家机关由社会公仆变为社会主人"这种根深蒂固的弊端所采取的可靠举措。③

　　列宁在总结巴黎公社的历史经验时则指出：只有把无产阶级和农民都包括进来的革命，才能成为把大多数吸引到运动中来的"人民革命"，而打碎和摧毁压迫、摧残和剥削这两个阶级的官僚军事国家机器，是实现贫苦农民同无产者自由联盟的"先决条件"，舍此"民主就不巩固，社会主义改造就没有可能"④；以后，列宁又把这个经验创造性地用来领导俄国的社会主义革命和建设，他强调说："只有我们正确地表达人民的想法，我们才能管理，否则共产党就不能领导无产阶级；而无产阶级就不能率领群众，整个机器就要散架"。⑤

　　马克思主义的人民是历史的主体论在中国共产党领导中国革命、建设和改革的过程中得到了高度的尊重和发挥。毛泽东强调："人民，只有人民，才是创造世界历史的动力"；"共产党人的一切言论行动必须以合乎最广大人民群众的最高利益，为最广大人民群众拥护为最高标准"。⑥ 邓小平则用"全心全意为人民服务，一切以人民利益为每一个党员的最高准绳"两句话来概括"中国共产党的含义和任务"⑦；"正确的政治领导的成果归根结底要

　　① 《列宁全集》第 26 卷，人民出版社 1990 年版，第 59—60 页。
　　② 《马克思恩格斯选集》第 1 卷，人民出版社 1972 年版，第 283、285 页。
　　③ 《马克思恩格斯选集》第 3 卷，人民出版社 1972 年版，第 12—13 页。
　　④ 《列宁选集》第 3 卷，人民出版社 1995 年版，第 145 页。
　　⑤ 《列宁选集》第 4 卷，人民出版社 1995 年版，第 695 页。
　　⑥ 《毛泽东选集》第 2 卷，人民出版社 1991 年版，第 1031、1097 页。
　　⑦ 《邓小平文选》第 1 卷，人民出版社 1993 年版，第 257 页。

表现在社会生产力的发展上，人民物质文化生活的改善上"①；判断改革开放政策的对错，"应当主要看是否有利于发展社会主义社会的生产力，是否有利于增强社会主义国家的综合国力，是否有利于提高人民的生活水平"。② 江泽民从我们党成为执政党以后发生的党情变化出发，根据取得执政地位使我们党获得了更好地为人民服务的条件，也增加了脱离群众乃至腐败变质的危险的情况，指出："'三个代表'的要求最终要归结到体现和维护最广大人民的根本利益上来"③；"我们提出'三个代表'的要求，并强调按照'三个代表'要求全面加强党的建设，根本的目的就在于保证我们党始终保持与人民群众的血肉联系"。④ 胡锦涛则强调牢记党的宗旨同坚持艰苦奋斗这两者之间的十分紧密的关系。他指出："只有坚持艰苦奋斗，心中装着人民群众，始终同人民群众同呼吸、共命运、心连心，才能保持我们党同人民群众的血肉联系，才能增强抵御腐朽思想侵蚀的能力"⑤；"'三个代表'是与时俱进的理论"，对于党的领导干部来说，加强主观世界的改造，牢固树立正确的权力观、地位观、利益观，真正形成和永远坚守共产党人的思想道德和革命品质，"特别要解决好立党为公、执政为民的问题。只有一心为公，立党才能立得牢；只有一心为民，执政才能执得好。关键是要坚持做到权为民所用，情为民所系，利为民所谋"。⑥

"三个代表"重要思想提出党要始终代表最广大人民的根本利益，说的是党要坚持以最广大人民的根本利益为出发点和归宿，充分发挥人民群众的积极性、主动性和创造性，在社会不断发展进步的基础上，使人民群众获得切实的经济、政治、文化利益。要看到最广大人民的根本利益是个体和群体、局部和整体、眼前和长远利益的辩证统一，它综合和包含了人民群众中不同利益主体、不同层次的需要，党在代表最广大人民的根本利

① 《邓小平文选》第 2 卷，人民出版社 1994 年版，第 128 页。
② 《邓小平文选》第 3 卷，人民出版社 1993 年版，第 372 页。
③ 江泽民：《在东北三省党的建设和"十五"期间经济社会发展座谈会上的讲话》，新华社长春2000 年 8 月 28 日电。
④ 江泽民：《论"三个代表"》，中央文献出版社 2002 年版，第 113 页。
⑤ 胡锦涛：《在西柏坡学习考察时的讲话》，新华社 2003 年 1 月 2 日电。
⑥ 胡锦涛：《在新进中委、候补中委学习"三个代表"和贯彻十六大精神研讨班结业式上的讲话》，新华社 2003 年 2 月 18 日电。

益时，既要把最大多数人的利益看作是最要紧和最有决定性的因素，又要在我们的政策和工作中正确反映和妥善处理各种利益关系，考虑兼顾不同阶层和不同方面的群众关系；而我们的党员干部在处理各种利益关系时要代表人民掌好权、用好权，绝不容许以权谋私、形成既得利益集团；要处理好先富和后富、个人富裕和共同富裕的关系，绝不能用手中的权力去牟取不正当利益。这样，"三个代表"就在立足于新的实践，把握住时代特点，运用马克思主义的基本理论研究解决现实中重大问题的时候，为推进马克思主义的人民是历史的主体论作出了新的贡献。

五 "三个代表"的精神实质和对马克思主义的丰富与发展

在"三个代表"重要思想中，代表中国先进生产力的发展要求，代表中国先进文化的前进方向，代表中国最广大人民的根本利益，这三者是一个相互联系、相互促进、辩证统一的整体，它既坚持了物质文明与精神文明、政治经济文化的统一，历史发展规律与历史创造主体的统一，理论概括与行动指南的统一，也体现了坚持马克思主义世界观、方法论、基本原理和反映当代世界与中国的发展变化对于党和国家工作新要求的统一。

"三个代表"重要思想的提出，首先说明我们党坚持对马克思主义采取了与时俱进的态度。世界在变化，建设中国特色社会主义事业在前进，人民的实践在发展，所有这一切都要求我们党坚持马克思主义必须同时代特征、同不断发展变化的客观实际结合起来，在加强对现实生活中重大理论和实际问题的研究中，使我们党的全部理论和工作体现时代性，把握规律性，富于创造性，用发展着的马克思主义去指导新的实践，使这种实践基础上的理论创新成为社会发展和变革的先导。"三个代表"重要思想的提出，又反映了坚持党的先进性具有核心的重要性。始终保持党的先进性，这是关系我们党能否巩固执政地位，团结和带领全国各族人民坚定不移地实现我们的奋斗目标，完成历史和时代赋予的神圣使命的根本问题。党的先进性又是具体的、历史的，是随着时代要求和历史任务的变化而变化的，归根结底，要看党在推动历史前进中所起的实际作用。我们党要承担起推动中国社会发展的历史使命，就必须紧紧抓住发展这个党执政兴国的第一要务，把坚持党的先进性和发挥社会主义制度的优越性落实到发展先进生产力、发展先进文化、实现最广大人民的根本利益上来，推动社会全面进步，促进人的全面发展。"三个代表"重要思想的本质在于坚持执政为民。为此，一方面，在我国社会发生深刻变革、党和国家事业快速发展的进程中，党要妥善处理各方面的利益关系，把一切积极因素充分调动和凝聚起来，不断为中华民族的伟大复兴增添新力量；另一方面，又必须以改革的精神推进和加强党的自身建设，不断为党的肌体注入新活力，使党成为始终站在时代前列，带领人民团结奋进的坚强领导核心。

"三个代表"重要思想的科学内涵和精神实质清楚地说明了它和马克思主义的社会基本矛盾论，同马克思主义关于生产力发展最终决定、先进文化引导社会发展，人民群众创造人类历史的基本理论一脉相承，是对马克思主义的世界观、方法论和基本原理的坚持和推进。所以，它对马克思列宁主义、毛泽东思想、邓小平理论的丰富和发展，首先不是表现为对其中的个别原理、观点、论断的丰富和发展，而是在面对当代世界和中国的发展变化对于党和国家工作提出的新要求时，回答了在新的历史条件下"建设一个什么样的党、怎样建设党"的问题，进一步深化了对"什么是社会主义、怎样建设社会主义"问题的探索，成为我们加强和改进党的建设、推进我国社会主义自我完善和发展的强大理论武器。"三个代表"重要思想创造性地把党的建设同当代世界和中国物质文明、政治文明和精神文明建设的发展趋势，同我国社会主义制度的自我完善和发展，同中华民族伟大复兴的奋斗目标联系起来，深化了对共产党执政的规律、对社会主义建设的规律、对人类社会发展的规律的认识，赋予党的性质、党的指导思想、党的宗旨和党的任务以鲜明的时代意义、精神、内涵和特征，从而在这些方面从总体上丰富和发展了马克思列宁主义、毛泽东思想和邓小平理论，它们是我们党要长期坚持的指导思想。

（原载《马克思主义研究》2003 年第 4 期）

关于社会主义本质的研究

——从社会主义本质论到人的全面发展论

    邓小平把解放思想、实事求是的思想路线运用于社会主义事业，他在十年前的南方谈话中所提出的社会主义本质论，破除了在社会主义问题上的种种错误观念，重新定义了社会主义，把对社会主义的认识提高到一个新的科学水平，体现社会主义本质论的我们党的基本理论、基本路线，赋予社会主义以新的生机和活力，使建设有中国特色社会主义的伟大事业取得了举世瞩目的伟大成就。十年后，江泽民又在"七一"讲话中，提出在发展社会主义物质文明和精神文明的基础上不断推进人的全面发展，是马克思主义关于建设社会主义新社会的本质要求的论断，这就进一步丰富和发展了邓小平的社会主义本质论。中国共产党人一代接一代地对社会主义本质问题展开这种坚持不懈、不断深化的研究，必将在把我国建设成为富强民主文明和谐的社会主义现代化国家、实现中华民族的伟大复兴和社会主义在世界范围内的振兴中，发挥巨大的作用、作出重要的贡献。

一　多年来存在对社会主义理解的问题

    邓小平曾经说过，列宁不是从书本里，而是从实际、逻辑、哲学思想、共产主义理想上找到革命道路，在一个落后的国家干成了十月社会主义革命的。同样地，邓小平也不是从书本里，不是从社会主义概念的演绎中，而是从实际生活中，从历史经验的总结和共产主义理想中，提炼和概括出社会主义本质论的。

    在十月社会主义革命胜利以后，苏联人民就开展了社会主义建设；在中国革命胜利以后，中国人民也开展了社会主义建设。然而，在社会主义建设的几十年中一再发生曲折和挫折的大量事实却说明了对于什么是社会主义、怎样建设社会主义，人们并没有完全搞清楚，也就是说，多年来存在一个对社会主义理解的问题。

1980年5月5日，在会见几内亚总统杜尔时，邓小平指出："社会主义是一个很好的名词，但是如果搞不好，不能正确理解，不能采取正确的政策，那就体现不出社会主义的本质。"① 以后，他又指出："多年来存在一个对马克思主义、社会主义的理解问题……社会主义是什么，马克思主义是什么，过去我们并没有完全搞清楚。"② 邓小平在这里反复提出的多年来对社会主义理解的问题，就是指世界社会主义运动对社会主义是什么的问题没有完全搞清楚，因而，多年来存在一个对社会主义的理解体现不出社会主义本质的问题。

"社会主义"这个概念，最初是作为个人主义的反题而出现的，它特别针对早期资本主义社会的许多弊端力图予以矫正：以合作为基础，以公众的幸福和福利为目标去集体管理人类事务，尤其是为了提高下层福利和保障社会和平而改造社会制度。所以早期社会主义者心目中的社会主义仅限于强调社会公平。但正因为这种社会主义观不是从社会发展的必然规律中，而只是从良好的主观愿望上去观察和分析问题，缺乏实现理想的必要手段，而不能不囿于空想。马克思、恩格斯把社会主义由空想变为科学的一个重要标志，便是把生产力的发展作为社会发展的决定性因素引入到社会主义理论中，把共产党的理论概括为在生产力高度发展的基础上消灭私有制。他们指出，只有发展生产力、创造生产的物质条件，才能为一个更高级的、以每个人的全面而自由发展为基本原则的社会形态创造现实基础。而要是在没有生产力高度发展的情况下去勉强实行社会公平的目标，"那就只会有贫穷的普遍化；而在极端贫困的情况下，就必须重新开始争取必需品的斗争，也就是说全部陈腐的东西又要死灰复燃"③。只有在生产

---

① 《邓小平文选》第2卷，人民出版社1994年版，第313页。
② 《邓小平文选》第3卷，人民出版社1993年版，第137页。
③ 《马克思恩格斯全集》第3卷，人民出版社1960年版，第39页。

力高度发展的基础上建设起来的社会主义制度，才是在现实生活中高于和优于资本主义、能够在人类社会发展序列中取代资本主义的社会制度。邓小平指出："社会主义优于资本主义制度。这要表现在许多方面，但首先要表现在经济发展的速度和效果方面"①，"社会主义同资本主义怎么比较？是比生产力的发展"②；同时，"社会主义制度的优越性表现在它的文化、科学技术水平应该比资本主义发展得更快、更先进，这才称得起社会主义，称得起先进的社会制度"。③

　　但是，世界社会主义运动在 20 世纪 30 年代以后，我国则在 20 世纪 50 年代后期以后，却出现了一种离开了生产力来抽象谈论社会主义、离开了生产力的发展去盲目追求更大更公更纯的社会主义生产关系、离开了效率讲公平，把社会主义当作是一种搞平均主义的平等乐园导致共同贫穷的错误倾向。这种错误倾向的出现，反映了人们虽然希望赶超资本主义，却没有准备进行长期艰苦的努力去发展生产力，于是就把在马克思的社会主义观中本来是统一的公平与效率、生产力与生产关系人为地割裂开来，把提高效率、发展生产力的根本任务推到次要地位，而片面强调改变生产关系、实现社会公平，误以为这就是社会主义。由此形成的传统社会主义观在我国的"文化大革命"中更被推到了登峰造极的地步：从批按劳分配中的"资产阶级权利"到把社会主义社会中的等级工资制混同于资本主义社会的分配制度，把农民自留地当作"资本主义的尾巴"去割到把致力于发展生产、发展科学技术当作什么"唯生产力论"去胡砍乱批，一直到"四人帮"提出的所谓"宁要社会主义的草，不要资本主义的苗"，"宁要穷的社会主义，不要富的资本主义"，"宁要没有文化的社会主义，不要有文化的资本主义"，就是这种错误倾向的典型写照。

　　由于多年来存在的这种对社会主义理解的问题一直得不到正确的解决，因此，社会主义国家的经济发展在有的场合（如在 20 世纪 50 年代末期到 70 年代末期的我国），就长期处于缓慢和停滞状态，其间，虽然也有

① 《邓小平文选》第 3 卷，人民出版社 1993 年版，第 251 页。
② 《邓小平思想年谱》，中央文献出版社 1998 年版，第 123 页。
③ 同上书，第 40 页。

创造和发展，但总的社会经济面貌并没有多大改变，人民总的来说还是贫困，在"文化大革命"末期，我国的国民经济更陷于崩溃的边缘；在有的场合（如苏联），其经济发展速度从 70 年代开始不断下滑到低于美国，到了 20 世纪 90 年代初，更作为经济方面的原因导致苏联的解体剧变。这些情况的出现有多种多样的原因，但是，单从社会主义建设的角度来看，却"主要就是不完全懂社会主义"，而"要解决这个问题，就要弄清楚什么是社会主义以及社会主义的主要任务是什么？""因此，我们提出的课题是：什么是社会主义和怎样建设社会主义？"针对这个多年存在的对社会主义理解的问题，邓小平强调说："社会主义一定要体现出优越于资本主义。如果还没有达到这一点，就要朝这个方向努力。努力的标志就是发展生产力和改善人民生活的速度。贫穷不是社会主义，更不是共产主义。"①

二 社会主义本质论把对社会主义的 认识提高到新的科学水平

为了解决多年来存在的对社会主义理解的这个问题，邓小平首先把我们党的解放思想、实事求是的思想路线运用到对社会主义的理解上来，他强调说不解放思想不行，甚至于包括什么叫社会主义这个问题也要解放思想。什么叫解放思想？就是说要在马克思主义的指导下打破习惯势力和主观偏见的束缚，把思想从迷信、禁锢、精神枷锁下解放出来，从不合时宜的观念、做法和体制的束缚下解放出来，从主观主义和形而上学的桎梏中解放出来，适应于发展变化的新形势，研究新的历史条件下出现的新问题，有针对性地提出解决办法。在对社会主义理解的问题上解放思想，就是要在这个问题上抛弃前人囿于历史条件仍然带有空想因素的个别论断，破除对马克思主义的教条式理解和附加到马克思主义名义下的错误观点，根据新的实践使科学社会主义理论得到新的发展。运用解放思想、实事求是的思想路线，多年探索什么叫社会主义、怎样建设社会主义问题的结果，是对社会主义理解问题的解决。1988 年 5 月 18 日，邓小平在会见莫

---

① 《邓小平思想年谱》，中央文献出版社 1998 年版，第 369 页。

桑比克总统希萨诺时指出："我们坚持马列主义、毛泽东思想，坚持社会主义道路，不过什么叫社会主义的问题，我们现在才解决。"①

在 1992 年初的南方谈话中，邓小平对社会主义理解问题的解决，以社会主义本质论的形式正式提了出来。在那里，邓小平在指出"计划多一点还是市场多一点，不是社会主义与资本主义的本质区别"之后，强调说："社会主义的本质是解放生产力，发展生产力，消灭剥削，消除两极分化，最终达到共同富裕。"② 邓小平提出的这个社会主义本质论，在三个要点上实现了对传统社会主义观念的突破：

1. 在解放生产力、发展生产力的问题上，突破了离开生产力抽象地谈论社会主义的传统观念。

邓小平对我国社会主义建设经验和社会主义社会主要矛盾进行了科学分析，总结了多年来离开生产力抽象地谈论社会主义，把许多束缚生产力发展，并不具有社会主义本质属性的东西当作"社会主义原则"去加以固守，又把许多在社会主义条件下有利于生产力发展的东西当作"资本主义复辟"去加以反对的历史教训，把集中力量发展生产力当作社会主义的根本任务提出来，接着又把它列入社会主义的本质。邓小平认为，根据我们自己的经验，讲社会主义，首先就要使生产力发展，这是主要的，只有这样，才能表明社会主义的优越性，"生产力不发展，有什么社会主义的优越性？"③ "社会主义总要有优越性，社会主义战胜资本主义要靠发展生产力。贫穷、生产力落后，有什么优越性？"④ "如果中国要对国际共产主义运动、对人类做出重大贡献的话，关键是生产力的发展。"⑤ 他还把有中国特色的社会主义的一个重要特征概括为"是不断发展社会生产力的社会主义"。⑥

邓小平把发展生产力列入社会主义本质之中，一方面是和马克思列宁

---

① 《邓小平文选》第 3 卷，人民出版社 1993 年版，第 261 页。
② 同上书，第 373 页。
③ 《邓小平思想年谱》，中央文献出版社 1998 年版，第 126 页。
④ 同上书，第 283 页。
⑤ 同上书，第 271 页。
⑥ 《邓小平文选》第 3 卷，人民出版社 1993 年版，第 328 页。

反复强调社会主义要发展生产力的思想一脉相承的，是对马克思主义基本
理论的继承和发扬，另一方面又赋予这种思想以新的时代内涵。这是因
为，当世界主题从战争与革命转换为和平与发展，发达资本主义国家借助
于新的科技革命而获得生产力的新的发展以后，社会主义要赢得对资本主
义的优势，发展生产力对于巩固和发展社会主义制度具有更加迫切的重要
性："坚持社会主义，首先要摆脱贫穷落后状态，大力发展生产力，体现
社会主义优于资本主义的特点"①，"如果在一个很长的历史时期内，社会
主义国家生产力发展的速度比资本主义国家慢，还谈什么优越性？"②

　　解放生产力、发展生产力的社会主义本质，要求社会主义国家不仅要
通过不断提高人民群众的思想道德和科学文化素质，充分发挥人民群众的
积极性、主动性和创造性，大力推动科技进步和创新，去坚持不懈地发展
生产力，邓小平指出："搞社会主义，中心任务是发展社会生产力。一切
有利于发展社会生产力的方法，包括利用外资和引进先进科技，我们都要
采用。这是个很大的试验，是书本上没有的"③，同时还要在坚持社会主义
根本制度的前提下，通过对不适应生产力发展需要的经济等具体体制的改
革，去不断完善社会主义的生产关系和上层建筑，不断为生产力的解放和
发展打开更广阔的通途。在这方面，邓小平解除了把计划经济和市场经济
看作是属于社会基本制度范畴束缚，破除了一说市场经济就是资本主义这
种传统观念，明确指出社会主义也可以搞市场经济以解放生产力，加速经
济发展，为党的十四大正式确立以社会主义市场经济作为我国经济体制改
革的目标模式指明了方向，这是用经济体制改革去解放和发展生产力的典
范。邓小平指出：　"改革，实际也是一场革命，是一场解放生产力的
革命。"④

　　由于邓小平把解放生产力和发展生产力列入社会主义本质之中，并在
党的基本路线和一系列方针政策中，明确规定和实施了解放和发展生产力
的种种举措，这就使我国彻底摆脱了传统的短缺经济，使社会生产力突飞

① 《邓小平文选》第 3 卷，人民出版社 1993 年版，第 224 页。
② 《邓小平文选》第 2 卷，人民出版社 1994 年版，第 128 页。
③ 《邓小平思想年谱》，中央文献出版社 1998 年版，第 325 页。
④ 同上书，第 304 页。

猛进地发展起来，使我们的社会主义制度在世界社会主义运动陷入低潮谷底，10 个前社会主义国家像多米诺骨牌那样纷纷倒塌的时候，不仅巍然屹立，而且还获得了使经济总量在短短的 20 年中增长了 4 倍这样举世瞩目的伟大成就。

美国《基督教科学箴言报》发表戴维·香博（即沈大伟）的文章说："1989—1991 年期间，全球各地的共产党政权相继垮台，这使邓小平认识到只有物质上的发展才能最终挽救社会主义"，"如果没有物质上的发展，无论什么手段都不能保证党的继续存在"（美国《基督教科学箴言报》1997 年 2 月 21 日）；香港《亚洲华尔街日报》发表威廉·奥弗霍尔特的文章说："在过去两个世纪中，邓小平对人类生活的影响超过了任何人，他从 1978 年到 1992 年的 14 年的统治，把人类五分之一的人从低于人类生活水平提高到人类的生活水平"（香港《亚洲华尔街日报》1997 年 2 月 26 日）；埃菲社则在 1992 年的一篇年终专稿中说："有中国特色的社会主义是邓小平为挽救已经解体的苏联的中央集权主义所面临的几乎不可避免要失事的社会主义大船而向马克思主义者所作的回答"，它"造就了 20 世纪最壮观的经济奇迹之一"；越南的阮辉贵认为它开辟了社会主义现代化之路，是恢复进步人类对社会主义前途信心的雄辩证据："尽管从 1949 年到 1978 年中国在社会主义建设中取得了一定成就，但总的来说，中国仍未找到建设现代社会主义的道路，如果还继续搞'文化大革命'，就可能陷入导致社会主义制度垮台的危机。正是 20 年的改革开放事业挽救了中国，开辟了社会主义现代化之路"；"从国际上说，改革开放事业的成功挽救并发展了社会主义，这是世界社会主义革命运动发展史上具有划阶段意义的贡献。继社会主义制度在苏联和东欧垮台之后，假设社会主义制度在中国也垮台，那么，社会主义就会在世界上消失，世界社会主义运动肯定将陷入数个世纪的黑暗时期。中国建设社会主义的成功，是向世界人民证明社会主义优越性的生动实例，也是批驳各种敌对势力一切歪曲和诋毁论调、恢复进步人类对社会主义前途信心的雄辩证据"（新华社河内 1998 年 10 月 22 日电）；俄罗斯《苏维埃俄罗斯报》发表奇金和普罗哈诺夫的文章说："坚定不移的共产党人、强大国家的捍卫者邓小平进行了开拓，有赖于此，中国成功地利用了资产阶级经济的成果以及市场的效率，加速了社会主义社会的发展，丰富了人民的物质生活，加快了科学技术奔向未来的步伐。这种在实践中进行的开拓，使中国成为经济巨人、成为社会主义大国，社会主义这个历史形态继续在世界上向前发展"（俄罗斯《苏维埃俄罗斯报》1997 年 2 月 25 日）；匈牙利《外交政策》杂志主编包拉日·约瑟夫则认为："今后在世界范围内社会主义的命运如何将在很大程度上取决于中国，取决于中国能否在顺应人民意志的情况下建立一种对其他国家人民也有吸引力的现代社会主义。"①

2. 在消灭剥削、消除两极分化的问题上，突破了离开生产力的发展盲目追求"一大二公三纯"的社会主义生产关系的传统观念。

解放生产力、发展生产力，属于社会主义本质之列，但它并不是单独地，而是和社会主义本质的其他要素相互联结着发生作用的。在社会主义社会，和资本主义社会不同，解放生产力、发展生产力是和消灭剥削、消除两极分化相联结着的，而不是和压迫剥削、造成两极分化相联结着的。

要消灭剥削、消除两极分化，在生产关系方面就得确立以生产资料公有制为主、实行以按劳分配为主的生产和分配方式。所以，邓小平指出："社会主义有两个非常重要的方面，一是以公有制为主体，二是不搞两极分化。"② 又说："我们在改革中坚持了两条，一条是公有制经济始终占主体地位，一条是发展经济要走共同富裕的道路，始终避免两极分化。"③ 既然社会主义公有制非常重要，那为什么邓小平不把它明确规定为社会主义的本质，而要把它作为前提和保证蕴涵在消灭剥削、消除两极分化之中呢？应当说，正是在这里凝结着邓小平在总结社会主义历史经验基础上形成的最新认识成果。《共产党宣言》确实曾经把共产党人的理论概括为"消灭私有制"，但问题的另一个方面是，马克思主义又认为，生产关系的变革、公有制的实现，必须以是否适应于、有利于生产力的发展为转移。实践经验证明，在我们这样一个经济文化不发达的国家里，在建立社会主义制度以后，要是不问生产力的发展水平如何，一味追求更大更公更纯的

---

① 《外国要人名人看中国（1989—1992）》，中共中央党校出版社 1993 年版，第 149 页。
② 《邓小平文选》第 3 卷，人民出版社 1993 年版，第 138 页。
③ 同上书，第 149 页。

社会主义生产关系、社会主义公有制形式，那只能招致破坏生产力的结果。正是根据这样的历史经验，邓小平确立了是否有利于发展社会主义社会的生产力，是否有利于增强社会主义国家的综合国力，是否有利于提高人民的生活水平，作为决定各项改革措施取舍和检验其得失的根本标准，而把社会经济制度方面的公有制和按劳分配不是明确地列入社会主义本质之中，而是把它们作为前提和保证蕴涵在消灭剥削和消除两极分化之中。这同样是一种着眼于社会生产力的发展而采取的举措，它既贯彻了社会主义必须坚持公有制和按劳分配为主的基本原则（因为不如此就不能消灭剥削、消除两极分化），又使公有制的实现形式和以公有制为主体的所有制结构，可以根据生产力的解放和发展要求以及逐步实现共同富裕的实际进程去具体确定。

对社会主义生产关系采取这种既坚持以公有制为主体，又依是否有利于生产力的发展为转移去确定公有制实现形式和所有制结构的举措，在国际上被认为是中国改革取得成功的秘诀之一。例如，在韩国就有一些人认为："中国 1949 年革命成功以后，先是走苏联的道路，结果失败了，其基本原因是那种所有制不行。过去全部搞国有制和集体所有制，工厂和农村的负责人都不把企业看成是自己的，工作不认真，不努力，所以生产没有效率"，"1978 年开始实行改革开放，首先从改变农村的所有制问题着手"，"这种政策大大调动了农民的生产积极性，成功地解决了 12 亿多人口的吃饭问题，这是对全人类的一大贡献。先从农村的所有制问题开始改革，这可以说是中国取得成功的秘诀之一。后来，在工业部门也实行了改革，允许发展私有企业，对国有企业实行股份制"，"用这个办法解决所有制的问题，使经济部门取得了进一步的巨大发展。可以说，中国的成功就是因为把资本主义的因素引进了社会主义体制之中，这是理论上的一大进步"（新华社汉城 1998 年 11 月 3 日电）；埃及学者阿卜杜勒·阿齐兹则指出："中国的改革开放使国家的经济结构和经济体制发生了天翻地覆的变化，私有经济、外资经济、个体经济、集体所有制、合作所有制等不同的经济体制同时并存。但尽管如此，中国依然坚持以公有制为基础。中国正是以这种发展模式，给予非国有制经济以巨大动力，并给予中国经济发展以极大的活力。"（新华社开罗 1998 年 10 月 25 日电）

3. 在共同富裕问题上，突破了搞平均主义导致共同贫穷的传统观念。

解放生产力，发展生产力，消灭剥削，消除两极分化，社会主义的本质要求是最终实现人们的共同富裕。

与资本主义社会贫富两极分化的情况相反，社会主义最大的优越性就是共同富裕，这是体现社会主义本质的一个东西。所以，在建设有中国特色社会主义的过程中，必须保证社会成员物质文化生活水平的逐步提高，最终达到共同富裕的目标。但是，究竟怎样实现这个目标？历史的经验说明，共同富裕绝不等于，也不可能是完全平均，绝不等于，也不可能是社会所有成员在同一时间以同等速度富裕起来，如果把共同富裕理解为完全平均和同步富裕，不但做不到，而且势必导致共同贫穷。所以，实现共同富裕的唯一现实的道路，只能是允许和鼓励一部分地区、企业、人依靠勤奋劳动先富起来，吸引、鼓励和带动大部分人一浪接一浪地走向富裕。正是针对过去搞平均主义严重影响人们建设社会主义积极性的发挥，并且只能导致共同贫穷的情况，邓小平提出了从更快地发展生产力着眼而制定的一项大政策，一项经由一部分人、地区先富到全社会成员共同富裕的政策。他说："在经济政策上，我认为要允许一部分地区、一部分企业、一部分工人农民，由于辛勤努力成绩大而收入多一些，生活先好起来"，"一部分人生活先好起来，就必然产生极大的示范力量，影响左邻右舍，带动其他地区、其他单位的人们向他们学习。这样，就会使整个国民经济不断地波浪式地向前发展"。① 为使一部分人先富起来所造成的差别，属于全体社会成员在共同富裕的道路上有先有后、有快有慢的差别，而不致偏离共同富裕的根本目标，滑到两极分化的邪路上去，我们还在这个过程中对老弱病残、鳏寡孤独实行社会救济，对还没有富裕起来的人积极扶持，对经济还很落后的一部分革命根据地、少数民族地区和全体贫困地区实行特殊的优惠政策，并给予必要的物质技术支援；另一方面，又通过分配政策和税收调节，防止少数人收入畸高，并取缔非法收入、整顿不合理收入。

实行这种共同富裕政策的明显效果之一，是在使中国人民的生活逐步地普遍地富裕起来的时候，每年以上千万人的速度减少和消灭贫困人口。

---

① 《邓小平文选》第 2 卷，人民出版社 1994 年版，第 152 页。

俄国的波波夫把这种现象放到整个世界范围内去进行考察和分析，他指出："目前，世界上被资本主义抛入贫困状态的人口差不多相当于社会主义中国的人口。按照多数居民生活质量的重要指标被联合国专家列入最贫穷和最不发达国家行列的国家，仅最近 20 年来就从 27 个增加到 48 个（全世界一共有 197 个国家和地区），这些国家每年死于饥饿和营养不良的人就达一千万人以上，而在社会主义中国每年差不多有一千万人脱贫而进入富裕人的行列。"（俄罗斯《苏维埃俄罗斯报》1997 年 9 月 30 日）

正因为这样，邓小平提出的经由先富实现共富的思想和政策在国际上得到了广泛的称赞。例如，俄罗斯的杰柳辛说："邓小平提出的关于共同富裕是未来的目标，而现在一些人或地区可以先富起来的原则，是对传统的社会主义观念的突破"，它使"邓小平成为社会主义思想的救星"（俄罗斯《远东问题》杂志 1994 年第 5 期）；德国的埃克勒本则指出："贫穷不是社会主义，社会主义要共同富裕，但那么多的人如何一下子富起来？这个问题过去所有的社会主义国家都没有解决好。邓小平同志在坚持社会主义共同富裕的原则立场下，提出使一部分人先富起来，这又是一个重大的理论性突破。有了这个突破，才有可能制定出调动人们积极性的政策"，"在这种情况下，一部分地区和一部分人先富起来，一时出现贫富差距，这应该说是正常的。中国领导组织沿海支援内地，城市支援农村，搞希望工程、扶贫工程，特别是国家从政策上、资金和人力等各个方面扶持贫困地区，帮助脱贫，这就清楚地说明中国共产党人从理论到实践都始终把多数人的根本利益作为自己政策的出发点"。（新华社柏林 1998 年 10 月 20 日电）

邓小平用社会主义本质论以及与此相适应的党的基本理论、基本路线和基本政策，完成了他对什么是社会主义、怎样建设社会主义的探索，破除了一系列传统的错误观念，出色地回答了多年来存在的对社会主义理解的问题，被人们称作"赋予了社会主义以新的活力和生机"、"重新搞活了社会主义"，"重新定义了社会主义"，就是说通过把对社会主义的认识提高到新的科学水平，"在中国导致了哥白尼式的转折"。德国前总理施密特在《中国的改革家》一文中指出："没有孙中山，没有毛泽东和周恩来，邓小平的成就是无法理解的。但是，在我看来，人们在 21 世纪回首中国往事的时候，仍然有可能得出这样的结论：邓小平完成了这个大国的现代化这一最终具有决定意义的使命。更何况同戈尔巴乔夫的改革和公开性及其灾难性的结局相比，其优越性是有目共睹的。"（德国《时代周报》1997 年 2 月 27 日）

三　"人的全面发展"丰富和发展了社会主义本质论

对于邓小平提出的社会主义本质论，江泽民在 1997 年 9 月 12 日党的十五大报告中作了高度评价，指出它在什么是社会主义、怎样建设社会主义的问题上实行的思想解放和所获得的基本成果，在建设有中国特色社会主义发展进程中具有决定性意义："新时期的思想解放，关键就是在这个问题上的思想解放。我国社会主义在改革开放前所经历的曲折和失误，改革开放以来在前进中遇到的一些困惑，归根到底都在于对这个问题没有完全搞清楚。拨乱反正，全面改革，从以阶级斗争为纲到以经济建设为中心，从封闭半封闭到改革开放，从计划经济到社会主义市场经济，近 20 年的历史性转变，就是逐渐搞清楚这个根本问题的进程。"但是，在另一方面，江泽民又并没有把对什么是社会主义、怎样建设社会主义问题的探索和研究过程停止在这里。相反地，他强调说："这个过程，还将在今后的实践中继续下去。"

在 2000 年 10 月 11 日党的十五届五中全会上所作《关于改进党的作风》的讲话中，江泽民又要求"在新的历史时期，全党必须继续坚持解放思想、实事求是的思想路线，继续抓住社会主义本质这个根本问题，大胆探索、实践和创造，这是坚持党的基本路线，建设有中国特色社会主义的思想保证"。

而在 2001 年的"七一"讲话中，江泽民具体地提出了我们党在这个根本问题上进行大胆探索、实践和创造的成果："我们建设有中国特色社会主义的各项事业，我们进行的一切工作既要着眼于人民现实的物质文化生活需要，同时又要着眼于促进人民素质的提高，也就是要努力促进人的全面发展"，并强调指出"这是马克思主义关于建设社会主义新社会的本质要求"。这样，江泽民就以在社会主义社会要努力促进人的全面发展的要求，进一步丰富和发展了社会主义本质论。

　　曾经有过一些西方左翼学者，他们把人的全面解放和发展看作是社会主义所追求的根本目标，而把社会主义以发展生产力为最根本任务、以共同富裕为目标，说成是什么追求消费进步而使社会主义失去真正目标。应当指出，这种把人的全面解放与发展与它的前提与基础——生产力的高度发展和共同富裕割裂开来和对立起来的观点，是没有什么根据的。

　　诚然，实现每个人全面而自由的发展，历来是马克思主义的远大理想，马克思和恩格斯曾经把它奉为取代资本主义的新"社会形式"的"基本原则"①，"未来社会主义的基本思想"②。但是，马克思和恩格斯又从来没有把它仅仅看作是人们追求的价值目标，而是把它看作是历史发展的必然趋势，看作是和社会生产力发展到相当水平时产生的产物、结果和要求，因而同它紧密相连的发展过程，所以，是历史发展规律和历史创造主体的统一。例如，马克思在把资本主义生产的历史趋势归结为它"本身以主宰着自然界变化的必然性产生出它自身的否定"时，指出："它本身已经创造出一种新的经济制度的因素，它同时给社会劳动生产力和一切个体生产者的全面发展以极大的推动"，最终实现"在保证社会劳动生产力极高度发展的同时又保证人类最全面的发展这样一种经济形态"。③ 马克思之所以把社会全体成员的全面而自由发展，同生产力的高度发展这样不可分割地紧密联结在一起，是因为事情正如恩格斯所指出的那样，只有在生产力高度发展的水平上，"社会全体成员的同样的、合乎人所应有的发展，才有可能"④；也才为"充分满足全体社会成员丰裕的消费和造成充实的储备，而且使每个人都有充分的闲暇时间从历史上遗留下来的文化——科学、艺术、交际方式等——中间承受一切真正有价值的东西"，并"把这一切从统治阶级的独占品变成全社会的共同财富和促使它进一步发展"。⑤

---

　　①　《马克思恩格斯全集》第23卷，人民出版社1972年版，第649页。
　　②　《马克思恩格斯选集》第4卷，人民出版社1972年版，第730—731页。
　　③　《马克思恩格斯全集》第19卷，人民出版社1963年版，第130页。
　　④　《马克思恩格斯全集》第16卷，人民出版社1964年版，第271页。
　　⑤　《马克思恩格斯全集》第18卷，人民出版社1964年版，第246页。

创造了可能性，也才使每个人"能够全面发挥他们的得到全面发展的才能"。①

　　那么，在我们还处在社会主义初级阶段的今天，江泽民又怎么会把努力促进人的全面发展的任务，作为马克思主义关于建设社会主义新社会的本质要求提上议事日程的呢？这一方面是因为人的全面而自由的发展，是一个要从社会主义社会就开始推进、到共产主义社会才能完成的逐步提高过程，另一方面则正是因为它同社会经济文化的发展是互为前提和基础的，现阶段提出人的全面发展的任务，是因为前一阶段我国社会生产力的发展为努力促进人的全面自由的发展创造了客观可能性，而我国社会生产力的进一步发展，又以努力促进人的全面自由发展为必要条件。

　　人的全面而自由的发展是需要有相当水平的社会生产力及其创造的物质文化条件作为现实基础的，当人们还不能在量和质的方面基本满足自己的吃穿住行的时候，是根本不能获得，甚至很难提出全面而自由发展的目标和任务的。正是在社会主义本质论指导下进行的我国改革开放和社会主义现代化建设的成就，社会生产力的迅速发展，为我们现在提出努力促进人的全面发展的任务提供了前提、创造了可能。一些国外和香港的报刊在描绘我国的这些成就给人民群众日常生活带来的变化时，一是说"今天，中国人民可以选择多彩的服装和具有个人风格的发型了，他们越来越多地到全国各地旅游，按照自己的意愿变换工作"（香港《亚洲华尔街日报》1997年2月26日），"对消费品的选择甚至在中小城市也给人留下了深刻印象，商品供应在各地都很充足"，"一方面收入增加，另一方面，人民对体育、艺术、音乐、时装和宗教的兴趣也在扩大"（美国《国际先驱论坛报》1997年7月3日）；二是说"数百万人在职业生涯中不再受企业、单位的影响，而是自己对培训和选择工作单位做出决定，数百万人变成了个体户或者是为外国公司工作，大约有两亿人是流动的短工，为了碰运气，他们迁往其他城市或省份"（德国《法兰克福汇报》1997年2月21日）；三是说"改革开放后，人们摆脱了种种束缚，思想活跃，加上大量国外信息的流进，人们的价值观也趋于多样化，人们从以往被动的、消极的状态

_____
　　① 《马克思恩格斯选集》第1卷，人民出版社1972年版，第243页。

转向主动的、积极的状态，个体的存在价值得到充分肯定，整个社会也不再是单一模式，各地的发展也呈多样化趋势，就是说，在朝着现代化的大方向，各地都发挥着各自的优势，各显神通"（新华社东京 1998 年 10 月 25 日电）……这些变化，不是清楚地说明了在今天，我们在发展社会主义社会物质文明和精神文明的基础上提出不断推进人的全面发展的任务的客观条件正日趋成熟吗？当然，这还只是在社会主义初级阶段上努力促进人的全面发展的起步、开头，在各方面都会受到种种条件的限制和制约的，和共产主义社会中实现的每个人自由而全面发展的情况，是有段非常遥远的距离的。

另一方面，努力促进人的全面发展，又是当前我国全面建设小康社会、加快推进社会主义现代化的一个必要条件。改革开放 20 多年来，虽然我国的经济建设和科技进步都取得了巨大的成就，但我国的经济增长方式还没有根本转变，沉重的人口负担还没有转化为人力资源的优势，我们的劳动力素质和科技创新能力不高已经成为制约我国经济发展和国际竞争能力增强的一个主要因素。因此，我们必须坚定不移地实施科教兴国战略，大力提高全民族的思想道德和科学文化素质，提高知识创新和技术创新的能力，密切教育与经济、科教的结合，加快实现经济增长方式和经济体制的根本转变，把经济建设真正转到依靠科教进步和提高劳动者素质的轨道上来。而促进人民素质的提高、努力促进人的全面发展，这是其中的一个中心环节，这是因为事情正如江泽民在"七一"讲话中所指出的："人是生产力中最有决定性的力量"，不断提高工人、农民、知识分子和其他劳动群众以及全体人民的思想道德和科学文化素质，不断提高他们的劳动技能和创造才能，充分发挥他们的积极性、主动性和创造性，"始终是我们党代表中国先进生产力发展要求必须履行的第一要务"。

推进人的全面发展，同推进经济、文化的发展和改善人民物质文化生活这两个过程互为前提和基础，相互促进地向前发展的情况，清楚地说明了努力促进人的全面发展任务的提出，它本身既是前一阶段我们党领导全国人民在建设有中国特色社会主义的过程中努力贯彻执行社会主义本质论的结果和产物，在另一方面，又进一步丰富和发展了社会主义本质论。遵循着这条道路前进，它必将使我们在最终达到马克思所预言的"在保证社会劳动生产力极高度发展的同时又保证人类最全面的发展这样一种经济形态"。①

（原载《马克思主义研究》2002 年第 1 期）

---

① 《马克思恩格斯全集》第 19 卷，人民出版社 1963 年版，第 130 页。

科学发展观推进了人类发展理论的创新发展

　　一个国家的发展观对于它的发展直接地具有重大影响，不同的发展观往往导致全然不同的发展结果。那么，在经济快速发展的 21 世纪初，以胡锦涛为总书记的党中央为什么要提出新的科学发展观，期盼着它引出什么样的发展结果？在人类发展理论的发展中，科学发展观又发挥着什么样的作用呢？

一　科学发展观是适应于我国进入新世纪新阶段以后新的发展要求而提出来的

　　从 1978 年党的十一届三中全会决定实行改革开放和社会主义现代化建设以来，由于邓小平所开辟的中国特色社会主义道路坚持社会主义，坚持马克思主义基本理论同中国具体实际的紧密结合，坚持在吸取和借鉴当代人类创造的文明成果的基础上，建设优于资本主义的社会主义，这就使我国的社会主义现代化建设在短短的几十年中取得了举世瞩目的伟大成就，综合国力和人民的物质文化生活水平大幅度提高，我国经济总量在世界经济中所占份额、我国经济对世界经济的贡献率双双跃升。

　　但是，由于在社会主义现代化建设中，我国的经济增长基本上还是建立在以"高投入、高消耗、高污染、低效益、低产出"为主要特征的传统工业化发展模式上的，再加上我国基础薄弱，因而，我国经济经历了几十年的快速发展，在进入新世纪新阶段的时刻，就呈现出了一系列新的阶段性特征，其中最主要的是：在经济实力显著增强的同时，生产力水平总体上还不高、自主创新能力还不强、长期形成的结构性矛盾和粗放型增长方式尚未根本改变；在人民生活总体上达到小康水平的同时，收入分配差距拉大的趋势还未从根本上扭转，城乡贫困人口和低收入人口还有相当数量，人口资源环境压力加大，就业、社会保障、教育、医疗等民生问题比较突出；在协调发展取得成绩的同时，农业基础薄弱、农村发展滞后的局面尚未根本改变，我们仍面临着缩小城乡、区域发展差距和促进经济社会协调发展的任务。我国改革开放以来所取得的发展成就，使我国的社会主义现代化建设处在可以大有作为的黄金发展期，面临着许多新的发展机遇；而凸显出来的这种种矛盾，特别是不断扩大的贫富差距、区域发展差距、人和资源环境的矛盾，又使我们的经济社会面临一系列严峻挑战。在这样一个关键时期，要是举措得当，就能使我国经济继续快速发展、社会平稳进步；而要是应对失误，则可能导致经济徘徊不前，社会长期动荡。正是把这种阶段性特征和由此产生的新的发展要求作为推进改革、谋划发展的根本依据，以胡锦涛为总书记的党中央总结我国发展实践，借鉴国外发展经验，提出了以人为本、全面协调可持续发展的科学发展观。在党的十七大报告中，胡锦涛指出："科学发展观，是立足于社会主义初级阶段基本国情，总结我国发展实践，借鉴国外发展经验，适应新的发展要求提出来的。"[1]

科学发展观反映了我们党和人民对发展问题的新认识；同时又坚持科学发展观的第一要义是发展，坚持以经济建设为中心，坚持把发展作为解决中国一切问题的总钥匙，这就凸显出科学发展观在发展问题上的"新"，就在于它针对新世纪新阶段我国经济社会发展中所凸显出来的种种矛盾和问题，着眼于丰富发展内涵，创新发展理念，开拓发展思路，破解发展难题，在发展的道路、模式、战略、动力、目的、要求等方面，提出一系列新的思想观点，初步形成了马克思主义关于社会主义发展的系统理论。它继承和发展了马克思主义关于发展的理论，借鉴和超越了当代西方新的发展观，特别是提出了构建社会主义和谐社会的理论和建设社会主义生态文明的理论，从而有力地推进了人类发展理论的创新发展。

---

① 《中国共产党第十七次全国代表大会文件汇编》，人民出版社 2007 年版，第 13 页。

二　科学发展观继承和发展了马克思主义关于发展的理论

科学发展观对人类发展理论的创新发展的推进，首先表现在它继承和发展了马克思主义关于社会主义社会发展的理论上。

马克思主义的历史唯物主义，深刻地阐明了人类社会的发展规律。它告诉我们，人类社会的发展是一个自然历史过程；生产力的发展是人类社会发展的最终决定者；生产力和生产关系、经济基础和上层建筑的矛盾运动，是社会发展的根本动力；人民群众是历史的主人、历史的真正创造者；人类社会的发展规律和人民群众的历史主体地位相统一，推动着人类社会由低级到高级地向前发展，直到人类社会的史前时期随着资本主义社会形态的终结而告终。

关于人类社会史前时期结束以后社会主义社会的发展问题，马克思、恩格斯拒绝作详尽细致的描绘，但他们揭示了社会主义社会发展的一系列根本原则，其中最主要的：

一是社会主义社会是"经常变化和改革的社会。它同现存制度具有决定意义的差别当然在于，在实行全部生产资料公有制（先是单个国家实行）的基础上组织生产"。[①]

二是社会主义社会要求有生产力的巨大增长和高度发展。在《德意志意识形态》中，马克思、恩格斯强调指出，消灭异化的"两个条件都是以生产力的巨大增长和高度发展为前提的。另一方面，生产力的这种发展……之所以是绝对必需的实际前提，还因为如果没有这种发展，那将只会有贫穷、极端贫困的普遍化；而在极端贫困的情况下，必须重新开始争取必需品的斗争，全部陈腐污浊的东西又要死灰复燃"。[②] 在《哥达纲领批判》中，马克思又指出，只有在随着旧式分工、脑体力劳动之间的对立消失，劳动成为生活的第一需要之后，"在随着个人的全面发展，他们的

---

① 《马克思恩格斯选集》第4卷，人民出版社1972年版，第693页。
② 《马克思恩格斯选集》第1卷，人民出版社1972年版，第86页。

生产力也增长起来，而集体财富的一切源泉都充分涌流之后——只有在那个时候，才能完全超出资产阶级权利的狭隘眼界，社会才能在自己的旗帜上写上：各尽所能，按需分配！"①

三是共产主义社会有两个阶段，它的初级阶段即社会主义社会，"是刚刚从资本主义社会中产生出来，因而在各方面，在经济、道德和精神方面都还带着它脱胎出来的那个旧社会的痕迹"；只有"在共产主义社会高级阶段"，"社会才能在自己的旗帜上写上：各尽所能，按需分配！"②

四是在社会主义社会，人类能力的发展是人们发展生产力的目的。马克思在《资本论》第3卷中指出："社会化的人，联合起来的生产者，将合理地调节他们和自然之间的物质变换，把它们置于他们的共同控制之下"，"但是不管怎样，这个领域始终是一个必然王国。在这个必然王国的彼岸，作为目的本身的人类能力的发展，真正的自由王国，就开始了。但是，这个自由王国只有建立在必然王国的基础上，才能繁荣起来"。③ 在《反杜林论》中，恩格斯也强调社会占有大量生产力只是手段，"保证而且是以不断增长的规模来保证社会全体成员都有生存和自由发展其才能的手段"④ 才是目的。

五是以每个人的自由发展为一切人的自由发展的条件的联合体，是社会主义社会发展的最终目标。在《共产党宣言》中，马克思、恩格斯指出："代替那存在着阶级以及阶级对立的资产阶级旧社会的，将是这样一个联合体，在那里，每个人的自由发展是一切人的自由发展的条件。"⑤ 1894 年，当有人请恩格斯为新出版的《新纪元》周刊，用简短的字句来表述未来的社会主义纪元的基本题词时，恩格斯强调：除了《共产党宣言》中所说以每个人的自由发展为一切人的自由发展的条件之外，"我再也找不出合适的了"⑥。

---

① 《马克思恩格斯选集》第 3 卷，人民出版社 1972 年版，第 305—306 页。
② 同上书，第 304—306 页。
③ 《马克思恩格斯全集》第 25 卷，人民出版社 1974 年版，第 926—927 页。
④ 《马克思恩格斯全集》第 20 卷，人民出版社 1971 年版，第 164 页。
⑤ 《马克思恩格斯选集》第 1 卷，人民出版社 1972 年版，第 294 页。
⑥ 《马克思恩格斯选集》第 4 卷，人民出版社 1972 年版，第 730 页。

　　中国特色社会主义把坚持马克思主义基本原理同推进马克思主义中国化结合起来。例如，当邓小平强调"社会主义有两个非常重要的方面，一是以公有制为主体，二是不搞两极分化"[①]；强调"社会主义阶段的最根本任务就是发展生力"[②]，强调中国特色社会主义"是不断发展社会生产力的社会主义"[③]，"发展才是硬道理"[④]，强调"社会主义本身是共产主义的初级阶段，而我们中国又处在社会主义的初级阶段，就是不发达的阶段，一切都要从这个实际出发，根据这个实际来制定规划"[⑤] 时，他所秉承的，侧重于上述第一、二、三条根本原则。而当胡锦涛在此基础上提出科学发展观的核心是以人为本时，他所秉承的，则侧重于上述第四、五条根本原则。

　　由于以人为本，实质上就是要把发展的成果体现在提高人民的生活水平、满足人民的物质文化需求上，因而，把以人为本奉为核心的科学发展观，它对马克思主义关于社会主义社会发展理论的推进，就突出地表现在它把改善人民生活作为经济社会发展的目的和归宿，重视解决好涉及群众最现实、最关心、最直接的利益问题，并由此形成了包括促进教育公平、扩大就业、合理调节收入分配、加快建设覆盖城乡居民的社会保障体系、建立基本医疗卫生制度和完善社会管理等在内的，中国特色社会主义的以改善民生为重点的社会建设。中国特色社会主义把保障和改善民生，看作是坚持党的全心全意为人民服务宗旨的根本要求，贯彻科学发展观以人为本的根本要求。胡锦涛指出："要坚持求真务实，时刻关注民生，把实现最广大人民的根本利益落实到改革发展稳定的各项工作中去，重视解决好群众最现实、最关心、最直接的利益问题"（《人民日报》2005 年 4 月 12 日）；"必须坚持发展为了人民，发展依靠人民，发展成果由人民共享，不断实现好、维护好、发展好最广大人民的根本利益。要坚持把最广大人民的根本利益作为一切工作的根本出发点和落脚点，把改善人民生活作为经济社会发展的目的和归宿"（《人民日报》2005 年 10 月 15 日）。对此，日

---

①　《邓小平文选》第 3 卷，人民出版社 1993 年版，第 138 页。
②　同上书，第 63 页。
③　同上书，第 328 页。
④　同上书，第 377 页。
⑤　同上书，第 252 页。

本共同社评论说，"胡锦涛所倡导的科学发展观是一种以人为本的理念，它使经济发展更加关注生活质量和公平感等内容，使经济发展向重视民生和民权的方向转变，大力推进经济、社会、政治、文化、环境等各个领域的协调和平衡发展"（日本共同社 2007 年 10 月 15 日电）；俄罗斯科学院院士季塔连科则评价科学发展观"最大限度地体现了中国的现实，团结和带领所有阶层的人民，找到了凝聚全社会的最好结合点"（《光明日报》2009 年 5 月 9 日）。

把以人为本奉为核心的科学发展观，对马克思主义关于社会主义社会发展理论的推进，还表现在它把促进经济社会发展同促进人的全面发展联结了起来。胡锦涛指出："坚持以人为本，就是要以人的全面发展为目标，从人民群众的根本利益出发谋发展、促发展，不断满足人民群众日益增长的物质文化需要，切实保障人民群众经济、政治和文化权益，让发展的成果惠及全体人民。"[1] 社会主义社会的经济社会发展，是人的全面发展的前提和条件，没有社会主义社会的经济社会发展，人的全面发展就失去了基础和保障；而人的全面发展则是社会主义社会经济社会发展的根本目的，离开了人的全面发展，社会主义社会的经济社会发展就失去了目标和动力。这两者是相互协调和相互促进的。但是，每个人自由而全面的发展这一马克思主义崇高理想的实现，又是一个非常漫长的历史过程，而作为科学发展观核心的以人为本，既坚持了马克思主义崇高的社会理想，同时又为实现这一远大理想和最高目标指明了现实途径，它把促进人的全面发展作为社会主义社会经济社会发展的最终目的，既着眼于人民现实的物质文化生活需要，又着眼于人民素质的提高，把促进人的全面发展落实到中国特色社会主义经济社会发展的全过程，贯穿到它的各项工作中去。

三　科学发展观借鉴和超越了当代西方的新发展观

第二次世界大战以后，在世界各国把加快经济增长奉为共识的情况

---

[1] 《十六大以来重要文献选编》（上），中央文献出版社 2004 年版，第 850 页。

下，出现了前所未有的经济增长奇迹。但因片面追逐经济增长，不重视社会发展和社会公平，忽视能源资源节约和环境保护，有的国家在发展过程中付出了高昂的代价；有的国家经济结构失衡、社会发展滞后，导致发展质量不高、后劲不足；有的国家则出现了贫富悬殊、失业增加、社会腐败、政治动荡等问题。所有这些，都要求反思经济社会发展道路。西方社会发展理论的发展变化也与此相适应：从世界范围来说，先是在 1955 年，美国普林斯顿大学教授刘易斯提出把发展等同于经济增长、等同于 GDP 增长，认为有了经济增长就有了一切的理论。当这种发展观在实践中带来生态危机等灾难以后，人类对发展道路的反思和总结不断走向深入。1962 年，莱切尔·卡逊发表《寂静的春天》一书，列举了大量事实说明：人类一面在创造高度文明，另一面又在毁灭自己的文明，环境问题如不解决，人类将"生活在幸福的坟墓之中"；1972 年，罗马俱乐部发表美国麻省理工学院教授米都斯等七国十七位学者的《增长的极限》报告，认为如果世界现有的人口、工业化、环境污染、粮食生产、不可再生资源的消耗等发展趋势不变，那么，世界就将在未来 100 年内的某个时刻达到增长的极限，尔后就崩溃为凄凉枯竭的生活。20 世纪 80 年代以后，西方出现了种种新的发展观，它们大致在三个方向上扩展了发展理念。

就横向扩展发展理念来说，1983 年，联合国教科文组织委托法国学者佩鲁撰写和发表《新发展观》，指出传统的增长理论把增长只看作是由资本、价格、供需等自发调节的结果，而排除了与教育、职业培训、人口群体素质和增长率的联系，造成了经济与文化的对立，导致了人对物的贪婪，实用主义盛行，享乐主义、利己主义泛滥，为此，他提出要用"整体的"、"内生的"、"综合的"、"关注文化价值的"新发展观去取代传统的增长理论；就纵向扩展发展理念来说，1980 年世界自然保护联盟提出"可持续发展"概念，1987 年世界环境与发展委员会提出"可持续发展战略"，1991 年世界自然保护联盟等三个组织共同发表《保护地球——可持续生存战略》，提出"要在生存于不超过维持生态系统涵容能力的情况下，改善人类的生活质量"，提出人类可持续生存的 9 条基本原则，以及人类可持续发展的价值观和 13 个行动方案；就从内涵扩展发展理念来说，20 世纪 90 年代以来，诺贝尔奖获得者、美国哈佛大学和英国剑桥大学教授、印籍学者阿玛蒂亚·森提出人类自身的发展观，认为发展的目的不仅在于增加人的商品消费数量，更重要的在于使人们获得能力。在1999年出版的《以自由看待发展》一书中，他又进而提出：发展就是扩展自由，自由是发展的目的，也是促进发展不可缺少的手段，尽管人们追求财富、收入、技术进步、社会现代化，但这些最终只属于工具性的范畴，是为人的发展服务的，最高的价值标准是人的实质性自由。

在总结我国发展实践、适应我国新的发展要求而提出的科学发展观，也吸取了世界各国发展的经验教训，借鉴了国外发展理论，特别是西方新发展观的有益成分，又丰富、发展和超越了它们，这突出地表现在科学发展观在把以人为本奉为核心的同时，又提出全面协调可持续发展的基本要求和统筹兼顾的根本方法。

如前所述，作为科学发展观的核心的以人为本，由于把改善人民生活作为经济社会发展的目标和归宿，又把促进社会主义社会经济社会发展同促进人的全面发展联结起来，这就在继承和发展马克思主义关于社会主义社会发展理论的同时，也超越了当代西方从内涵扩展发展理念的人类自身的发展观。

科学发展观所要求实现的全面发展，其根本着眼点首先在于要正确处理经济增长的数量和质量、速度和效益以及结构的关系，要用新的发展思路提高经济增长的质量、效益和结构，实现又好又快的发展，为此，就要求转变经济发展方式，推动产业结构的优化升级，走新型工业化道路，提高自主创新能力、建设创新型国家，推进社会主义新农村建设等；同时，科学发展观所要求的全面发展，又指要按照中国特色社会主义事业的总体布局，在坚持以经济建设为中心的基础上，全面推进中国特色社会主义的经济、政治、文化、社会建设和生态文明建设，实现经济发展和社会全面进步。科学发展观所要求实现的协调发展，是指要促进社会主义现代化建设的各个方面、各个环节相互协调。为此，科学发展观又把统筹兼顾作为根本方法。统筹兼顾是我们党在长期革命实践中形成的宝贵经验和社会主义建设的重要指导方针。胡锦涛先是在党的十六届三中全会上提出统筹城乡发展、区域发展、经济社会发展、人与自然的和谐发展、国内发展和对外开放等"五个统筹"；接着又在党的十七大报告中进一步提出要统筹中央和地方、个人利益和集体利益、局部利益和长远利益、国内和国际大局，以充分调动各方面的积极性。而在制定和实施"十一五"规划时，我们党又从统筹区域发展和现代化建设的总体布局的高度，提出推进西部大开发，振兴东北地区等老工业基地，促进中部地区崛起，鼓励东部地区率先发展的方针，使东中西相互促进，优势互补，共同发展。十分明显，科学发展观所要求的全面发展、协调发展的这些含义，已经超越了当代西方从横向扩展发展理念的新发展观。

　　科学发展观所要求实现的可持续发展，就是要促进人与自然的和谐，实现经济发展与人口、资源、环境相协调，坚持走生产发展、生活富裕、生态良好的文明发展道路，保证一代接一代地永续发展。这就要求把可持续发展作为经济社会发展的重要目标，在推进发展中充分考虑资源和环境的承受力，大力提高能源、原材料的利用效率，减少资源的占用与消耗，节能减排，广泛推行清洁生产、文明生产方式，发展绿色产业、环保产业，加强环境卫生和生态保护，使经济建设和生态环境建设相协调；还要统筹考虑当前发展和未来发展的需要，既积极实现当前发展的目标，又为未来的发展创造有利条件，积极发展循环经济，实现自然生态系统和社会经济系统的良性循环，为子孙后代留下充足的发展条件和发展空间；还要把减缓和适应气候变化的政策措施纳入国民经济和社会发展规划中统筹考虑、协调推进。显然，科学发展观所要求实现的这种可持续发展，从中国的具体实际出发，进一步推进了当代西方新发展观从纵向扩展发展理念的可持续发展概念和可持续发展战略。

四　构建社会主义和谐社会，为实现科学发展创造良好的社会环境

　　科学发展观对人类发展理论创新发展的推进，也表现在提出和践行对社会主义和谐社会的构建上。在党的十七大报告中，胡锦涛指出："深入贯彻落实科学发展观，要求我们积极构建社会主义和谐社会。社会和谐是中国特色社会主义的本质属性。科学发展和社会和谐是内在统一的。没有

科学发展，就没有社会和谐，没有社会和谐，也难以实现科学发展。"①

　　实现社会和谐、建设美好社会，这历来是人类孜孜以求的一种社会理想。在我国历史上，就曾产生过不少有关社会和谐的思想，虽然它们在一定程度上反映了广大人民群众对美好生活的向往，但在存在阶级压迫和剥削的旧社会，却是根本无法实现的。实现社会和谐，更是社会主义理论和实践经久不变的主题之一，三大空想社会主义者有的预言现存不合理的资本主义制度必将为"和谐制度"所代替，有的则以"新和谐"去命名其共产主义试验。有的空想社会主义者则把社会主义社会称作"和谐与自由的社会"。马克思主义的创始人充分肯定了这些构想，指出"提倡社会和谐"是"它们关于未来社会的积极的主张"②，同时又指出由于空想社会主义者没有认识到资本主义社会的本质矛盾、没有找到实现社会变革的正确途径，因而只能陷于空想等历史局限性和理论缺陷。

　　只有在消灭了剥削的社会主义社会，才能实现真正的社会和谐。但即使在社会主义社会，构建和谐社会的过程，也是一个在妥善处理各种矛盾中不断前进的过程，在发展的基础上不断正确处理各种社会矛盾的历史过程和社会结果：既要通过发展增加社会物质财富、不断改善人民生活，又要在发展中保障社会公平正义、不断促进社会和谐。在新世纪新阶段新的历史起点上，以胡锦涛为总书记的党中央，之所以把社会建设包括到中国特色社会主义的总体布局之中，之所以要提出构建社会主义和谐社会的历史任务，一方面是因为我国的社会主义制度决定了社会和谐是我国社会矛盾存在和解决过程的基本形态，因为即使在社会主义社会，也要通过科学地分析影响我国社会和谐的矛盾和问题及其产生的原因，更加积极主动地正视矛盾、化解矛盾，最大限度地增加社会和谐因素、最大限度地减少不和谐因素，不断地促进社会和谐；另一方面又是因为我们党抓住机遇，应对挑战，在新的历史起点上加快推进中国特色社会主义伟大事业的现实需要，解决当前影响社会和谐的突出矛盾和问题的迫切需要。它既宏观地着眼于经济建设、政治建设、文化建设、社会建设协调发展，着眼于人与

---

① 《中国共产党第十七次代表大会文件汇编》，人民出版社 2007 年版，第 16—17 页。
② 《马克思恩格斯选集》第 1 卷，人民出版社 1972 年版，第 304 页。

人、人与社会、人与自然之间的整体和谐，着眼于实现社会和谐的价值目标和创造性实践相统一的渐进的历史过程，又微观地着眼于中国特色社会主义总体布局中的社会建设，以加强社会建设和管理，积极化解影响社会和谐的突出矛盾，努力形成各尽所能、各得其所而又和谐相处的局面。这就是说，要以解决人民群众最关心、最直接、最现实的利益问题为重点，着力发展社会事业，促进社会公平正义、建设和谐文化、完善社会管理、增强社会创造活力、推动社会建设与经济建设、政治建设、文化建设协调发展，把这两个方面结合起来；就是要从构建社会主义和谐社会的高度，加快推进以改善民生为重点的社会建设。

胡锦涛在党的十七大报告中指出："社会建设与人民幸福安康息息相关，必须在经济发展的基础上，更加注重社会建设，着力保障和改善民生，推进社会体制改革，扩大公共服务，完善社会管理，促进社会公平正义，努力使全体人民学有所教，劳有所得，病有所医，老有所养，住有所居，推动建设和谐社会。"[①] 这就抓住了维护和实现社会公平正义的关键，抓住了解决经济发展不平衡、影响社会和谐安全问题的关键，从而为实现科学发展创造了良好社会环境，推进了人类发展理论的创新发展。

五　建设社会主义生态文明,把可持续发展的实施推向文明建设的高度

把贯彻实施科学发展观所要求的可持续发展，提升到文明建设的高度，就是建设社会主义生态文明。建设生态文明的实质，就是要建设以资源环境承载力为基础、以自然规律为准则、以可持续发展为目标的资源节约型和环境友好型社会。党的十七大报告第一次明确提出了建设生态文明的目标，而且还把"建设生态文明，基本形成节约能源资源和保护生态环境的产业结构、增长方式、消费模式"列为在全面建设小康社会目标的基础上对我国发展提出的新的更高要求，使之成为中国特色社会主义文明建设的一项重要内容。这是我们党领导全国人民贯彻落实科学发展观的必然

---

① 《中国共产党第十七次全国代表大会文件汇编》，人民出版社2007年版，第36页。

要求，也反映了 20 世纪 70 年代遭遇第一次石油危机以后，人类寻求克服生态危机之道的世界潮流。

　　在人类文明发展史上，生态文明是继原始文明、农业文明、工业文明之后一种崭新的文明形态。由于工业文明是以用各种技术手段征服自然为目的，去满足人类的功利需要，因而自工业革命以来，人类在物质方面取得巨大发展的同时，对地球资源的索取又超出了合理的范围，对地球生态环境也造成了越来越大的破坏，酿成了滥伐森林、过度捕捞、资源能源枯竭、环境污染带来的负面效应。据统计，占世界人口 15% 的发达工业国家，就消费了世界 56% 的石油、60% 以上的天然气和 50% 以上的重要矿产资源。印度的甘地曾经说过："英国为了达到它那种富裕程度，曾消耗掉地球上一半的资源，像印度这样一个国家需要多少个地球？"据全球生态足迹网估计，如果在全球维持一个像美国那样的物质社会，将需要五个地球的资源，维持一个像英国那样的社会也需要将近三个地球的资源。实际上，仅仅在 20 世纪一个世纪里，人类就消耗掉 1420 亿吨石油，2650 亿吨煤，380 亿吨铁，4.8 亿吨铜，导致了近年来全球气候变化、暴雨、高温等极端气候频繁发生的严重后果。建设生态文明，就是人类对工业文明进行深刻反思，决心在发展物质生产的过程中，努力保护和改善生态环境的宝贵成果。

　　生态文明以人与自然、人与人、人与社会和谐共生、良性循环、全面发展、持续繁荣为宗旨，以建立可持续的经济发展模式、健康合理的消费模式以及和睦和谐的人际关系为主要内容，倡导人类在遵循人、自然、社会和谐发展的基础上，追求物质和精神财富的创造和积累，它所遵循的是可持续发展原则。作为工业文明先行者的西方发达资本主义国家，也是最大的环境破坏者，它们所造成的所谓"世界八大公害事件"就轰动一时，敲响了生态危机的警钟，而导致这些生态危机的根本原因则是资本主义制度。因为正是资本主义私有制所固有的种种矛盾、资本家对于利润的疯狂追逐，造成对自然环境的破坏、酿成严重的生态危机，只是在进行深刻的反思并经过半个多世纪的努力之后，转变了发展方式、调整和优化了经济结构、治理了生态环境，它们才在生态建设方面取得了重要成就，但这些成就的取得，又还是同它们大搞生态帝国主义，即借助于其在经济、技术乃至政治、军事优势，攫取发展中国家的资源、向发展中国家转嫁污染公害分不开的。

从原则上讲，只有在消灭了阶级剥削的社会主义社会，才有可能建设真正的生态文明；而实际上，由于我们是这个世界上人口最多的发展中国家，限于客观条件和主观认识，经济发展基本上还沿用了传统的工业文明方式，以致在 20 世纪 70 年代末期以来，随着我国经济的持续快速发展，在发达资本主义国家上百年的工业化过程中分阶段出现的资源环境问题，在我国短时期内集中出现了，资源相对短缺、生态环境脆弱、环境容量不足，逐渐成了中国特色社会主义在发展中面临的一个重大问题。在这种形势下，党的十七大报告把建设生态文明列为全面建设小康社会奋斗目标的新要求、中国特色社会主义文明建设的一项重要内容，并就努力建设和形成资源节约型、环境友好型社会，大力发展循环经济，从源头上实现节能减排，推进节约发展、清洁发展、安全发展和可持续发展等作出了一系列具体部署，这不仅是我们党贯彻落实科学发展观，全面建设小康社会的必然要求，而且更反映了中国特色社会主义顺应世界发展潮流，走出一条不同于传统工业化和现代化的、人类创造文明的新路的决心和信心，这是对人类发展理论的又一个重要的创新发展。

（原载《毛泽东邓小平理论研究》2010 年第 1 期）

中国特色社会主义是马克思主义中国化的最新成果

　　在东欧剧变、苏联解体以后，世界社会主义运动陷入低潮谷底，有的西方思想家预言，在 20 世纪兴起的社会主义也将在 20 世纪灭亡。然而，中国特色社会主义却在 20 世纪 70 年代末以来的 20 多年中，在和平发展的道路上取得了举世瞩目的伟大成就：从 1978 年到 2004 年我国的国内生产总值从 2153 亿美元增长至 159878 亿美元，进出口总额从 206 亿美元增长至 11548 亿美元，国家外汇储备从 1.67 亿美元增长至 6099 亿美元，我国已跃升为世界第三大贸易国和第四大经济体，并使 2.2 亿人初步摆脱了贫困，使人均预期寿命从新中国成立前的 35 岁提高到 71.95 岁。出现这种情况的根本原因，在于中国特色社会主义从它诞生之日起，就始终是在把马克思主义的基本理论同本国具体实际、时代特征紧密结合起来的马克思主义中国化的路线下展开的，因而，不仅在以邓小平为核心的党的第二代领导开创这一事业和理论的时候，第一次比较系统地初步回答了中国这样的经济文化比较落后的国家如何建设社会主义、如何巩固和发展社会主义的一系列基本问题，而且在尔后，以江泽民为核心的党的第三代领导、以胡锦涛为总书记的新一届中央领导，都紧紧围绕建设中国特色社会主义这个主题，准确把握中国国情和时代特征，认真研究我国社会主义现代化建设面临的一系列重大问题，不断总结实践经验，不断扩展理论视野，不断作出理论概括，用发展着的马克思主义指导新的实践，进一步回答了什么是社会主义、怎样建设社会主义的问题，不断推进中国特色社会主义的宏伟事业。

一

　　马克思以来的马克思主义发展历史表明，发展马克思主义的根本道路在于马克思主义基本理论同时代特征、各国具体实际的结合。因为事情正如邓小平所指出的："离开自己国家的实际谈马克思主义，没有意义"①，"就算你用的公式是马克思主义的，不同各国的实际相结合，也难免犯错误"②。中国革命、建设、改革的道路正是这样走过来的：早在1930年毛泽东就提出马克思主义的"本本""必须同我国的实际情况相结合"③；1938年又向全党提出"马克思主义中国化"④的任务；1956年在党的第八次全国代表大会的开幕词中，毛泽东指出"把马克思列宁主义的理论同中国革命的实践密切地结合起来，这是我们党一贯的思想原则"。⑤

　　在中国共产党成立之初，教条主义者不从中国的实际出发，而把从巴黎公社到十月革命欧洲无产阶级革命以城市为中心的道路奉为唯一的公式，加以照抄照搬，结果使中国革命遭到严重挫折，几乎陷于绝境。以毛泽东为代表的中国共产党人则以实事求是的科学态度，独立自主地思考中国革命的问题，经过艰辛的探索，终于成功地找到了一条建立农村根据地，发动农民组织革命武装，以农村包围城市，最后夺取全国胜利的道路，在新民主主义革命时期，实现了马克思主义与我国具体实际相结合的第一次历史性飞跃。在建立了中华人民共和国、完成了社会主义改造、进入社会主义建设时期以后，毛泽东又提出了马克思主义基本理论和我国实际"第二次结合"⑥的任务，并在1956年的《论十大关系》、1957年的《关于正确处理人民内部矛盾的问题》等著作中开始探索中国自己的建设社会主义的道路，但由于"左"的思想把这种探索引向了歧途，发生了

---

　　①　《邓小平文选》第3卷，人民出版社1993年版，第191页。
　　②　《邓小平文选》第2卷，人民出版社1994年版，第318页。
　　③　《毛泽东著作选读》上册，人民出版社1986年版，第51页。
　　④　同上书，第228页。1938年10月14日毛泽东在《新阶段》中首次提出"马克思主义中国化"，在将此文编入《毛泽东选集》时，毛泽东把它改为"马克思主义在中国的具体化"。
　　⑤　毛泽东：《在中国共产党第八次全国代表大会上的开幕词》。
　　⑥　参见吴冷西《十年论战》（上），中央文献出版社1999年版，第23页。

"大跃进"和"文化大革命"那样的巨大失误，致使这种"结合"未能实现。然而，这种探索所取得的成功、积累的正面经验，所走入的歧途和留下的反面教训，又都为尔后的探索、为马克思主义中国化过程中第二次历史性飞跃的实现和中国特色社会主义的诞生做了准备。

二

坚持马克思主义基本理论与中国具体实际相结合，是邓小平毕生的一贯追求。早在20世纪50年代，邓小平就从普遍和特殊的角度阐述了马克思主义中国化机制："马克思列宁主义的普遍真理与本国的具体实际相结合，这句话本身就是普遍真理。它包含两个方面，一方面叫普遍真理，另一方面叫结合本国实际"，"离开本国的实践，离开本国的特点去照搬外国的东西，这条普遍真理就不能实现"①。只有结合中国实际的马克思主义才是我们所需要的真正的马克思主义。1978年党的十一届三中全会以后，以邓小平为代表的中国共产党人更致力于恢复和发展毛泽东倡导的马克思主义思想路线，开始了马克思主义基本理论和中国社会主义建设实际相结合的认真探索，逐步形成了以经济建设为中心、坚持四项基本原则、坚持改革开放的建设有中国特色社会主义的基本路线以及建设中国特色社会主义的基本理论，即邓小平理论。

解放思想、实事求是，从实际出发建设社会主义，最大的"实际"就是中国的基本国情。我国过去出现像"大跃进"和"文化大革命"的巨大失误，它的一个重要的认识论根源就在于对基本国情作了错误的判断，离开了现实和超越阶段采取"左"的办法，使社会主义建设遭到挫折和失误。所以，在1987年召开我们党的十三大的时候，邓小平提出"要阐述中国社会主义是处在一个什么阶段，就是处在初级阶段，是初级阶段的社会主义。社会主义本身是共产主义的初级阶段，而我们中国又处在社会主义的初级阶段，就是不发达的阶段。一切都要从这个实际出发，根据这个

---

① 《邓小平文选》第1卷，人民出版社1994年版，第258—259页。

实际来制定规划"①。

我国社会主义在改革开放前所经历的曲折和失误，归根结底在于对什么是社会主义、怎样建设社会主义这个首要的基本的理论问题没有完全搞清楚。因此，邓小平在总结我国和其他社会主义国家多年来离开生产力抽象地讨论社会主义，把许多束缚生产力发展的东西误认为是"社会主义原则"来加以固守，而把许多在社会主义条件下有利于生产力发展的东西当作"资本主义复辟"来加以反对的历史教训的基础上，创造性地揭示了社会主义的本质是"解放生产力，发展生产力，消灭剥削，消除两极分化，最终达到共同富裕"。②

在 20 世纪 50 年代，毛泽东曾经冲破无冲突论的束缚，指出社会主义社会仍然存在着矛盾，生产关系和生产力、上层建筑和经济基础之间的基本矛盾在推动着社会主义社会的发展，但由于对这些基本矛盾的具体表现和基本国情的判断出现失误，曾经脱离了生产力发展的实际，一味追求提高生产资料公有化的程度和企图以阶级斗争为纲来推动生产力的发展，结果招致严重的挫折。邓小平在总结历史经验的基础上，指出要抓住时机，发展自己，关键是发展经济，而经济体制改革是发展生产力的必由之路。他指出："社会主义基本制度确立以后，还要从根本上改变束缚生产力发展的经济体制，建立起充满生机和活力的社会主义经济体制，促进生产力发展，这是改革，所以改革也是解放生产力。"③ 改革和过去的革命一样，都是为了扫除阻碍生产力的障碍，但又不同于过去那种一个阶级推翻另一个阶级的革命，它是对体制的根本性变革，是社会主义制度的自我完善和发展。

在建立什么样的经济体制更有利于社会生产力发展的问题上，不能不看到现代市场经济已经被证明是比传统的计划经济更为有效的经济运行机制和资源配置方式。因此，邓小平就针对一说计划经济就是社会主义、一说市场经济就是资本主义的传统观念大力进行拨乱反正，把实行计划调节

---

① 《邓小平文选》第 3 卷，人民出版社 1993 年版，第 252 页。

② 同上书，第 373 页。

③ 同上书，第 370 页。

还是市场调节的问题同社会主义还是资本主义的区分截然剥离开来，指出"计划和市场都是经济手段"，"计划多一点还是市场多一点，不是社会主义与资本主义的本质区别"①，"社会主义与市场经济之间不存在根本矛盾"②；但另一方面，市场调节本身又具有自发性和后发性等特征，仅靠市场经济本身的运转难以防止两极分化、难以实现长期经济稳定，为此就必须有政府对经济的宏观管理和计划调控来干预市场的运行。这种探索在后来促使到1992年党的十四大把建立社会主义市场经济体制作为改革的目标，并从原则上指明了实现这一目标的途径。

中国实现社会主义现代化主要依靠自己的努力、自己的资源、自己的基础，但中国要谋求发展，摆脱贫穷和落后，又必须实行对外开放，加强国际交往，充分利用发达国家的先进经验、先进的科学技术和资金。邓小平说："社会主义要赢得与资本主义相比较的优势，就必须大胆吸取和借鉴人类社会创造的一切文明成果，吸取与借鉴当今世界各国包括资本主义发达国家的一切反映现代社会化生产规律的先进经营方式、管理方法"③，这丝毫不等于实行资本主义制度，也不会使社会主义社会重新回到资本主义去。但在坚持对外开放、合作、利用、借鉴的同时，又必须头脑清醒，决不可忘记"国家的主权、国家的安全要始终放在第一位"④，决不可忘记"对资本主义的腐朽性影响进行坚决的抵制和斗争"。⑤

中国特色社会主义是马克思主义基本理论同中国社会主义建设实际相结合的产物，同时又是马克思主义基本理论与当今时代特征相结合的产物。针对20世纪70—80年代时代主题越来越明显地由战争与革命向和平与发展的转换的特征，邓小平指出"现在世界上真正大的问题，对全球性的战略问题，一个是和平问题，一个是经济问题或者说发展问题"⑥，"世界和平与发展这两大问题，至今一个也没有解决"⑦。我们坚持独立自主的

---

① 《邓小平文选》第3卷，人民出版社1993年版，第1373页。
② 同上书，第148页。
③ 同上书，第373页。
④ 同上书，第348页。
⑤ 同上书，第44页。
⑥ 同上书，第105页。
⑦ 同上书，第383页。

外交政策，坚持反对霸权主义、维护世界和平，主张在和平共处五项原则的基础上建立和平、稳定、公正、合理的国际新秩序，与此相适应，中国特色社会主义坚持走和平发展的道路："我们搞的是有中国特色的社会主义，是不断发展社会生产力的社会主义，是主张和平的社会主义。只有不断发展社会生产力，国家才能一步步富强起来，人民生活才能一步步地改善。只有争取到和平的环境，才能比较顺利地发展。"①

归结起来，邓小平依据马克思主义中国化的思想政治路线，开创中国特色社会主义事业的历程，正如他所指出的是在于"把马克思主义的普遍真理同我国的具体实际结合起来，走自己的道路，建设有中国特色的社会主义，这就是我们总结长期历史经验得出的基本结论"。②

三

在党的十三届四中全会以后，以江泽民为核心的党的第三代中央领导，在世界多极化和经济全球化趋势曲折发展，科学技术日新月异，高新科技极大地改变着人们的生产、生活方式和国际经济政治关系的形势下，从容应对一系列关系我国主权和安全的国际突发事件，战胜在政治、经济领域和自然界出现的困难和风险。江泽民指出："马克思主义的生命力就是在于它在实践中能够不断创新"，"坚持解放思想、实事求是的思想路线，弘扬与时俱进的精神，是党在长期执政条件下保持先进性和创造力的决定性因素"。③ 在 1997 年党的十五大上，江泽民提出了建设有中国特色社会主义经济、政治、文化的社会主义初级阶段的基本纲领；在 2002 年党的十六大上，他总结和概括了建设中国特色社会主义的基本经验，即：坚持以邓小平理论为指导，不断推进理论创新；坚持以经济建设为中心，用发展的办法解决前进中的问题；坚持改革开放，不断完善社会主义市场经济体制；坚持四项基本原则，发展社会主义民主政治；坚持物质文明和

① 《邓小平文选》第 3 卷，人民出版社 1993 年版，第 328 页。
② 同上书，第 3 页。
③ 江泽民：《论有中国特色社会主义》，中央文献出版社 2002 年版，第 629、635 页。

精神文明两手抓，实行依法治国和以德治国相结合；坚持稳定压倒一切的方针，正确处理改革发展稳定的关系；坚持党对军队的绝对领导，走中国特色的精兵之路；坚持团结一切可以团结的力量，不断增强中华民族的凝聚力；坚持独立自主的和平外交政策，维护世界和平与促进共同发展；坚持加强和改善党的领导，全面推进党的建设的新的伟大工程。特别是在这个过程中，江泽民集中全党智慧，提出了中国共产党"必须始终代表中国先进生产力的发展要求，先进文化的前进方向和最广大人民的根本利益"①的"三个代表"重要思想，它涵盖改革发展稳定、内政外交国防、治党治国治军的各个方面，构成了一个系统的科学理论，成为我们加强和改进党的建设、推进我国社会主义自我完善和发展的强大理论武器，这就在把马克思主义基本理论和中国建设社会主义代化的实践相结合，又与时俱进地反映当代世界和中国的发展变化对党和国家工作的新要求中，深化了对中国特色社会主义的认识，进一步回答了什么是社会主义、怎样建设社会主义的问题，创造性地回答了建设什么样的党、怎样建设党的问题，成为继邓小平理论之后，马克思主义中国化的又一重大理论成果。

四

进入新世纪新阶段，在中国的改革发展面临既有巨大发展潜力和动力的难得机遇，又有各种困难和风险的严峻挑战的关键时期，以胡锦涛为总书记的新一届中央领导，在2003年党的十六届三中全会上提出坚持以人为本，树立全面、协调、可持续发展的科学发展观，促进经济社会和人的全面发展；在2004年党的十六届四中全会上提出构建社会主义和谐社会的任务；在2005年党的十六届五中全会上，依据这些重大战略思想，提出制定第十一个五年规划的建议，要求全面落实科学发展观，用它来统领经济社会发展全局，使中国特色社会主义事业的总体布局，更明确地由社会主义政治建设、经济建设、文化建设三位一体发展成为社会主义经济建设、政治建设、文化建设、社会建设四位一体。胡

① 江泽民：《论有中国特色社会主义》，中央文献出版社2002年版，第579页。

锦涛指出：“要解决中国的发展问题，实现又快又好的发展，必须牢固树立和认真落实科学发展观”，“科学发展观对整个改革开放和现代化建设都具有重要指导意义”。①

　　科学发展观是我们党在总结新中国成立以来，特别是改革开放以来社会主义现代化建设的历史经验，在吸取人类文明成果的基础上，从新世纪新阶段我国发展的全局出发，提出的重大战略思想。它揭示了我国经济社会发展的客观规律，反映了我们党对发展问题的新认识，是马克思主义发展理论的重大创新和发展。科学发展观坚持以人为本，就是强调发展要以人的全面发展为目标，要从人民群众的根本利益出发去谋发展、促发展，不断满足人民群众日益增长的物质文化需要，切实保障人民群众的经济、政治和文化利益，让发展的成果惠及全体人民；全面发展，就是要以经济建设为中心，全面推进经济、政治、文化、社会建设，正确处理以经济建设为中心和全面发展、经济发展与社会进步的关系；协调发展，就是要统筹城乡发展，统筹区域发展，统筹经济社会发展，统筹人与自然和谐发展，统筹国内发展和对外开放，推进生产力和生产关系、经济基础和上层建筑相协调，推进经济、政治、文化、社会建设的各个环节、各个方面相协调，正确处理加快发展和协调发展的关系；可持续发展，就是要促进人与自然的和谐，实现经济发展和人口、资源、环境相协调，坚持走生产发展、生活富裕、生态良好的文明发展道路，节约发展、清洁发展、安全发展，发展循环经济，建设资源节约型、环境友好型社会，保证一代接一代永续发展。科学发展观是指导发展的，离开了发展就谈不上科学发展观；但是，科学发展观在坚持发展是硬道理，坚持抓好发展这个执政兴国的第一要务，坚持以经济建设为中心，坚持以发展和改革的办法解决前进中问题的同时，又从世界观和方法论的高度，提出和解决为什么发展、怎样发展的问题，把发展推进和纳入科学发展观的轨道中去，着力加快改革开放，着力增强自主创新能力，着力推进经济结构调整和经济增长方式的转变，着力提高经济发展的质量和效益，努力推动经济社会又快又好发展，使全体人民共享改革发展的成果。

_____

① 胡锦涛：《把科学发展观贯穿于发展的全过程》，2004 年 5 月 5 日。

　　构建社会主义和谐社会，这既是对我国改革开放和现代化建设经验的科学总结，又在新的国内外形势下贯彻落实科学发展观，更好地推进我国经济社会发展的战略举措，它反映了我们党对中国特色社会主义事业发展规律的新认识，也反映了我们党对执政规律、执政能力、执政方式和方略的新认识，为我们紧紧抓住和用好重要战略机遇期，实现全面建设小康社会的宏伟目标提供了重要的思想指导。

　　我们所要建设的社会主义和谐社会，应该是民主法治、公平正义、诚信友爱、充满活力、安定有序、人和自然和谐相处的社会。但是，"社会主义和谐社会又并不是没有矛盾的社会"，"构建社会主义和谐社会的过程，就是在妥善处理各种矛盾中不断前进的过程，就是不断消除不和谐因素，不断增强和谐因素的过程"，这里的"关键是要正视矛盾，找到化解矛盾的正确途径和有效方法，形成妥善处理矛盾的体制机制，而不能让矛盾积累和发展起来，以致影响国家改革发展稳定的大局"，同时，又"引导群众以理性合法形式表达利益要求、解决利益矛盾"。[①]

　　中国特色社会主义不仅在国内提出构建社会主义和谐社会的任务，而且在和平、发展、合作成为时代潮流，人类社会的发展又面临严峻挑战的情况下，在国际上把携手建设持久和平与共同繁荣的和谐世界奉为中国走和平发展道路的崇高目标，建议通过坚持民主平等，实现协调合作；坚持和谐互信，实现共同安全；坚持公正互利，实现共同发展；坚持包容开放，实现文明对话，建设一个民主、和谐、公正、包容的和谐世界。

　　邓小平理论、"三个代表"重要思想、科学发展观和构建社会主义和谐社会，这些是我们党在把马克思主义基本理论和中国社会主义建设实际紧密结合起来的马克思主义中国化过程中结出的最新成果。它表明，只要我们毫不动摇地继续坚持这条马克思主义中国化的思想政治路线，我们就必将在21世纪中叶基本完成社会主义现代化的基础上胜利实现中华民族的伟大复兴，成功地走出一条具有世界历史意义的中国特色的社会主义现代化道路。正如邓小平所指出的那样："这不但是给世界总人口四分之三

---

　　① 胡锦涛：《在省部级主要领导干部提高构建社会主义和谐社会能力专题研讨班上的讲话》，2005年2月19日。

的第三世界走出了一条路，更重要的是向人类表明，社会主义是必由之路，社会主义优于资本主义。"①

（原载《理论前沿》2006 年第 5 期）

---

① 《邓小平文选》第 3 卷，人民出版社 1993 年版，第 225 页。

第四编

关于中国特色社会主义制度、中国模式的探讨

中国模式的形成、内涵、目标、特征和实质

随着在党的十一届三中全会以后，我国在改革开放和社会主义现代化建设中取得举世瞩目的伟大成就，在这个过程中形成和发展起来的中国模式日益受到人们的关注。2004 年美国高盛公司顾问、清华大学教授雷默把中国模式概括为与"华盛顿共识"相对立意义上的"北京共识"，拉开了国际舆论高度关注中国模式的序幕。而自我国在国际金融危机中率先实现复苏以来，中国模式问题更是受到国内外舆论越来越密切的关注和讨论，甚至在美国知识界也出现了暗示中国的经济模式可以替代美国模式的声音：2010 年 8 月 30 日美国《华盛顿邮报》网站发表的一篇文章称"正如斯蒂芬·哈尔珀和伊恩·布雷默及其他学者所指出的，知识界的流行趋势是暗示中国的经济模式——即所谓的'北京共识'——可以代替美国模式，尤其是在全球金融危机发生之后"。

一　中国模式的形成

尽管中国模式早已成为国内外热烈议论的对象，但究竟是否存在一个中国模式，或者说中国模式是否已经形成，却还是一个有争议的问题。

否认中国模式的客观存在，认为中国模式还没有形成的一方所提出的理由，主要有以下数端：

一是说中国正处在由计划经济向市场经济过渡的转型期，将伴随着急剧的社会变革和政治变革，中国模式还在发展变化之中，还没有完全成功，现在谈论中国模式还为时过早。

借口中国模式还在发展变化之中去否定其客观存在，那是没有根据的。这是因为，世界上任何国家的发展模式都是在特定的时间空间条件

下，为实现发展的战略目标、解决人们生活中存在的突出问题而形成和发展起来的，因而随着国内外形势的发展变化、人们生活中突出问题的发展变化，它的发展模式也必定发生相应的变化。世界上没有一成不变的发展模式。所以，不能因为中国模式还要发展变化就说中国模式还没有形成。而且对于中国模式的发展变化，也要进行符合实际的分析。因为模式是多层次、多方面的，如果发生变化的，只是其某个层次、某个方面的东西，既没有影响全局也没有改变其性质，那就不能以此为据去否定其客观存在，否定其已经形成。以我国的情况来说，经过多年的努力，社会主义市场经济体制在我国已经建立起来，虽然还要不断完善，但不能因此而说它还没有形成、还不存在。应该看到这里既有变的东西，又有不变的东西，如果相对不变的东西在决定着全局、决定着模式的性质，那么，那些变化的东西就改变不了中国模式的已经形成和客观存在的状态。

二是说"模式"一词含有示范、样板之意，只有普遍性，而中国模式迄今还未被他国所采用，因此，还谈不上中国模式的形成和客观存在。

把一国的发展模式说成具有普遍性的示范、样板，是没有根据的。诚然，在人类社会的发展中有共同的普遍规律，但是在不同的国家和民族中间，又存在着千差万别的特点。从历史发展的角度来看，每个民族都经历着阶级斗争，在最后沿着一些基本上相同，而在具体形式上又各有不同的道路，走向共产主义。在这里，为人类社会所共同的基本规律，只有通过一定的民族特点才能在现实生活中具体表现出来和发生作用。因此，不言而喻的是，由于每个国家的基础不同，历史不同，所处的环境不同，左邻右舍不同，以及其他的许许多多的不同，他们的发展模式也必定是各有不同的。而从现实的经验教训来看，把一国的模式强加于人，让别国去照抄照搬，也从来不能取得成功。例如，在苏联解体以前，它曾经把自己的经验凝固化、绝对化和神圣化，把苏联模式强加于兄弟党、兄弟国家，而把兄弟党、兄弟国家独立自主、自力更生，根据本国本民族的特点建设社会主义的努力当作民族主义来加以批判和斥责，这种"老子党"和大国沙文主义的思想和做法对兄弟党、兄弟国家造成了严重的损害，曾使中国革命几乎陷于困境。结果是以损人开始又以害己告终；在冷战结束以后，美国又把其新自由主义发展模式包装成一个什么"华盛顿共识"，强行推销给拉丁美洲国家、俄罗斯以及一些东南亚国家，结果也是到处带来灾难。所以，事情正如邓小平所指出的那样，"各国的事情，一定要尊重各国的党、各国的人民，由他们自己去寻找道路，去探索，去解决问题"，因为"各国的情况千差万别，人民的觉悟有高有低，国内阶级关系的状况、阶级力量的对比又很不一样，用固定的公式去硬套怎么行呢？"①"世界上的问题不可能用一个模式解决。中国有中国自己的模式，莫桑比克也应该有莫桑比克自己的模式"，"独立自主才真正体现了马克思主义"②。怎么能因为中国模式迄今还没有被他国所采用而否定中国模式已经形成和客观存在呢？

三是说中国之所以成功，恰恰是因为没有什么模式，中国模式这个概念反而掩盖了中国经验中最重要的因素：把握机会。用中国把握机会的经验去否定中国模式的客观存在，是毫无道理可言的。因为任何国家、任何民族，不论其能耐有多大，都不可能去把握属于别国的机会、所有的机会，而只能把握形势的发展所提供给它的机会、属于它自己的机会，而且还只能用它自己所特有的方式，而不能用别国的方式去把握。但这样一来，把握机会就不可避免地有一个主体的问题：是谁在把握机会？怎样把握属于它的机会？用什么方式去把握机会？要是没有中国这个主体用它所特有的中国模式去把握属于它自己的机会，又哪来的什么中国把握机会的经验？

四是说"中国模式"不是由中国人，而首先是由一些别有用心的外国人提出来的，而且其意在遏制中国的进一步发展。

这个说法首先是不符合客观事实的。外国人热议中国模式是在中国的改革开放和社会主义现代化建设取得举世瞩目的巨大成就之后，而我国改革开放的总设计师邓小平则早在1980年的时候就提出中国模式的问题了；1980年5月，邓小平在谈到处理兄弟党关系的原则时，就在与俄国十月革命的模式的对比中提出了"中国模式"的问题。他说："中国革命就没有按照俄国十月革命的模式去进行，而是从中国的实际情况

---

① 《邓小平文选》第2卷，人民出版社1994年版，第318—319页。
② 《邓小平文选》第3卷，人民出版社1993年版，第191、261页。

出发，农村包围城市，武装夺取政权。既然中国革命胜利靠的是马列主义普遍真理同本国具体实践相结合，我们就不应该要求其他发展中国家都按照中国的模式去进行革命，更不应该要求发达的资本主义国家也采取中国的模式。"① 在 1988 年 5 月一次会见外宾时，他又说："世界上的问题不可能都用一个模式解决，中国有中国自己的模式，莫桑比克也应该有莫桑比克自己的模式。"② 在国际社会，由于不同的人们是从不同的立场和角度来注视中国模式的，因而在讨论中出现不同乃至相反的意见，就是一件十分正常的事情。其中，有的人想捧杀中国也罢，有的人想遏制中国也罢，都不能影响中国模式的形成和客观存在，因此也完全没有必要以这种意见为转移去肯定或是否定中国模式的客观存在和已经形成。绝不能因为顾虑有人别有用心地宣传中国模式就否认中国能够形成自己的社会发展模式。

根据上述内容，可以看出，中国模式已经形成是不容否定的，中国模式的客观存在是不容抹杀的。那为什么有一些西方人总是无视它的客观存在呢？新加坡学者郑永年在《为什么要提"中国模式"？》一文中说："西方很多人并不承认中国模式的存在"，"这些人大都看到中国发展所包含的种种问题和制约因素，不认为中国已经形成一种可称之为'模式'的东西，也不相信中国的发展模式可以持续，也有一些人是在意识形态上敌视中国，他们希望中国解体和崩溃。在这些人看来，中国根本不配产生一种模式"。然而，"理性而言，'中国模式'是客观存在的，就像是盖房子，房子盖好了，肯定有个模式。问题在于如何看待和评价这所房子？"是用科学的客观的方法，还是从审美的角度？"如果是后者，那么政治化和道德化等倾向就变得不可避免"，"很显然，这种局面的持续，并不能对人们认识中国模式有很大的帮助"。③

但另一方面，我们又不能对中国模式的形成作绝对化的理解。这是因为，中国模式是多层次、多方面的，这各个层次、各个方面的形成发展也

---

① 《邓小平文选》第 2 卷，人民出版社 1994 年版，第 318 页。
② 《邓小平文选》第 3 卷，人民出版社 1993 年版，第 261 页。
③ 新加坡《联合早报》2010 年 5 月 4 日。

是不平衡的，其中有的层次、方面形成得早一些、发展得快一些，其他的层次、方面则形成得晚一些、发展得慢一些。说中国模式已经形成，是就总体上说的，是就其基本架构来说的，是说它在总体上、基本架构上已经形成一个不同于世界上其他各种模式的独特的发展模式，而并不是说它在各个层次、各个方面都已经完全形成，已经完美无缺了。不，事实是中国模式已经形成，它的总体形状和发展方向已经明确，但又还存在某些不确定因素，需要进一步完善和发展。

那么，到底什么是中国模式？

所谓模式，就是行为主体（如国家、地区、企业等）为达到自己的目标而采取的特定的行为方式和方法。这种行为方式、方法既受所要达到的目标的制约，更由行为主体及其所处环境和条件等因素所决定；

模式是中性的，既包含这种行为方式的优点，也包含其缺点和面临的挑战和存在的问题；

模式常因主体及其条件的不同而各个特殊，多种多样，它不是千篇一律和具有普适性的，如果不顾主客观条件的不同，照抄照搬别的行为主体所用的模式，就不能实现自己所要达到的目标；

模式还因为客观环境和主体及其需要的变化而发展变化，它并不是固定的、一成不变。如果不顾客观环境和主体需要的变化，把自己的模式凝固化、绝对化，那么，所要达到的目标也是不能实现的。所以，不要把模式理想化、神秘化。

所谓中国模式，是世界上诸多发展模式中的一种，它是指为实现中国革命、建设、改革的战略目标而选择的制度体制、所走的道路、所采用的方式方法。而当前在国内外被大家热烈议论的中国模式，则主要是指我国实行改革开放和社会主义现代化建设的发展模式。

中国模式和中国道路，是从不同语境所指在前提和内核上相同的事情，但中国模式侧重从横断面观察中国的行为方式，而中国道路则侧重从纵断面综述中国的发展历程。

中国模式虽然借鉴和汲取过其他模式的一些长处，但却是一种适合中国自己国情的、带有独创性的发展模式。同时，它虽可供别国借鉴和参考，却不能被用来向他国推销或强加于人，也不能被别国照抄照搬。

那么，中国模式又是怎样形成的？形成的标准和基础是什么？

和所谓要有普遍性才能形成中国模式的说法相反，中国模式的形成标志不是普遍性，而是特殊性。

什么是一事物的质？就这事物本身来说，就是它本身的规定性，就是使它成为这一事物而不是其他事物的规定性；而就一事物同其他事物的关系来说，就是这一事物同其他事物的基本的区别性。事物的规定性和区别性是相互贯通、互为表里的。中国模式之所以是中国模式，就在于它具有自己的规定性，这种规定性在它与其他事物的关系中就表现为它与其他事物的区别性。

中国模式是否已经形成、是否客观存在，这并不取决于某些人的肯定或者否定，而是取决于它本身是否已经形成、已经具备它自己的不同于其他模式的规定性，取决于它是否已经表现出同其他事物的基本的区别性。例如，在社会主义市场经济的问题上，中国模式就既同苏联的产品经济模式相区别，也同美国的新自由主义市场经济模式、德国的社会市场经济模式、日本的福利资本主义模式等相区别。这种区别性，也即特殊性，就是中国模式形成的标准和基础。这些基本的区别性的存在，就是中国模式已经形成、中国模式客观地存在着的准确无误的标志。

国外有人曾经以中国与东南亚四小虎的成功有相似之处为由，说它应属于亚洲后期快速发展的一种模式，而谈不上是中国模式。这种分析是片面的，因为它夸大了两者之间表面上的相似之处，却抹杀了两者在性质上的重大区别，即中国实行的是社会主义市场经济，而东南亚四小虎实行的是资本主义市场经济，这种区别在 1997 年爆发东南亚金融危机时表现得特别明显。而要是抓住中国有大量出口、快速发展这些特点加以夸大，把它等同于东南亚四小虎的出口导向和快速发展，那么，是否还要把同样具有这些特点的德国的社会市场经济模式也归到这一类中去呢？这显然是十分荒谬的。

二　中国模式的内涵

中国模式与其他模式的区别性反映出它具有自己的不同于其他模式的

规定性，也即内涵。那么，中国模式的内涵是什么呢？

中国模式是一个统称概念、综合体系。它包含不同年代、不同层次、不同方面的子模式。

从纵的方面来说，中国模式包括中国的革命模式，即农村包围城市、武装夺取政权的革命模式，它表明中国革命用不同于十月革命的方式走了十月革命所开辟的道路；中国的社会主义改造模式，即用赎买的办法废除资本主义，又通过合作化，把农民个体经济逐步转变为社会主义集体经济的和平改造模式；中国的社会主义建设模式，即在优先发展重工业的前提下，强调农业是基础、工业是主导的建设模式；中国的改革开放和社会主义现代化建设模式，即以经济建设为中心，以坚持四项基本原则、坚持改革开放为两个基本点的现代化建设模式；在中国的发展既面临许多机遇又凸显种种矛盾的新世纪新阶段，在创造性地回答"实现什么样的发展、怎样发展"问题的时候，又进一步展开为以人为本、全面协调可持续的科学发展模式。

从横的方面来说，中国的改革开放和社会主义现代化建设模式包括当代中国的经济模式、政治模式、文化模式、社会模式、生态文明建设模式、党建模式等子模式，以及中国的解放思想、实事求是、与时俱进的马克思主义思想路线。其中，经济是中心，政治是关键，思想路线是保证。

（一）当代中国的经济模式，主要包括：

1. 以公有制为主体、多种所有制经济共同发展的所有制制度，以按劳分配为主体、多种分配形式并存的分配制度

实践证明，只有长期坚持这些由我国社会主义制度的性质和生产力发展水平所决定的方针和制度，才能使我国的经济充满生机和活力，促进社会生产力迅速发展。公有制经济是国家引导、推动、调控经济社会发展的重要力量，实现广大人民群众根本利益的重要保证。只有确保公有制经济的主体地位，才能防止两极分化，实现共同富裕；而非公有制经济则在发展生产力、增加就业、满足人民生活多样化的需要等方面发挥重要作用。国外有评论指出，实行这种社会基本经济制度，是"中国改革取得成功的秘诀之一"；它使私营、外资、个体、集体、合作所有制等不同经济成分

同时并存，而又依然坚持公有制为基础，"中国正是以这种发展模式给予非国有制经济以巨大动力，并给予中国经济发展以极大的活力"。

2. 社会主义市场经济体制

这种经济体制把市场经济与社会主义基本制度紧密结合起来，既在国家的宏观调控下发挥市场在资源配置中的基础性作用，把资源配置到效益较好的环节中去，又通过国家的宏观调控去克服市场所固有的自发性、盲目性和滞后性等消极方面。社会主义市场经济围绕经济发展和社会公平的目标，让政府"有形的手"和市场"无形的手"相互补充，克服市场的周期颠簸和公平缺失，这就有力地促进了社会生产力的发展。邓小平指出："社会主义市场经济优越性在哪里？就在四个坚持。四个坚持集中表现在党的领导"，"党的领导是个优越性。没有人民民主专政，党的领导怎么实现啊？四个坚持是'成套设备'"。[①]

我们在以社会主义市场经济取代计划经济的同时，又保持国家宏观计划调控的作用。中国社会主义市场经济的这一方面正越来越引起国际舆论的注意，有人甚至把中国的社会主义市场经济称作"中国的计划市场经济"。英国诺丁汉大学当代中国学院院长姚树洁指出："中国当然有独特的发展模式，从经济上讲，中国的市场和计划结合得很不错。比如说经济发展中制定五年计划就很有效。有一个五年计划就像走路时有了目标，可以更清晰地规划一些大项目，而英国就没有这样的计划，每年只能靠预算来规划，效果就差得多"[②]；德国学者比恩施蒂尔说："中国取得发展成就的原因和做法是什么？这是一个西方再也不能忽视的问题。在不久前举行的新加坡亚太经合组织相关会议上，人们承认，中国通过五年计划由中央确定政治经济发展方向，西方国家由于体制限制是不可能这么做的"[③]；法国学者塞贡认为，中国经济成就源于"有计划"，"正是国家发改委长达15年的战略规划的有效性，才使得中国快速改变并在各个战略性领域取得了诸多经济成就。这一经济计划的精心制定，以及政治目标、技术和财政手

---

① 《邓小平年谱（1975—1997）》（下），中央文献出版社 2004 年版，第 1363 页。
② 《"中国成功秘诀就在中国人身上"——专访姚树洁教授》，《参考消息》2009 年 10 月 8 日。
③ 比恩施蒂尔：《中国挑战西方》，《新德意志报》2010 年 5 月 22 日。

段的统一，确保它得到充分有效的执行"。①

3. 引进外国的先进技术、管理经验和资金来加速中国的社会主义现代化建设

有人说中国这样搞现代化，是放弃了基本立场和信仰，走资本主义道路。这种说法是不正确的，因为这是社会主义国家在把这当作方法用它去发展社会生产力，而并不是把它当作目标，所以，既不等于实行资本主义，也不会重新回到资本主义。英国作家威尔·赫顿在《伟大的中国商城》一文中说，中国的发展道路"是一个新的经济模型。它融合了资本主义的发展原理，但又受到国家的指导，而国家时刻牢记必须提高数以亿计的人民的生活水平和生活质量"，"它没有把资本主义当成目标，而是把它作为实现目标的手段"。② 但另一方面，我们又必须正视并采取有效的措施应对由此带来的影响，我们绝不能因为实行对外开放政策就忽视、放松和不敢进行反腐蚀的斗争。邓小平指出："我们必须有两手，不能只有一手。一手是坚持对外开放、对内搞活经济的政策"，"另外一手要头脑清醒，提高警惕，长期地、坚持不懈地抓好打击经济领域犯罪活动的斗争。如果没有这一手，就会偏离社会主义方向，现代化建设也不能搞好"③；"经济建设这一手我们搞得相当有成绩，形势喜人"，"但风气如果坏下去，经济搞成功又有什么意义，会在另一方面变质，反过来影响整个经济变质，发展下去会形成贪污、盗窃、贿赂横行的世界。所以，不能不讲四个坚持，不能不讲专政，这个专政可以保证我们的社会主义现代化建设顺利进行，有力地对付那些破坏建设的人和事"。④

4. 对于发展中国家的经济援助，其中最突出的是

（1）1997 年的东南亚金融危机对东盟多数国家的经济造成猛烈冲击，他们担心中国会步泰国、印度尼西亚和韩国的后尘，使人民币贬值，造成对东南亚经济更大的冲击。然而，我国却不顾自身面临的巨大压力和风险毅然坚持人民币不贬值，并及时向东盟提供力所能及的财政和金融支持，

①　塞贡：《中国：有计划的经济的秘密》，法国《论坛报》2010 年。
②　英国《卫报》2004 年 5 月 9 日。
③　《邓小平年谱（1975—1997）》（下），中央文献出版社 2004 年版，第 810 页。
④　《邓小平文选》第 3 卷，人民出版社 1993 年版，第 154 页。

扭转了东盟对中国的看法，成为双方关系史上的一个重要转折点。美国记者库兰齐克在《中国的魅力：中国软实力的影响》一文中评论说，1997年以来，中国在东南亚的形象和影响力的改变，"得益于中国软实力的增长，即通过说服而不是威逼来施加影响的能力的增长"。其战略是，"首先，北京提出了'双赢'关系的学说"。与美国不尊重主权、对东南亚国家采取苛刻的态度相对比，"中国领导人强调说中国愿意倾听其他国家的意见"并"提出不干涉他国内政的理念"，"北京取得了成功。如今几乎不可能找到各位东南亚领导人公开质疑中国的崛起，这与仅仅五年前的情况构成鲜明对比"。①

（2）对非洲国家的援助。据商务部援外司的材料，截至 2008 年 9 月，中国政府已先后向 53 个非洲国家提供了各类援助，援建了 800 多个成套项目，为非洲培养了 3 万名的各类人才，免除了非洲 34 个重债穷国和最不发达国家的债务 308 笔，向 43 个非洲国家派遣了上万人次的医疗队。国际金融危机爆发以来，我国又向非洲国家提供了 100 亿美元的优惠贷款，逐步给予同中国建交的非洲最不发达国家 95% 的产品免关税待遇。世界银行行长佐利克说："我认为中国在非洲的投资能够帮助非洲国家开发基础设施，帮助这些国家利用它们拥有的自然资源"②；南非国际事务研究所首席学者奥尔登说，在由西方国家主导多年以后，中国"改变了发展的游戏规则，我觉得那大概是中国至今向非洲所作出的最大贡献"。③

5. 经济体制改革和经济发展的战略

（1）先易后难、先试验后推广、逐步推进的渐进性改革战略；（2）在相对保持原有的政治经济结构的同时，鼓励个体和私有经济的发展、引进外资，以及在维持原有经济体制的情况下，不断增加市场经济的分量的经济改革双轨战略；（3）以经济建设为中心；（4）对内改革与对外开放相结合；（5）积极参与经济全球化又坚持独立自主；（6）新型工业化道路；（7）农业现代化和城镇化道路；（8）科教兴国战略；（9）人才强国

---

① 美国卡内基国际和平基金会网站 2006 年 6 月 5 日。
② 《美国之音》网站 2007 年。
③ 法新社约翰内斯堡 2007 年 10 月 21 日电。

战略；（10）建设创新型国家；（11）"引进来"和"走出去"相结合；（12）改革是动力，发展是目标，稳定是前提；（13）正确处理经济发展同人口、资源、环境关系的可持续发展战略；（14）正确处理东部地区和中西部地区的关系，实施西部大开发、中部崛起和振兴东北老工业基地等战略，等等。

（二）中国的政治模式，主要包括：

1. 中国共产党的领导与整合以及人民民主专政的社会主义基本政治制度。

西班牙驻华使馆前商务参赞恩里克·凡胡尔说："中国的政治体制常被不加修饰地简单描述为共产党独裁。然而，中国的政治制度具有源自该国传统的强烈的民族特色，新中国的成立不是割断了与历史和中国传统的联系，而是以非常杰出的方式结合了这些因素，因此，中国共产党具有与其他国家共产党完全不同的特性，而并不是传统意义上的共产党。少数人为了多数人的福祉管理国家，在中华人民共和国时期，是全体共产党员。中国共产党合法性的依托是道德威望，而不是某些事先制定的规则或选举等获取权力的手段"（西班牙皇家埃尔卡诺研究网站 2009 年 7 月 31 日）；新加坡学者郑永年在《中国模式的机遇和挑战》一文中说："中国政府现在的意识形态是民本主义，努力把政府的作用和人民的利益结合在一起。中国政府也努力提高决策过程的透明性，并建立各种机制使得其官员对人民负责。中国的政治体制尤其在危机时期表现出高效率。无论在处理四川地震，还是在应对这次金融危机，相对于其他政治体制，中国体制的优越性就显现出来了"（新加坡《联合早报》2009 年 9 月 1 日）；在《中国模式的核心是什么?》一文中，郑永年又把现代的党权和传统的皇权相比，说两者"有很多共同之处，例如，两者都是中国社会的整合力量，都是中国大一统文化的政治表现。但是，党权既是现代中央集权制度的基础，也可以实现民主化。西方的政治模式，往往是通过把政治问题外部化来加以解决的，因此有反对党和反对力量存在。中国则不然，无论是传统的皇权还是现代的党权，都是通过开放政治过程，把外部问题内部化来求得解决。在西方，是中产阶级整合了西方的政党、制约着政党政治的极端化。

而在发展中社会，因为社会经济发展水平低下，社会分化严重，中产阶级弱小，甚至不存在，一旦实行多党政治，政党就变成了分化社会的力量。在非洲、拉丁美洲和亚洲，到处都可以找到这样的例子"（新加坡《联合早报》2010 年 5 月 11 日）。

2. 把坚持党的领导、人民当家做主和依法治国三者结合起来的社会主义民主政治路线。在这三者的有机统一中：党的领导是人民当家做主和依法治国的根本保证，这是因为要是放弃了党的领导，就不可能把全国人民的力量和意志凝聚起来，发展社会主义民主和法制也就无从谈起；只有坚持党的领导，才能坚持我国民主发展的社会主义方向，依法治国也才有可靠的保证。人民当家做主是社会主义民主政治的本质和核心，这是因为离开了人民群众的根本利益和当家做主的权利，党的领导就会成为无源之水、无本之木，社会主义的政治法律制度也失去了前提和基础。依法治国是党领导人民治理国家的基本方略，这是因为依法治国的实质，就是人民在党的领导下通过最高权力机关制定宪法和法律，又依照宪法和法律来治理国家、管理社会事务和经济文化事业，保障自己当家做主的各项民主权利。所以，依法治国的过程实际上就是在党的领导下，维护人民主人翁地位的过程，保证人民当家做主的过程。

3. 人民代表大会制、共产党领导下的多党合作和政治协商制、区域民族自治制、基层群众自治制，是我们在建设社会主义民主政治过程中所必须坚持和完善的各项基本的政治制度。

4. 对外坚持和平发展，反对霸权主义和强权政治，也约束自己永不称霸，推动建设和谐世界。这表明我国在国际政治中坚持和平发展，其目标绝不是要成为一个争霸、称霸世界的军事大国，而是要建设成一个文明大国，在国际社会中起建设性作用的负责任的大国；也体现了我国努力推动经济全球化朝着均衡、普惠、共赢的和谐方向发展，让尽可能广泛的国家和地区的社会成员分享国际分工的利益的决心，表述了我国携手世界各国共谋和平与发展，通过强调共同安全和互利合作实现共同繁荣的意愿，以此来影响和改变世界。

（三）中国的文化模式，主要包括：

1. 以马克思列宁主义、毛泽东思想为指导，坚持为人民服务、为社会主义服务的方向和"百花齐放，百家争鸣"的方针，弘扬主旋律、提倡多样化，繁荣和发展社会主义文化

坚持马克思列宁主义、毛泽东思想的指导地位，是我们立党立国的根本，也是社会主义文化建设的根本，决定着我国文化事业的性质和方向。只有坚持了马克思列宁主义、毛泽东思想，我们的文化建设才能沿着正确的道路健康发展，抵制和消除一切落后、腐朽的思想文化影响，不断创造出先进、健康的社会主义崭新文化。"为人民服务"、"为社会主义服务"的方向和"百花齐放，百家争鸣"的方针，深刻反映了我国宣传文化事业的发展规律，是对精神产品生产的基本要求，是宣传文化事业繁荣的重要保证。

弘扬主旋律、提倡多样化，是坚持上述"二为"方向和"双百"方针的具体体现。所谓弘扬主旋律，就是要大力倡导一切有利于发扬爱国主义、集体主义、社会主义的思想和精神，大力倡导一切有利于改革开放和现代化建设的思想和精神，大力倡导一切有利于民族团结、社会进步、人民幸福的思想和精神，大力倡导一切用诚实劳动争取美好生活的思想和精神。弘扬主旋律、提倡多样化，使我们的精神产品符合人民的利益，促进社会的进步，不断满足人民群众日益增长的精神文化需求，这是发展宣传文化事业、繁荣社会主义文化市场的主题。

2. 建设社会主义核心价值体系，引领多样化社会思潮，抵制资产阶级价值观的侵袭和腐蚀

哲学社会学领域中所说的价值，和经济学中所说的价值，其含义有所不同，它是指人们的行为取向和对事物的评价、态度，它是驱使人们行动起来的内在动力。在任何社会，都存在着多种多样的价值观念和价值取向，要把全社会的意志和力量凝聚起来，就必须有一套与经济基础和政治制度相适应并能达成广泛共识的核心价值体系。通过构建核心价值体系，发展主流意识形态，整合社会意识，这是社会系统借以正常运转的基本途径。所以，核心价值体系在所有价值目标中处于统摄和支配地位，对社会

意识和社会思潮具有强大的引领和整合功能，是一个社会的意识形态的主体和灵魂。一个社会要是没有这样的核心价值体系，就会失去前进的方向，失去共同的思想道德基础，导致人心涣散、社会混乱。从这个意义上可以说，核心价值体系就是一个社会的方向盘、一个国家的稳定器。

我国的社会主义核心价值体系包括四个方面：一是马克思主义的指导思想，二是中国特色社会主义共同理想，三是以爱国主义为核心的民族精神和以改革创新为核心的时代精神，四是社会主义荣辱观。这四个方面相互联系、相互贯通，把党的主张、国家意志和人民意愿统一了起来，把政治与伦理、理想和现实结合了起来，构成一个结构完备、逻辑缜密的科学体系。要切实把社会主义核心价值体系融入国民教育和精神文明建设的全过程，转化为人民的自觉追求；而要用社会主义核心价值体系引导社会思潮，就要站在时代潮流的前头，密切关注社会思想变化，在尊重差异中扩大社会认同，在包容多样中达成思想共识，有力地抵制各种错误思想和腐朽文化的影响，特别是资产阶级价值观的侵袭和腐蚀，引导社会思潮朝着积极健康的方向发展。

3. 弘扬民族传统文化，借鉴和吸收世界先进文化，发展民族的、科学的、大众的中国特色社会主义文化

当今世界激烈的综合国力竞争，包括经济实力、科技实力、国防实力等方面的竞争，也包括文化方面的竞争。世界多极化、经济全球化的深入发展，更引起世界上各种文化的相互激荡。总体上处于弱势地位的广大发展中国家在文化发展上也面临着严峻挑战。因此，保持和发展本民族文化的优良传统，大力弘扬民族精神，积极吸取世界上其他民族的优秀文化成果，实现文化的与时俱进，就成为关系广大发展中国家前途和命运的重大问题。我们民族历经沧桑，创造了人类发展史上灿烂的中华文明，形成了具有强大生命力的民族传统文化。我们要以对民族、对历史、对后人高度负责的精神，把传承民族优秀文化作为义不容辞的责任。本着取其精华、去其糟粕的精神，很好地继承这样一份珍贵的文化遗产，更好地用民族优秀文化滋养民族生命力、激发民族创造力、铸造民族凝聚力，建设好中华民族的共有精神家园。我们还要认真研究和借鉴世界各国的文明成果，善于从其他国家和民族的文化中汲取营养，发展自己。而我们讲继承、讲借

鉴，目的又是为了通过继承和借鉴，使民族传统文化、外来文化的精华，同我们党领导人民在长期革命和建设中形成的优良传统和革命精神有机地结合在一起，并在新的实践基础上不断创新，建设和发展民族的、科学的、大众的中国特色社会主义文化。

（四）中国的社会模式，主要包括：

1. 构建社会主义和谐社会

实现社会和谐，建设美好社会，历来是人类孜孜以求的一种社会理想，更是社会主义理论和实践经久不变的主题之一。马克思、恩格斯充分肯定了空想社会主义者"提倡社会和谐"是"它们关于未来社会的积极的主张"，并强调指出，代替那存在着阶级和阶级对立的资产阶级旧社会的，将是以每个人的自由发展为一切人的自由发展的条件的联合体①。他们关于未来社会的科学设想，为构建社会主义和谐社会指明了前进的方向。中国共产党在革命、建设、改革的长期奋斗和实践中，坚持把马克思主义基本理论和中国的具体实际结合起来，把马克思主义理论不断地推向前进。在新世纪新阶段新的历史起点上，以胡锦涛为总书记的党中央提出了构建社会主义和谐社会的历史任务。这一方面是因为我国的社会主义制度决定了社会和谐是我国社会矛盾存在和解决的基本形态。我国社会在本质上是和谐的，又要通过科学地分析影响我国社会和谐的矛盾和问题及其产生的原因，更积极主动地正视矛盾、化解矛盾，不断地促进社会和谐；另一方面又因为这是我们党在新的历史起点上解决当前影响社会和谐的突出矛盾和问题的迫切需要。

2. 以解决民生问题为重点，促进社会公平正义，努力使全体人民学有所教，劳有所得，病有所医，老有所养，住有所居

要构建社会主义和谐社会，既要着眼于人与人、人与社会、人与自然之间的整体和谐，着眼于实现社会和谐的价值目标和创造性实践相统一的渐进的历史过程；又要微观地着眼于中国特色社会主义事业整体布局中的社会建设，着眼于解决人民群众最关心、最直接、最现实的利益问题，着

---

① 《马克思恩格斯选集》第 1 卷，人民出版社 1995 年版，第 294、304 页。

力发展社会事业，促进公平正义，加快推进以改善民生为重点，努力使全体人民学有所教，劳有所得，病有所医，老有所养，住有所居，以抓住维护和实现社会公平正义的关键，抓住解决经济发展不平衡、影响社会和谐安定问题的关键。

构建社会主义和谐社会，就要健全党委领导、政府负责、社会协同、公众参与的社会管理格局，要创新社会管理体制，即在党的领导下，积极推动建立政府调控机制同社会协调机制互连、政府行政功能同社会自治功能互补、政府管理力量同社会调节力量互动的社会管理网络，形成科学有效的利益协调机制、诉求表达机制、矛盾调处机制、权益保障机制。

（五）中国的生态文明建设模式，主要包括：

1. 把建设生态文明列入中国特色社会主义文明建设之中

党的十七大使生态文明建设和经济建设、政治建设、文化建设、社会建设一起，成为中国特色社会主义文明建设的一项重要内容，这是我们党在马克思主义自然观的指导下，历来重视自然环境保护政策的进一步重大发展。在人类文明的发展史上，生态文明是一种崭新的文明形态，是人类对工业文明进行深刻反思，决心在发展物质生产的过程中努力保护和改善生态环境的宝贵成果。它以人与自然、人与人、人与社会和谐共生、良性循环、全面发展、持续繁荣为宗旨，以建立可持续的经济发展模式、健康合理的消费模式以及和睦和谐的人际关系为主要内容，倡导人类在遵循人、自然、社会和谐发展的基础上追求物质和精神财富的创造积累。它以尊重和维护生态环境和秩序为主旨，以可持续发展为依据，以人类的永续生存为着眼点。把建设生态文明作为中国特色社会主义文明建设的一项重要内容，反映了中国特色社会主义顺应世界发展潮流，走出一条不同于传统工业化和现代化的，人类创造文明的新路的决心和信心。

2. 建设和形成资源节约型和环境友好型社会，实现节约的发展，清洁的发展，安全的发展，可持续的发展与和谐的发展

为推进生态文明建设要努力建设和形成的资源节约型社会，是一种以能源资源高效利用的方式进行生产，以节约方式进行消费为特征的社

会，因而要求在生产、流通、消费的各个领域，在经济社会发展的各个方面，以节约使用能源资源和提高能源资源效率为核心，以尽可能小的资源能源消耗，去获致尽可能大的社会效益，从而保障经济社会的可持续发展。而环境友好型社会，则是指人与自然相和谐，又以此来促进人与人、人与社会相和谐的社会。建设环境友好型社会，就是以环境承受力为基础，以遵循自然规律为准则，以绿色科技为动力，倡导环境文化和生态文明，构建经济社会环境协调发展的社会体系。为实现上述目标，我们不仅制定了节能减排工作方案，举办了节能减排全民行动，还大力发展循环经济作为建设资源节约型和环境友好型社会的重要途径。所谓循环经济，作为一种经济模式，是在生产、流通和消费等过程中进行的减量化、再利用、资源化活动的总称，是资源节约和循环利用活动的总称。所以，发展循环经济是从源头上实现节能减排的最有效方法，从而使我们环保的历史性转变迈出坚实的步伐，虽然建成资源节约型和环境友好型社会还任重而道远，但只要我们坚持不懈地努力下去，建设生态文明的目标必将在未来逐步实现。

（六）中国的党建模式，主要包括：

1. 以党的执政能力建设和先进性建设为主线，全面推进党的建设新的伟大工程

中国共产党是中国特色社会主义事业的领导核心和根本保证，而党所领导的建设中国特色社会主义的伟大事业，又从来都是同党自身建设的伟大工程紧密联系在一起的，只有不断加强和改进党的建设，才能不断推进中国特色社会主义伟大事业，所以必须用党的建设的伟大工程来保证党所领导的伟大事业，而全面推进党的建设新的伟大工程，必须按照新形势下党的建设的总体要求，把党的执政能力建设和先进性建设作为主线。党的执政能力建设是党执政后的一项根本建设、是党自身建设的一个重要组成部分。冷战结束以后，国际国内政治经济形势发生的深刻变化，又对加强党的执政能力建设提出了严峻挑战和崭新课题。加强党的执政能力建设的总体目标，就是要通过全党的共同努力，使我们党始终成为立党为公、执政为民的执政党，成为科学执政、民主执政、依

法执政的执政党，成为求真务实、勤政高效、清正廉洁的执政党，成为永远保持先进性、经得住各种风浪考验的马克思主义执政党，带领各族人民实现国家富强、民族振兴、社会和谐、人民幸福。而党的先进性建设则是马克思主义政党自身建设的根本任务，因为先进性是马克思主义政党的根本特征、生命所系、力量所在，先进性建设是保持党的先进性的根本途径。所以，必须把党的执政能力建设和先进性建设作为主线，加强党的思想建设、组织建设、作风建设、制度建设和反腐倡廉建设，全面推进党的建设新的伟大工程。

2. 建设马克思主义学习型政党

在我们党推进党的建设的发展历程中，始终把思想建设放在首位，坚持学习马克思主义理论，不断推进和深化马克思主义基本原理同中国具体实际的紧密结合，这才保证了我们党始终走在时代前列并引领中国发展进步。而当前我们党面临的世情、国情、党情的发展变化更凸显了提高全党思想政治水平的紧迫性、要求我们党把学习马克思主义科学理论和先进知识的优良传统，上升到制度层面上来加以巩固和发扬，这就使建设马克思主义学习型政党成为我们党面临的一项重大而紧迫的任务。而建设马克思主义学习型政党，就要推进马克思主义的中国化、时代化、大众化，用中国特色社会主义理论体系武装全党，开展社会主义核心价值体系教育，以及建设学习型党组织。把建设马克思主义学习型政党作为党的重大而紧迫的战略任务抓紧抓好战略部署，为我们党加强和改进新形势下的思想理论建设指明了方向。

（七）解放思想、实事求是、与时俱进的思想路线。

解放思想、实事求是是中国特色社会主义根本的思想路线，也是它的精髓和灵魂。毛泽东把马克思主义基本理论作为新的内容注入中国古语《汉书·河间献王传》所说"修学好古，实事求是"中，对"实事求是"作出马克思主义的解释说："'实事'就是客观存在着的一切事物，'是'就是客观事物的内部联系，即规律性，'求'就是我们去研究。"[①] 毛泽东

---

① 《毛泽东选集》第3卷，人民出版社1966年版，第801页。

正是靠了实事求是的马克思主义思想路线，开创了一条前人没有走过的中国特色的革命道路，但在晚年，他越来越离开这条思想路线，致使中国的社会主义建设走上了曲折发展的道路。

党的十一届三中全会以后，邓小平恢复了这条思想路线，并把解放思想和实事求是联系了起来，依据这条思想路线去探索中国怎样建设社会主义。为什么要提出解放思想的口号？因为当人们的思想僵化了，受到本本、条条乃至迷信的束缚的时候，只有思想解放了，才能真正实事求是地以马克思主义为指导去研究新情况、解决新问题。而在同时，讲解放思想也离不开实事求是，因为说到底，"解放思想，就是使思想和实际相符合，使主观和客观相符合，就是实事求是"。①

解放思想、实事求是，为的是要在马克思主义基本理论的指导下研究新情况、解决新问题。而且马克思主义也必定是随着时代、实践和科学的发展而发展的，马克思主义的生命力就在于它能够在实践中不断创新。所以，事情正如邓小平所指出的："真正的马克思列宁主义者必须根据现在的情况，认识、继承和发展马克思列宁主义"，"不以新的思想、观点去继承和发展马克思主义，不是真正的马克思主义者"。② 江泽民则说："解放思想、实事求是，既要坚持坚定正确的政治方向，又要与时俱进、开拓创新"，为此就"一定要以我国改革开放和现代化建设的实际问题、以我们正在做的事情为中心，着眼于马克思主义理论的运用，着眼于对实际问题的理论思考，着眼于新的实践和新的发展"。③

这样，解放思想、实事求是、与时俱进就成为我们党的马克思主义思想路线。有的学者把这条思想路线称作是中国模式的本质："什么才是中国模式的本质？中国模式最根本的内涵，在于实事求是思想路线。在于坚持一切从实际出发，解放思想，与时俱进，不断探索符合中国国情的发展道路。中国模式对世界最大的启迪，不在于向世界展现出一条有别于西方的发展道路，而在于从更深层次上还原了科学理性精神和批判思维的本

①　《邓小平文选》第 2 卷，人民出版社 1994 年版，第 364 页。
②　《邓小平文选》第 3 卷，人民出版社 1993 年版，第 291—292 页。
③　《江泽民论有中国特色社会主义》，中央文献出版社 2002 年版，第 626、633 页。

质。中国模式这一本质内涵超越了与西方自由民主体制之间的竞争关系，呈现出一种更高层次上的理念转变的价值。"①

三　中国模式所要实现的战略目标

中国模式所要实现的战略目标是不断丰富和发展的：

（一）在 2000 年全国工农业总产值翻两番和实现小康社会的战略目标

1979 年 12 月 6 日，邓小平在会见日本首相大平正芳时说："我们要实现的四个现代化，是中国式的四个现代化。我们的四个现代化的概念，不是像你们那样的现代化的概念，而是'小康之家'"；到 20 世纪末，"中国到那时也还是一个小康的状态"。1982 年 9 月，党的十二大确定"从 1981 年到本世纪末的 20 年，我国经济建设总的奋斗目标是，在不断提高经济效益的前提下，力争使全国工农业总产值翻两番"，"实现这个目标，城乡人民的收入就成倍增长，人民物质生活可以达到小康水平"。

实现"小康社会"，是邓小平制定的分三步走、基本实现现代化战略的一个组成部分。邓小平说："从一九八一年开始到本世纪末，花二十年的时间，翻两番，达到小康水平，就是年国民生产总值人均八百到一千美元。在这个基础上，再花五十年的时间，再翻两番，达到人均四千美元。那意味着什么？就是说，到下一个世纪中叶，我们可以达到中等发达国家的水平"，"特别是中国人口多，如果那时十五亿人口，人均达到四千美元，年国民生产总值就达到六万亿美元，属于世界前列。这不但是给占世界总人口四分之三的第三世界走出了一条路，更重要的是向人类表明，社会主义是必由之路，社会主义优于资本主义"。②

---

① 邢苏苏：《中国模式的本质：一切从实际出发、解放思想、与时俱进，不断探索符合中国国情的发展模式》，《光明日报》2010 年 5 月 18 日。

② 《邓小平文选》第 3 卷，人民出版社 1993 年版，第 224—225 页。

（二）到21世纪中叶新中国成立一百年时基本实现现代化和全面建设小康社会的战略目标

1997年9月，江泽民在党的十五大上提出："展望下世纪，我们的奋斗目标是，第一个十年实现国民生产总值比二〇〇〇年翻一番，使人民的小康生活更加宽裕，形成比较完善的社会主义市场经济体制"；"到世纪中叶建国一百年时，基本实现现代化，建成富强民主文明的社会主义国家"。

在2000年我国总体上实现小康社会的基础上，江泽民在2001年1月全国宣传部长会议上说："人类社会进入了二十一世纪，我国进入了全面建设小康社会，加快推进社会主义现代化建设的新的发展阶段"；在2002年11月的党的十六大上，又进一步明确了今后20年全面建设小康社会的任务：在21世纪头20年，集中力量全面建设惠及十几亿人口的更高水平的小康社会，使经济更加发展，民主更加健全，科教更加进步，文化更加繁荣，社会更加和谐，人民生活更加殷实：一是在优化结构和提高效益的基础上，国内生产总值到2020年力争比2000年翻两番，基本实现工业化，建成完善的社会主义市场经济体制和更具活力、更开放的经济体系。城镇人口的比重较大幅度提高，工农、城乡、地区差别扩大的趋势逐步扭转。社会保障体系比较健全，社会就业比较充分，家庭财产普遍增加，人民过上更加富足的生活；二是社会主义民主更加完善，社会主义法制更加完备，依法治国基本方略得到全面落实；三是全民族的思想道德素质、科学文化素质和健康素质明显提高，形成比较完善的现代国民教育体系、科技和文化创新体系、全民健身和医疗卫生体系；四是可持续发展能力不断增强，生态环境得到改善，推动整个社会走上生产发展、生活富裕、生态良好的文明发展道路。

（三）党的十七大提出实现全面小康社会奋斗目标的新要求

2007年10月15日，胡锦涛在党的十七大上阐明这种新要求时说：一是增强发展协调性，努力实现经济又好又快发展。转变发展方式取得重大进展，在优化结构、提高效益、降低消耗、保护环境的基础上，实现人均国内生产总值到2020年比2000年翻两番；二是扩大社会主义民主，更好保障人民权益和社会公平正义；三是加强文化建设，明显提高全民族文化素质。社会主义核心价值体系深入人心，良好道德风尚进一步弘扬；四是加快发展社会事业，全面改善人民生活。现代国民教育体系更加完善，终身教育体系基本形成，覆盖城乡居民的社会保障体系基本建立，人人享有基本生活保障，人人享有基本医疗卫生服务；五是建设生态文明，基本形成节约能源资源和保护生态环境的产业结构、增长方式、消费模式。这样，到 2020 年实现全面建设小康社会目标之时，我国将成为工业化基本实现、综合国力显著增强、国内市场总体规模位居世界前列的国家，成为人民富裕程度普遍提高、生活质量明显改善、生态环境良好的国家，成为人民享有更加充分民主权利、具有更高文明素质和精神追求的国家，成为各方面制度更加完善、社会更加充满活力而又安定团结的国家，成为对外更加开放、更加具有亲和力、为人类文明作出更大贡献的国家。

　　2008 年 12 月 18 日，胡锦涛在纪念党的十一届三中全会召开 30 周年的大会上又指出："我们的伟大目标是，到我们党成立一百年时建成惠及十几亿人口的更高水平的小康社会，到新中国成立一百年时基本实现现代化，建成富强民主文明和谐的社会主义现代化国家。"

四　中国模式的特征

　　第一，中国模式在制度层面上，具有坚定不移的社会主义性质。邓小平强调指出："我们建立的社会主义制度是个好制度，必须坚持。"① 从现代化建设来说，这种社会主义性质表现在中国的现代化建设模式是社会主义的现代化建设，而不是资本主义的现代化建设。邓小平曾经再三再四地强调说："我们要实现工业、农业、国防和科技现代化，但在四个现代化前面有'社会主义'四个字，叫'社会主义四个现代化'"②；"我们搞四个现代化建设，人们常常忘记是什么样的四个现代化，是社会主义的四个现代化。这就是我们今天做的事"③；"我们干四个现代化，人们都说好，

---

① 《邓小平文选》第 3 卷，人民出版社 1993 年版，第 116 页。
② 同上书，第 138 页。
③ 同上书，第 173 页。

但有些人脑子里的四化同我们脑子里的四化不同。我们脑子里的四化是社会主义的四化，他们只讲四化，不讲社会主义。这就忘记了事物的本质，也就离开了中国的发展道路。这样，关系就大了。在这个问题上我们不能让步"①。从改革开放来说，这种社会主义性质表现在中国的改革开放是社会主义的改革开放。邓小平说："在改革中坚持社会主义方向，这是一个很重要的问题"，"我们的改革，坚持公有制为主体，又注意不导致两极分化，过去四年我们就是按照这个方向走的，这就是坚持社会主义"②；"我们实行改革开放，这是怎样搞社会主义的问题。作为制度来说，没有社会主义这个前提，改革开放就会走向资本主义，比如说两极分化"③。中国模式的这种社会主义性质，使它同资本主义的现代化模式，无论是英美模式、德国模式、北欧模式还是日本模式等，从性质上区别了开来。

　　但是，中国模式的社会主义性质，又是同中国的具体国情、时代特征相结合的社会主义，是切合中国实际的中国特色社会主义。邓小平说："我们非常强调两条：一条是坚持社会主义道路；一条是坚持建设具有中国特色的社会主义。"④ 江泽民说：改革开放以来，"我国经济持续增长，社会政治稳定，人民生活水平不断提高，根本原因就是我们既坚持了社会主义道路，又通过改革使社会主义充满新的生机和活力"⑤。胡锦涛则指出："中国特色社会主义道路之所以完全正确，之所以能够引领中国发展进步，关键在于我们既坚持了科学社会主义基本原则，又根据我国实际和时代特征赋予其鲜明的中国特色。"（在中国共产党第十七次全国代表大会上的报告）中国模式的这种社会主义性质，又使它同苏联的社会主义模式区别了开来，因为中国模式的这种中国特色社会主义性质，正如一些评论家所说的，它回答了多年来存在的对社会主义理解的问题，赋予了社会主义以新的活力和生机，重新搞活了社会主义，导致了社会主义发展史上的"哥白尼转折"。

---

① 《邓小平文选》第3卷，人民出版社1993年版，第204页。
② 同上书，第138、139页。
③ 《邓小平年谱（1975—1997）》（下），中央文献出版社2004年版，第1317页。
④ 同上书，第1181页。
⑤ 《江泽民文选》第2卷，第389—390页。

　　第二，中国模式在体制机制层面上，既保留和坚持了过去行之有效的好的传统，又吸收了资本主义的一些有用的方法来发展社会生产力，但在性质上仍然是属于社会主义的。

　　中国特色社会主义的一个重要特征是，在把社会主义制度和建设社会主义的具体做法严格区别开来的基础上，坚持社会主义基本制度而改革不适应生产力发展要求的体制机制。以经济体制为例，"多年的实践证明，只搞计划经济会束缚生产力的发展，把计划经济和市场经济结合起来，就更能解放生产力，加速经济发展"①；而且"计划和市场都是经济手段"，"计划经济不等于社会主义，资本主义也有计划。市场经济不等于资本主义，社会主义也有市场"。所以，邓小平强调指出："社会主义基本制度确立以后，还要从根本上改变束缚生产力发展的经济体制，建立起充满生机和活力的社会主义经济体制，促进生产力的发展，这是改革。"② 我国在改革中选择建立的社会主义经济体制就是社会主义市场经济体制。

　　实行社会主义市场经济体制，就是要在社会主义国家的宏观调控下，发挥市场在资源配置中的基础性作用，使经济运动遵循价值规律的要求、适应供求关系的变化，把资源配置到效益较好的环节中，并给企业以压力和动力；与此同时，又要通过国家的宏观指导和调控、计划调节，来弥补克服市场所固有的自发性、盲目性、滞后性等消极方面。针对有些人对中国这样搞现代化会不会走资本主义道路的怀疑，邓小平回答说："我们肯定地说不会"，"学习资本主义国家的某些好东西，包括经营管理方法，也不等于实行资本主义，这是社会主义利用这种方法来发展社会生产力，把这当作方法，不会影响整个社会主义，不会重新回到资本主义"③；"我们欢迎外国来中国投资、设厂，这里面有剥削，但这只是作为社会主义经济的一种补充，西方有人认为我们放弃了基本立场和信仰，这不确实，马克思主义有很多新发展"。④ 针对有些人说社会主义市场经济中"社会主义"四个字可以去掉的说法，江泽民回答说："我们搞的市场经济是同社会主

---

① 《邓小平文选》第3卷，人民出版社1993年版，第148—149页。
② 同上书，第370、373页。
③ 《邓小平文选》第2卷，人民出版社1994年版，第235、236页。
④ 《邓小平年谱（1975—1997）》（下），中央文献出版社2004年版，第791页。

义基本制度紧密结合在一起的，如果离开了社会主义基本制度，就会走到资本主义"，"我们搞的是社会主义市场经济，'社会主义'这几个字是不能没有的。这并非多余，并非画蛇添足，而恰好相反，这是画龙点睛，所谓'点睛'，就是点明我们的市场经济的性质"，"西方市场经济是在资本主义制度下搞的，我们的市场经济是在社会主义制度下搞的，这是不同点，而我们的创造性和特色也就体现在这里"。①

第三，在作为一个综合体系的中国模式中，它的各个子模式的发展是不平衡的。相比较而言，中国的经济模式取得了比较明显的成功，而就总体而言，中国模式还处在不断发展、不断完善的过程之中。

然而，这又并不意味着中国模式还没有定型，因为由六个因素构成的中国模式的基本架构已经牢牢地确立起来，这六个因素是：中国共产党的领导和整合，人民民主专政的社会主义基本政治制度，以公有制为主体、多种所有制经济共同发展的社会主义基本经济制度，社会主义市场经济体制，把党的领导、人民当家做主和依法治国统一起来的社会主义民主政治，以及解放思想、实事求是、与时俱进的马克思主义思想路线。在中国模式的不断发展变化的历程中，这六个因素是相对稳定不变的，而且正是由这六个因素构成的基本架构规定着中国模式当前的性质和未来的走向。

第四，任何模式都是在特定的时间空间条件下，为实现自己发展的战略目标，解决人们生活中存在的突出问题而形成和发展起来的，因而，随着国内外形势的发展变化和人们生活中突出问题的发展变化，它就必然面临一个也要随之发生相应变化的问题。中国特色社会主义正是按照这个规律，在自觉地调节着中国模式的发展变化。例如，从党的十一届三中全会以后，邓小平反复强调社会主义的根本任务是发展社会生产力，到新世纪新阶段，胡锦涛提出以人为本、全面协调可持续的科学发展观，就是中国模式的一个重大发展。但是，这种变化发展又并不像有些人所想象的那样，似乎是从以阶级斗争为纲到以经济建设为中心那样的从对立的一极到另一极的转变，而是一个一以贯之的指导思想和原则，在适应于国内外形势的发展变化和人民期待的发展变化时发生的与时俱进的发展变化；是在

---

① 江泽民：《论社会主义市场经济》，中央文献出版社 2006 年版，第 202—203 页。

实现什么样的发展、怎样发展问题上的与时俱进。胡锦涛《在新进中央委员会的委员、候补委员学习贯彻党的十七大精神研讨班上的讲话》中，阐述科学发展观的第一要义是发展时，强调指出："发展是马克思主义最基本的范畴之一，马克思主义最注重发展社会生产力"，"邓小平同志在总结国内外建设社会主义经验教训的基础上强调指出，社会主义的根本任务是发展生产力，发展才是硬道理"，"只有紧紧抓住和搞好发展，才能从根本上把握人民的愿望，把握社会主义现代化建设的本质，把握我们党执政兴国的关键。同时，我们也必须牢记，发展应该是又好又快的发展，也就是党的十七大强调的，要努力实现以人为本、全面协调可持续的科学发展，实现各方面事业有机统一、社会成员团结和睦的和谐发展，实现既通过维护世界和平发展自己、又通过自身发展维护世界和平的和平发展"。新加坡学者杜平在《中国能否找到自己的模式？》一文中也指出："在改革开放后的 20 多年里，以经济发展优先的政策，使得数以千万计的人口脱离了贫困状态，也使相当一部分人口实现了财富积累"，这个成就本身证明，在特定的历史时期，"经济优先"总体上是必要的发展战略。"但是，中国现在的国情已经改变。贫富差距扩大，财富分配不公，不仅对经济改革构成了巨大障碍，而且还有可能动摇社会稳定的根本。中国的当政者必须站在社会效益和社会公平之间，发挥关键的仲裁和调和作用"，中国"矢志要建立'和谐社会'，说到底就是要在效益和公平之间寻求平衡"（新加坡《联合早报》2006 年 12 月 31 日）。

实际上，要真是在一种模式的发展历程中，出现了由对立的一极到另一极的转变，那也就突破了这种模式的基本架构而变成另一种性质不同的模式，而不再是原有模式内的发展变化了。

第五，中国模式是中国共产党领导中国人民独立思考，寻找适合自己实际情况的发展模式。

邓小平指出："世界上的问题不可能都用一个模式解决。中国有中国自己的模式，莫桑比克也应该有莫桑比克自己的模式"[1]，这是因为"各国的情况千差万别，人民的觉悟有高有低，国内阶级关系的状况、阶级力

① 《邓小平文选》第 3 卷，人民出版社 1993 年版，第 261 页。

量的对比又很不一样，用固定的公式去硬套怎么行呢?""各国的事情，一定要尊重各国的党、各国的人民，由他们自己去寻找道路，去探索，去解决问题。"①"总之，要紧紧抓住合乎自己的实际情况这一条，所有别人的东西都可以参考，但也只是参考"，因为"每个国家的基础不同，历史不同，所处的环境不同，左邻右舍不同，还有其他许多不同。别人的经验可以参考，但不能照搬"②。正因为这样，"我们反对人家对我们发号施令，我们也决不能对人家发号施令"，"我们就不应该要求其他发展中国家都按照中国的模式去进行革命，更不应该要求发达的资本主义国家也采取中国的模式"③。也正是在这个意义上，可以说，中国模式和雷默所说"北京共识"并不是一回事，因为中国模式从不把自己看作是与别人的"共识"，更无意像"华盛顿共识"那样，把自己推销给别人、强加于别人。新加坡学者郑永年在《切勿夸大"北京共识"》一文中说，必须区分中国模式和"北京共识"的区别：前者只着重于总结中国本身的经验，意在解释中国是如何取得改革开放的成功的;而后者则更进一步，还带有浓重的向其他国家推销中国经验的味道（香港《信报》2005 年 2 月 15 日）。

　　当然，这丝毫不是否认中国模式的世界意义。由于中国模式用马克思主义、社会主义成功地解决的中国问题，有些也是当代人类所面临的重大问题，这就使中国模式也具有了世界意义。邓小平说，当到 21 世纪中叶，中国的社会主义现代化建设达到中等发达国家的水平的时候，"这不但是给占世界总人口四分之三的第三世界走出了一条路，更重要的是向人类表明，社会主义是必由之路，社会主义优于资本主义"。④

　　说中国模式可供别国参考，但绝不能照抄照搬，那怎么理解中国模式的世界意义或国际意义呢? 对此，俄罗斯科学院院士季塔连科在《中国找到了一条符合国情的发展道路》一文中，谈到了他的理解：中国的成功具有巨大的国际意义，让人们有信心解决本国的问题。说中国经验有国际意义，并不是要简单地重复中国的经验，而是为其他国家的人民提供了思索

---

①　《邓小平文选》第 2 卷，人民出版社 1994 年版，第 318、319 页。
②　《邓小平文选》第 3 卷，人民出版社 1993 年版，第 261、265 页。
③　《邓小平文选》第 2 卷，人民出版社 1994 年版，第 318、319 页。
④　《邓小平文选》第 3 卷，人民出版社 1993 年版，第 225 页。

的源泉。他说，中国的实践证明，经过 30 年的改革开放，中国不仅解决了本国的问题，也为全世界树立了榜样。许多不赞成社会主义学说的西方学者也对中国的改革开放给予了充分的肯定。他们说："中国取得了理论和实践上的双突破，中国共产党在坚持马克思列宁主义的同时，坚持走社会主义道路，使无限美好的'乌托邦'变成了现实的科学"，在这方面，中国共产党对新形势下的理论创新作出了巨大的贡献（《光明日报》2009年 9 月 16 日）。

第六，中国模式在现存国际体系内，提供了人类追求文明进步的新路。

由于中国在国际上坚持走和平发展道路，利用世界和平努力发展壮大自己，又以自己的发展更好地维护世界和平，实现中国的发展与和平国际环境的良性互动；在积极参与经济全球化的条件下，坚持独立自主地建设中国特色社会主义；在参与维护和建设现存国际体系中，积极推动公正合理的国际经济政治新秩序的建立；而在国内，则实行科学发展、和谐发展，在科学决策、民主决策发展社会主义物质文明和精神文明，不断推进以改善民生为重点的社会建设的基础上，使改革开放和社会主义现代化建设的成果惠及全体人民，团结和凝聚广大人民群众的力量，全面建设小康社会，在中国特色社会主义的基础上实现中华民族的伟大复兴，这样，中国模式就在由发达资本主义国家所主导和制定规则的现存国际体系内，走出了一条不同于传统现代化的、人类追求文明进步的新路。美国的马丁·哈特等人在《解读中国模式》一文中说，中国将成为后发国家进行现代化建设的模范，因为中国快速的经济发展表明，在现存的资本主义世界体制内，中国提供了另外一种可行性的发展路向（《经济社会体制比较》2005年第 7 期）；新加坡的程翔在《中国模式的胜利》一文中说："中国模式的最大作用在于：它提供了另一种发展途径——而且可能在于提供了一种迂回的前进路线，从而绕过当前源自西方的经济问题。"（新加坡《海峡时报》2009 年 5 月 28 日）

第七，中国模式是一个取得了巨大成就又凸显诸多矛盾，面临着许多机遇和巨大挑战的模式，要采取应对得当的举措逐个予以解决。

由于中国模式是在用相对短暂的几十年时间，去完成发达资本主义国家在上百年甚至几百年时间内实现的现代化，这就使得在这些国家的现代化过程中逐步出现的某些问题，在我国现代化进程中集中、密集地呈现出来。再加上我国人口多、底子薄，城乡、区域发展不平衡，环境和资源约束矛盾突出等特有国情，更使这些问题和矛盾在新世纪新阶段凸显出来，使中国模式在面临许多机遇的同时，也面临严峻的挑战。但历史的经验使我们相信，由于我们有社会主义的制度优势，中国化马克思主义的指导思想，自强不息和团结奋斗的 13 亿人民，只要我们在中国共产党的领导下坚持不懈地采取应对得当的举措去逐个面对，中国模式就一定能够解决它所遇到的种种矛盾和问题，胜利地推进中国特色社会主义的战略目标。

五　中国模式的实质

西方一些政界人士和媒体在破解中国经济高速发展之谜的时候，曾提出过种种答案：

一曰廉价劳动力论，意思是说，中国经济的高速发展源于其拥有大量的廉价劳动力，可以使其产品大量涌向世界各国，进而加速了中国商品生产的循环。把中国经济的高速发展归因于廉价劳动力论，显然破解不了上述谜语，因为世界上有些国家的劳动力明显地比中国更加廉价，比如南亚一些国家，但是他们的经济增长率却远低于中国。

二曰外资拉动论，意思是说，中国经济的高速发展源于中国成功地吸引了外资，从而有力地推动了中国沿海地区的技术进步和产业升级。改革开放以来，我国确实成功地引进了很多外资，在总量上可以说不是数一也是数二（仅次于美国），然而在人均吸收外资量方面却并不高，甚至远低于另一些国家。例如，在冷战结束以后，处在转型期中的东德、匈牙利、波兰、波罗的海地区，曾经是历史上人均吸收外资最多的国家和地区，然而其发展速度却至今远低于中国。而在总量上吸引了最多外资的美国，在此期间，其经济也并没有被拉到高速发展的程度。

三曰出口推动论，它把中国经济的高速发展归因于美国的市场开放和美国主导的经济全球化，从而促使中国对美国的大量出口。然而，作为美国后院的拉美国家，虽然拥有丰富的资源、古典经济学所说的比较优势，但因始终没有摆脱"依赖经济"的处境,以致其经济增长不如东亚,技术进步尤其缓慢,相反地,中国的技术进步却超过了工业基础和人力资本都较雄厚的东欧。

四曰威权政府论。在历史上,确实有过军事强权和专制政府发展经济的案例,如东亚、南亚、拉美的某些国家以及"二战"前的西班牙和土耳其等。但他们只是也只能取得暂时的成功,而且是以牺牲民众利益为代价的。然而,中国却是在社会秩序比某些发达国家还要安定的条件下,在长达30多年的时间里,以三倍于世界平均速度实现高速发展的,要是中国经济的发展不以民为本,不使经济发展的成果惠及全体人民,从而调动起广大人民群众建设社会主义现代化的积极性、主动性、创造性,怎么能够设想这种史无前例的奇迹的出现呢?所以,把中国经济的高速发展归因于什么威权政府论,纯属无稽之谈。

西方政界人士和媒体还提出其他一些答案来破解中国经济高速发展之谜,然而,也都遭遇类似的命运。为什么他们所提供的这些答案都不能一语中的呢?原因在于它们全都远离了中国模式的实质,抓住了一些表面现象作牵强附会和随心所欲的发挥,失误是早就注定了的。那么,到底什么是中国模式的实质呢?

中国模式的实质就是坚持社会主义道路,建设中国特色社会主义。

早在改革开放之初,邓小平就强调"我们必须坚持社会主义道路"①;"我们建立的社会主义制度是个好制度,必须坚持"②。我们之所以必须坚持社会主义,是因为从历史上讲,经过鸦片战争之后百年来的无数次尝试,都证明资本主义道路在中国走不通,只有社会主义才能救中国;从现实来讲,如果我们不坚持社会主义,而走资本主义道路,那就不能改变旧社会那种两极分化、贫穷落后、内乱不断、战争连连的状态,要想发展就很不容易,即使在最终发展起来也只不过成为西方资本主义的一个附庸国;而从理论上说,中国只有走社会主义道路,才能有凝聚力,才有条件比资本主义更快更好地发展社会生产力,摆脱贫困,避免两极分化,最终

---

① 《邓小平文选》第2卷,人民出版社1994年版,第166页。
② 《邓小平文选》第3卷,人民出版社1993年版,第116页。

实现共同富裕，也才能消除资本主义和其他剥削制度所必然产生的种种贪婪、腐败和不公正现象。

我们在坚持社会主义道路的同时，之所以还必须建设中国特色社会主义，是因为历史的经验从正反两个方面反复证明，建设社会主义必须根据本国国情、从本国实际出发，离开了本国的国情和实际，社会主义是搞不成功的。邓小平反复强调要坚持马克思主义，坚持社会主义道路，"但是，马克思主义必须是同中国实际相结合的马克思主义，社会主义必须是切合中国实际的有中国特色的社会主义"①，他在党的十二大的开幕词中庄严宣告："把马克思主义的普遍真理同我国的具体实际结合起来，走自己的道路，建设有中国特色的社会主义，这就是我们总结长期历史经验得出的基本结论。"② 在1987年4月一次会见外宾时，邓小平又一次强调："任何国家都要根据自己的实际来制定政策。我们一切从实际出发，根据中国的实际提出建设具有中国特色社会主义的方针"，"我们非常强调两条：一条是坚持社会主义道路，一条是坚持建设具有中国特色的社会主义"。③ 2009年9月9日，胡锦涛在第十七届中共中央政治局第16次集体学习时，要求"着力探索把握我国社会主义现代化规律"。他说："我国社会主义现代化建设是在我国具体国情的基础上和时代发展的条件下进行的，这就要求我们既要深刻认识和把握现代化的一般规律和社会主义现代化的普遍规律，又要深刻认识和把握我国社会主义现代化的特殊规律。"

坚持社会主义道路，建设中国特色社会主义，像一条红线，始终贯穿在中国特色社会主义所确定的战略目标里，也体现在为实现这些战略目标而选择和采取的中国模式中，它理所当然地构成中国模式的实质。只有牢牢地把握了这个实质，才能破解中国模式使中国经济在30多年来持续实现高速发展之谜。

（此文的大部分内容曾以《中国模式的形成、内涵和特征》为题载于《马克思主义研究》2010年第9期）

---

① 《邓小平文选》第3卷，人民出版社1993年版，第63页。
② 同上书，第3页。
③ 《邓小平年谱（1975—1997）》（下），中央文献出版社2004年版，第1181页。

世界范围内"模式"问题的
四次论争及其启示

　　我国学术界目前正在就"中国模式"问题展开热烈的讨论和争论。其实，在世界范围内，有关"模式"问题的论争早在一百多年前就曾进行过，而且一直绵绵不绝，特别是第二次世界大战以后发生的几次，既有关于社会主义模式的，也有关于资本主义模式的，还有西方国家关于中国模式的论争。这些论争虽然内容各不相同，但共同的一点是，在每个这样的场合，都有一种模式先验唯心主义地把自己奉为普世价值，或者强加于人，或者否定与自身相异的别的模式的客观存在，歪曲其性质和意义。这实际上正是引发争论的根源，同时又反映了争论的实质。下面是其中影响较大的四次论争及其启示，希望对于我们正在进行的讨论和争论能够提供一些借鉴和参考。

一　恩格斯的《反杜林论》批判杜林的世界模式论

　　第一次论争是恩格斯在其《反杜林论》中，对杜林的世界模式论所展开的批判。

　　杜林（1833—1921）是德国的一个哲学家、庸俗经济学家、小资产阶级社会主义者。在19世纪70年代以后，他以社会主义的改革家自居，在1871年发表《国民经济学和社会主义批判史》，1873年发表《国民经济学和社会经济学教程》，1875年发表《哲学教程》，声称要对哲学、政治经济学和社会主义理论进行"全面的改革"，并提出了一个小资产阶级改造世界的方案。方案中，未来社会的基本经济单位是"经济公社"，它仍然保留着旧式分工和原有生产方式，只是在分配方面实行改革，使每个人得到其劳动的全部价值，并可自由支配其所得。这个方案的实质是掩盖资本主义社会基本矛盾的激烈对抗性，鼓吹在不推翻资本主义制度的前提下，改变分配关系以实现社会主义。杜林的这种社会改良主义观点在刚成立不久的德国社会主义工人党内有很大影响。1875 年，以莫斯特、伯恩施坦为代表，在党内建立了一个拥护杜林的宗派组织，再加上党的某些领导人也对杜林的观点认识不清，这就使恩格斯不得不暂时搁置正在进行的《自然辩证法》的研究和写作，于 1878 年出版了《反杜林论》一书，对杜林的观点进行全面的分析批判，同时对马克思主义的基本理论进行全面、系统的正面论述。

恩格斯在《反杜林论》中所批判的杜林的"世界模式论"，认为先有模式、原则、范畴，然后，由人把它应用于自然界和人类历史，构成现实世界。恩格斯的批判，就主要从哲学的高度上揭露这种理论是一种先验唯心主义，以及它对黑格尔的抄袭：先是揭露杜林"所谓的原则，就是从思维而不是从外部世界得来的那些形式的原则，这些原则应当被运用于自然界和人类，因而自然界和人类都应当适应这些原则"。接着展开批判说："这样一来，全部关系都颠倒了：原则不是研究的出发点，而是它的最终结果；这些原则不是被应用于自然界和人类历史，而是从它们中间抽象出来的；不是自然界和人类去适应原则，而是原则只有在符合自然界和历史的情况下才是正确的。"随后，恩格斯又揭露了作为杜林的哲学基础的世界模式论，是对黑格尔《逻辑学》的抄袭。恩格斯指出，杜林"把事物完全头足倒置了，从思想中，从世界形成之前就久远地存在于某个地方的模式、方案或范畴中，来构造现实世界，这完全像一个叫作黑格尔的人的做法"；"在杜林先生那里首先是一般的世界模式论，这在黑格尔那里称为逻辑学。其次，他们两人把这种模式或者说逻辑范畴应用于自然界，就是自然哲学；而最后，把它们应用于人类，就是黑格尔叫作精神哲学的东西。这样，杜林这套序列的'内在逻辑次序'就'自然而然地'引导我们回到了黑格尔的《全书》"。[①]

---

① 《马克思恩格斯选集》第 3 卷，人民出版社 1995 年版，第 373—374 页。

二　是把苏联模式强加于兄弟党、兄弟国家，
还是坚持社会主义发展道路的多样性

关于"模式"问题的第二次大的论争，主要发生在第二次世界大战以后。那时在欧亚出现了一系列社会主义国家，这就产生了这些国家建设社会主义道路同苏联和苏联模式的关系。斯大林推行大党大国主义，把苏联的经验凝固化、绝对化和神圣化，把苏联模式强加于兄弟党、兄弟国家，而把这些国家独立自主、自力更生，以及根据本国本民族的特点去建设社会主义的努力，当作反共的民族主义来加以批判和斥责，根本否认社会主义发展道路的多样性。1952 年，斯大林亲自指导把苏联的社会主义建设经验写进《政治经济学教科书》，并规定这是全世界的共产党人所"必读的教科书"。① 尽管社会主义国家共产党和工人党代表会议在 1957 年通过的《莫斯科宣言》已经明确宣告："为生活经验所检验过的社会主义建设共同规律的创造性运用，各国社会主义建设形式和方法的多样化，是对于马克思列宁主义理论的具体贡献"，但直到 1957 年，苏联科学院副院长、著名的苏共理论家费多谢也夫在由他主编的《马克思列宁主义关于社会主义的学说与现时代》一书中，还蓄意把社会主义发展道路的多样性同社会主义模式多元论混淆起来，说什么"右倾修正主义者附和反共分子"，"断定社会主义有苏联的、中国的和古巴的等等模式。深入分析一下他们的'社会主义模式'多元论的概念就不难看出，他们实质上是企图针对现实的社会主义而设计一种与科学社会主义理论和实践毫不相容的'模式'"。② 甚至到了 1982 年，苏联《科学共产主义》杂志还在发表题为《社会主义多种"模式"的理论是站不住脚的》的文章。

在实践中，斯大林的大党大国主义同社会主义国家坚持社会主义发展道路多样性的矛盾，首先在苏南矛盾中表现出来。斯大林把以铁托为代表

① 《斯大林选集》（下），人民出版社 1979 年版，第 573 页。
② ［苏］费多谢也夫主编：《马克思列宁主义关于社会主义的学说与现时代》，中国人民大学出版社 1983 年版，第 101 页。

的南共领导人主张"把马克思主义科学应用于一定的特定场合，使它与存在于我国的特殊条件尽可能密切地融合在一起"的独立自主的发展道路，斥责为反苏、反共、反社会主义的民族主义。波兰党的总书记哥穆尔卡支持铁托的观点，强调波兰要建设波兰特色的社会主义，提出过波兰自己的发展道路问题。结果在苏联的压力之下，也被扣上"右倾民族主义"的帽子，被撤销总书记职务并判刑 3 年。而另一方面，有些东欧国家却又因照搬苏联模式，破坏了自己国家原有的经济结构，造成国民经济偏向重工业的畸形发展，人民生活水平提高缓慢，引起人民群众的广泛不满，引发了多次经济政治危机，如 1953 年的东柏林事件，1956 年的波兰匈牙利事件，1968 年的捷克布拉格之春，1970 年的波兰危机，1980 年的波兰"团结工会"……匈牙利党的领袖卡达尔·亚诺什后来回顾说："关于苏联和东欧社会主义各国的关系，在初期我们没有适当考虑这些不同的特点，我们错误地认为苏联建设社会主义的经验可以原封不动地机械地搬到匈牙利和其他国家，结果每个国家都付出了沉重的代价。"[①]

实际上，早在第二次世界大战以前，斯大林推行的大党大国主义就在把苏联模式强加于兄弟党。中国共产党也吃够了"左"倾教条主义者照抄照搬苏联经验、苏联模式的苦头，因而早在 20 世纪 30 年代末，毛泽东就提出了要把马克思主义中国化的主张。把马克思主义中国化就是要把马克思主义的普遍真理和中国革命的具体实际相结合，反对把马克思主义教条化和把共产国际决议与苏联经验神圣化。在我们党的历史上，正是这种教条化错误曾使中国革命几乎陷入绝境。20 世纪 50 年代中期，在赫鲁晓夫的秘密报告引发了西方世界的反苏反共高潮、苏联的大党大国主义又引发了社会主义国家的危机时，我们党在 1956 年 12 月 29 日的《人民日报》上发表了《再论无产阶级专政的历史经验》一文，进一步阐述我们关于社会主义发展道路多样性的观点，文中说：只有善于根据自己的民族特点运用马克思列宁主义的普遍真理，各国无产阶级的事业才能取得成功。因为"马克思列宁主义的普遍真理只有通过一定的民族特点，才能在现实生活中具体表现出来和发生作用"，"但这决不是说，各国的共产主义运动可以

---

① 《共运资料选辑》（第 1 辑），人民出版社 1985 年版，第 2 页。

没有基本的共同点，可以离开马克思列宁主义的普遍真理"。

东欧剧变、苏联解体以后，邓小平又在进一步总结历史经验的基础上，明确阐明了我们党在社会主义发展道路问题上，也是在党际关系上的指导思想：

1. "我们历来主张世界各国共产党根据自己的特点去继承和发展马克思主义，离开自己国家的实际谈马克思主义，没有意义"①，"只有结合中国实际的马克思主义，才是我们所需要的真正的马克思主义"②，我们所要坚持的也"必须是同中国实际相结合的马克思主义"，"必须是切合中国实际的有中国特色的社会主义"。③

2. "各国共产党应该根据自己国家的情况，找出自己的革命道路。"④"无论是革命还是建设，都要注意学习和借鉴外国经验。但是照抄照搬别国经验、别国模式，从来不能取得成功"⑤、"过去我们搬用别国的模式，结果阻碍了生产力的发展，在思想上导致僵化，妨碍人民和基层积极性的发挥"⑥、"带来很多问题"、"吃了很大苦头"。⑦

3. "在革命胜利后，各国必须根据自己的条件建设社会主义，固定的模式是没有的，也不可能有。"⑧ 中国革命就没有按照俄国十月革命的模式去进行，而是从中国的实际情况出发，农村包围城市，武装夺取政权。"既然中国革命胜利靠的是马克思主义普遍真理同本国具体实际相结合，我们就不应该要求其他发展中国家都按照中国的模式去进行革命，更不能要求发达的资本主义国家也采取中国的模式，当然，也不能要求这些国家都采取俄国的模式"⑨；"世界上的问题不可能都用一个模式解决。中国有中国自己的模式，莫桑比克也应该有莫桑比克自己的模式"。⑩

---

① 《邓小平文选》第 3 卷，人民出版社 1993 年版，第 191 页。
② 同上书，第 213 页。
③ 同上书，第 63 页。
④ 同上书，第 27 页。
⑤ 同上书，第 2 页。
⑥ 同上书，第 237 页。
⑦ 同上书，第 261 页。
⑧ 同上书，第 292 页。
⑨ 《邓小平文选》第 2 卷，人民出版社 1994 年版，第 318 页。
⑩ 《邓小平文选》第 3 卷，人民出版社 1993 年版，第 261 页。

4．"任何国家的革命道路问题，都要由本国的共产党人自己去思考和解决；别国的人对情况不熟悉，指手画脚，是要犯错误的"①，"我们认为国际共产主义运动没有中心，不可能有中心。我们也不赞成搞什么'大家庭'，独立自主才真正体现了马克思主义"②，"任何大党或老党都不能以最高发言人自居"。③

5．"各国党的国内方针、路线是对还是错"，"不应该由别人来判断，不应该由别人写文章来肯定或否定，而只能由那里的党、那里的人民，归根到底由他们的实践做出回答"④，"如果他们犯了错误，由他们自己去纠正"。⑤

三　当代资本主义模式的多样性，"华盛顿共识"祸害拉丁美洲、俄罗斯和东南亚

（一）关于当代资本主义不同模式的讨论

当代资本主义国家的不同模式早就存在，但在过去，人们的关注却往往集中在社会主义与资本主义的竞争和竞赛上。冷战结束以后，当日裔美籍学者福山叫嚷着"历史的终结"，似乎美国的制度将要被全世界所采纳的时候，有些西方学者挺身而出，指出资本主义不同模式之间的竞争早就展开，其结果将左右资本主义的命运，而且随着有些发达资本主义国家同美国竞相把自己特殊的资本主义模式向转型国家和发展中的资本主义国家兜售时，关于当代资本主义不同模式的讨论，就更成为西方学术界的一个热门话题：

1．在1989—1991年东欧剧变、冷战结束以后，首先著书立说论述当代资本主义有不同模式的，是法国最大的保险公司——法兰西保险业公司的总裁、法国伦理政治科学院院士米歇尔·阿尔贝尔，他在1991年出版

---

①　《邓小平文选》第3卷，人民出版社1993年版，第27页。
②　同上书，第191页。
③　同上书，第27页。
④　《邓小平文选》第2卷，人民出版社1994年版，第318—319页。
⑤　《邓小平文选》第3卷，人民出版社1993年版，第236页。

（1998 年再版）的《资本主义对资本主义：美国对个人成就和短期利润的迷恋怎样使它走向崩溃的边缘》一书。这本书针对那种把美国当作资本主义唯一模式的论调，强调在不同的国家中存在着真实的各种资本主义，它们对重大的社会问题不会提供单一的答案、不会提供一条最美好的道路。与此相反，资本主义像生活一样，是多种多样的，"首要目标是要指出，除了新美国经济模式之外，其他一些模式可能在经济上更有效，在社会上更公正"。

具体地说，阿尔贝尔把当代资本主义划分为两种模式：一种是新美国模式，即在美国、英国、加拿大、澳大利亚等国家实行的资本主义；另一种是莱茵模式，即在法国、瑞典、荷兰、瑞士实行的资本主义，日本实行的也是这种模式，只是稍作修改。阿尔贝尔认为，莱茵模式的资本主义比较亲切、柔和却更有效率，它在公司的权利和责任之间提供适当的平衡，并为工人提供了较大的安全。反之，新美国模式的资本主义则是明显劣等的资本主义：在这种模式下，经理目光短浅，迷恋利润，薪酬特高。由于金融市场使经理得不到实施长期战略所必需的各种时间长、见效慢的资源和资金，因而他们就把精力从经营企业转到应对大股东以突然袭击的方式对公司进行的敌意收购上面，以此来保护自己，更严重的是这种模式对利润的盲目追求。遗憾的是，贪婪正在把全世界大部分国家推向这种模式的资本主义。

1999 年，阿尔贝尔来中国参加该书中文版的首发式时，又发表讲演，简要地指出新美国模式与莱茵模式在三个方面的区别：在宏观经济上，美国的赋税水平（占其 GNP 的 30%）低于欧洲（占其 GNP 的 40%）；在中观经济上，对于企业的投资，美国模式主要是通过股票市场和金融市场，而莱茵模式则主要借助于银行；在微观经济上，美国企业由股东领导，可随意聘用、解聘劳动者，而在欧洲，利润不是唯一的目标，企业首先要满足客户、供应商和环境的要求，承担对社会的责任。总之，莱茵模式注重社会价值，更适合于如汽车制造那样的稳定性、持续性行业；新美国模式则关注个性的发展，更适合于如电脑和信息产业、软件程序开发那样的灵活性和鼓励创新的企业。

2. 1992 年，美国麻省理工学院经济学教授、斯隆管理学院院长莱斯特·瑟罗发表《头对头——行将到来的日欧美经济战》一书，他在论述冷战结束以后日美欧之间的经济竞争时，展开了日、美、欧三种模式的资本主义比较研究。他用个人主义和集体主义来划分这几种不同模式：盎格鲁—撒克逊式英美资本主义鼓吹个人主义价值观，在这种模式下个人要拥有自己经济上成功的战略，企业要拥有反映其股东愿望的战略，雇员、顾客只是实现为股东谋取较高利润这一目的的手段。为此，企业总是尽量把社会性开支和员工工资压到最低限度，在这种模式下，实行悬殊的工资差距，个人承担培养自己技能的责任，解雇和辞职都容易。它推行利润最大化原则以及对公司、企业的敌意收购。反之，德国和日本模式的资本主义则鼓吹集体主义价值观、工商业企业组成集团、由社会承担工人技能的培训责任、集体工作方式、个人的成败同公司的成败紧密联系在一起、员工对公司的忠诚、共同的行业策略和促进经济增长的积极的产业政策，如此等等。杰弗里·戈登 1992 年在纽约出版的《冷和平：美国、日本、德国和争夺优势的斗争》一书也作了类似的论述。

3. 1995 年，法国社会科学高等研究院研究员罗贝尔·博维在接受采访时，又提出目前有四种模式的资本主义并存。他认为，20 世纪是资本主义同社会主义展开竞争的时代，而 21 世纪将进入不同类型的资本主义展开竞争的时代。博维用另一种坐标系来划分当代资本主义的不同模式：第一种是市场引导型资本主义，即英国和美国的资本主义。第二种是以法国为典型的资本主义，这是国家官僚发挥作用的资本主义，政府控制着强有力的财政部和中央银行，铁路、通信和水电部门都由国营企业负责。由于国家的介入，这种资本主义在消除贫困和失业上有长处，而在竞争、经济增长和革新方面则存在弊端。第三种是斯堪的纳维亚式资本主义，即瑞典、丹麦、挪威、芬兰和奥地利等国家的资本主义。这种资本主义具有社会民主主义的性质，工人有很大的发言权，关于工资和职业训练，工人可以站在差不多平等的立场上同经营者进行谈判；然而，以瑞典为例，社会不平等现象虽然很少，但难以提高人们的工作热情，因此，出现了优秀人才外流到可以获得更高收入的国家的问题。第四种是日本的资本主义，其特点之一是"合作体制"。政府与企业形成一体，就工资和生产问题交换想法，这是适合于赶超别人的类型；而在企业内部，则以长期就业制度为前提，工人的流动性不大，工人的生存以企业为中心。

4．1999 年 4 月，英国《经济学家》周刊又发表文章评述七种模式资本主义的优劣。除美、日两种模式之外，他着重评述了其他五种资本主义模式：第三种是东亚模式的资本主义。一些经济学家把东亚的快速经济增长看作是对于低税、弹性很强的劳动力市场、开放贸易等政策优越性的证明，另一些经济学家则争辩说，韩国的产业政策证明有选择的政府干预带来可能收益。实际情况是并没有单一的东亚模式，在这里经济政策的差别很大，既有较为开明的香港地区，又有严加干预的韩国；既有印度尼西亚普遍的政府腐败，也有极为廉洁的新加坡。东亚的共同点是对外贸易的开放和储蓄力超过其他新兴经济体。第四种是德国社会市场模式的资本主义。其优点是出色的教育和培训，慷慨的福利和工资差距较小培育了社会的和谐，公司和银行之间的密切关系助长了高投资；缺点是权力过大的工会、高税收、过分慷慨的失业救济和对劳动力市场及产品市场的广泛限制导致失业率居高不下。第五种是瑞典模式的资本主义。这种曾经被当作资本主义、社会主义之间的第三条道路来广为宣扬的资本主义模式，其优点是较为开放的市场，全面的福利国家，很小的工资差别，使失业者重新工作的就业计划。缺点是不断上涨的通货膨胀率和经济衰退使预算赤字增大，随着失业率上升，对耗费巨大的就业计划不堪重负；个人所得税过高，损伤了人们的工作积极性。第六种是新西兰模式的资本主义。20 世纪 80 年代的彻底改革，把富裕国家中管制最严、最为封闭的这个经济体，改造成了最积极地奉行自由市场政策的国家之一，其税率很低，私有化很普及，其缺点是贫富差距急剧拉大。第七种是荷兰模式的资本主义。曾有一度它被视为欧洲僵化症的一个极端实例，现在却被看作是欧洲其他国家学习的一种模式。在这里，工人们以工资增长较低去换取工作岗位的增加；这种模式放宽了对兼职和临时工作的规章制度；降低了社会保险税，结果是失业率引人注目地下降到 3.6%。荷兰资本主义成了一种减少失业而又不大幅度削减福利，也不造成报酬巨大差异的模式，但另一方面，则有 1/3 的工人只在部分时间里有活干，又有很多人领取丧失劳动能力或患病救济金，因而未统计入失业者中。

尽管还有许多西方学者就当代资本主义的不同模式发表过许多意见，

但严格地说，如果要仔细地划分的话，每个资本主义国家有自己的不同于其他资本主义国家的特点，都有自己的模式。

（二）新自由主义的"华盛顿共识"祸害拉丁美洲、俄罗斯和东南亚

尽管资本主义国家因为国情不同而具有不同的模式，但美国还是要把自己的新自由主义模式包装成所谓的"华盛顿共识"，以作为普世价值而强加于别的国家。

"华盛顿共识"这一概念的出现，最初同美国在拉丁美洲国家推销新自由主义模式有密切关系。进入 20 世纪 80 年代，经济全球化对发展中国家工业化的负面影响开始显露，拉丁美洲国家普遍爆发了债务危机和经济危机，1985 年，美国以解决拉丁美洲国家的债务危机为由，提出了以新自由主义为内容的"贝克计划"，要求拉丁美洲的负债国家实行企业私有化，减少政府对经济的干预，进一步开放资本和证券市场，放松投资限制，为本国和外国投资者创造更好的投资环境，实行贸易自由化和进口管制合理化，改革税收体系和劳动力市场，改正价格扭曲现象，以此作为债务谈判的条件。1989 年，美国政府进而提出"布雷迪计划"，以拉丁美洲债务国家进行新自由主义发展模式的改革为条件，减免它们所欠的债务本金，国际货币基金组织、世界银行和美国政府一起，利用货币的附加条件，强制拉丁美洲国家进行新自由主义的经济改革。国际经济学研究所的高级研究员约翰·威廉姆森把新自由主义经济改革的这些主张概括为"华盛顿共识"的十条政策建议，这就是：财政自律；调整公开支出优先程序；税制改革；利率自由化；实行有竞争力的汇率；贸易自由化；引进外资的自由化；国有企业的私有化；保护私有财产权。"华盛顿共识"的核心思想是自由化、市场化、私有化以及财政和物价的稳定化。

不久，阿根廷、墨西哥等重债国分别与美国就实施"布雷迪计划"达成协议，并按其要求加大了结构性改革的力度。虽然按此办事的拉丁美洲国家在最初取得了一定的成效，但它更带来一系列严重问题：一是国有企业私有化，使一些产业向私人资本和外国资本集中，失业问题更为严重；二是收入分配不公的问题日益突出，两极分化和贫困化十分严重；三是民族企业陷入困境；四是国家职能被明显削弱，社会发展问题被严重忽视；

五是金融自由化导致金融危机频发。总的来说，"华盛顿共识"在拉丁美洲国家搞的结构性调整，使这些国家成为经济重灾区：阿根廷、乌拉圭的新自由主义改革以失败而告终，阿根廷更引发了由外债引起的"阿根廷金融危机"；墨西哥无力偿还到期 100 亿美元外债，引发了债务危机；巴西1999 年的债务利息占其出口收入的 69.3%。

冷战刚刚结束，"华盛顿共识"又以"休克疗法"的面孔出现在剧变解体以后的苏联东欧国家：作为教师爷的美国哈佛大学经济学家杰弗里·萨克斯要它们按照他根据"华盛顿共识"提出的"休克疗法"，用急速私有化和大幅度削减公共开支的办法去推进苏联经济的转轨。结果，这些国家重演了拉丁美洲国家的悲剧，经济衰退，失业剧增，人民生活水平下降。以俄罗斯为例，1990—1997 年 GDP 的年均增长率为 - 7.7%，1998 年为 - 4.9%，2000 年的 GDP 相当于 1989 年的 2/3，贫困人口达到历史最高峰，约占总人口的一半。1989 年俄罗斯的 GDP 为中国的 2 倍多，10 年以后仅为中国的 1/3。

1997—1998 年在东南亚国家爆发亚洲金融危机时，国际货币基金组织为这些危机国家开出的应对方案还是"华盛顿共识"：要求这些国家按照全面市场经济的要求去改革经济，否则就拒绝向它们提供贷款，结果使这些国家的危机雪上加霜。美国经济学家斯蒂格利茨指出，国际货币基金组织的这种政策不仅加剧了这些危机国家的经济衰退，而且对此事负有部分责任。

四　西方国家关于是否存在、已否形成中国模式的论争

党的十一届三中全会以来，我国的改革开放和社会主义现代化建设取得了举世瞩目的伟大成就，在这个过程中形成和发展起来的中国模式，日益受到世人的关注。2004 年，美国高盛公司顾问、清华大学教授雷默把中国模式概括为与"华盛顿共识"相对意义上的"北京共识"，拉开了国际舆论高度关注中国模式的序幕。而自从我国经济在国际金融危机中率先复苏以来，中国模式就受到国内外舆论越来越密切的关注和讨论，甚至在美国知识界也出现了暗示中国的经济模式可以替代美国模式的声音。如 2010

年 8 月 30 日，美国《华盛顿邮报》网站发表的一篇文章就称："正如斯蒂芬·哈珀和伊恩·布雷默及其他学者所指出的，知识界的流行趋势是暗示中国的经济模式——即所谓的'北京共识'——可以代替美国模式，尤其是在全球金融危机发生之后。"

但另一方面，西方国家又有些人在千方百计地否认中国模式的客观存在，否认中国模式已经形成。例如：

德国杜伊斯堡—埃森大学政治学研究所、东亚学研究所所长托马斯·海贝勒在《中国是否可视为一种发展模式？——七个假设》（载俞可平、黄平编《中国模式与"北京共识"》，社会科学文献出版社 2006 年版）中说，由于中国正处于从计划经济向市场经济的转型期，因此"我认为所谓的'中国模式'并不存在，中国的这一转型期将伴随着急剧的社会变革和政治变革，这一过程是渐进的、增量的，在这样的条件下，我们谈论'中国模式'还为时过早"。

美国的迈克尔·舒曼在 2010 年 3 月 1 日美国《时代》周刊网站上发表的《中国：新的经济模式？资本主义》一文中，把中国模式归结为资本主义。他说，中国用与亚洲其他国家一样的政策实现了快速增长。基本的战略看来是这样的：通过投资于低薪劳动力为西方消费者生产廉价的出口商品来拉动增长。利用全球化——自由贸易、资本国际流动——来提高国内收入。依靠巨大的国内储蓄，利用重商政策来刺激高度的投资。日本、韩国、新加坡、中国台湾地区和其他经济体都做过同样的事情，中国并不是在做什么特别的事情。贸易、投资、出口、民营企业——这些是中国和亚洲其他国家增长的基本组成部分，用一个词来描述，就是"资本主义"。

2009 年 4 月 17—19 日，在美国纽约佩斯召开的 2009 年全球左翼论坛上，也有人认为中国特色社会主义的发展方向是对世界资本主义的趋附。[①]

英国的里奥·霍恩在 2008 年 7 月 9 日英国《金融时报》上发表《中国模式背后的真相》一文，根本反对提中国模式，因为他认为中国之所以成功，恰恰是因为没有"模式"。"中国模式"这一概念反而掩盖了中国经济成功最重要的因素：把握机会。如果真有一条经验，那就是对改革持

---

① 李百玲：《资本主义危机与世界历史的转折点》，《国外理论动态》2009 年第 12 期。

开放和实事求是的态度。

　　美国俄勒冈大学教授、中国问题专家阿里夫·德里克完全否定"中国模式"这一概念。他认为"中国模式"只是一个想法，而不是一个概念或思想，因为它与概念和思想没有多少密切联系，相互间或者共同的认识累加在一起，并不一定就是共识。

　　2010年3月5日，德国《法兰克福汇报》发表《没有"中国模式"》一文说，中国媒体为中国重新富强而欢呼雀跃，在报刊上可以读到"中国模式的优势"这类标题，但闭口不谈中国尚未找到模式来应对内部挑战。在改革开放30年之后，他们仍根据"摸着石头过河"的原则驾驭国家。例如，他们在20世纪80年代末摧毁了而不是改革了社会主义的社会保障体系，现在，他们不得不建立新的社会保障体系；贫富差距的日益悬殊；环境问题尤其严重，其恶果抵消了很大一部分发展成绩。

　　以上几个否认中国模式客观存在和已经形成的实例，虽然其视角和理由各不相同，但却有一个共同点，就是它们都把中国模式是否客观存在的问题悄悄地变换成了从价值观上看该不该、要不要有中国模式的问题。针对这种做法，新加坡学者郑永年2010年5月4日在新加坡《联合早报》上发表《为什么要提"中国模式"？》一文，指出：和"捧杀派"与"威胁派"不同，西方很多人并不承认中国模式的存在，可以称作是"中国模式不定论"。这些人大都看到中国发展所包含的种种问题和制约因素，不认为中国已经形成一种可称之为"模式"的东西，也不相信中国的发展模式可以持续，也有些人在意识形态上敌视中国，他们希望中国解体和崩溃。在这些人看来，中国根本不配产生一种模式。然而，理性而言，"中国模式"是客观存在的，就像是盖房子，房子盖好了，肯定有个模式。问题在于如何看待和评价这幢房子？这里既可以用比较科学的客观的方法，也可以用"审美"的角度看待这幢房子。如果是后者，那么，政治化和道德化等倾向就变得不可避免。到目前为止，人们对"中国模式"问题大都是从"审美"角度进行的，对客观存在的中国模式并没有什么认识，对其"审美"的评价倒是不计其数。有些人不承认或者贬低"中国模式"，是因为他们把模式看作一个非常理想的东西，这也不符合历史观。在社会领域，任何一个模式都有其优势，也有其不足，根本就不存在一个百分之百的理想模式，任何模式都有其历史性。重要的是，要把客观存在的"中国模式"和对这一模式的"审美"趣味区别开来，过分"审美"就会导致过分的政治化和道德化。

那么，这种不是用科学的客观的方法，而是从"审美"的角度去观察模式问题，得出否定中国模式的客观存在、否认已经形成中国模式的结论，其认识根源又在哪里呢？对此，2009 年 9 月 14 日西班牙《中国政策观察》网站发表的《全球经济掀起中国热》一文曾经进行过分析。文章指出：很久以前，西方世界就开始推行自身的发展模式，认为这是唯一正确并具有普世价值的方式。西方模式的核心是政治民主化和经济自由化，一贯主张首先要实现民主政治，才能实现并保障经济的发展。但中国没有采取西方的发展模式，而是开辟了一条符合其自身国情的新道路并取得了辉煌的成就。西方国家认为中国道路违背了他们的教条，因而感到迷惑甚至疑心重重。

而把西方有些人之所以会否定中国模式的认识根源展开得更加详细的，则是英国《卫报》在 2009 年 6 月 23 日发表的《在中国迈向全球巅峰之际，西方统治地位的寿数将尽了吗？》一文。这是一篇记录马丁·雅克和威尔·赫顿就中国模式与西方的关系问题展开辩论的文章。马丁·雅克是《当中国统治世界时：中国的崛起与西方世界的终结》一书的作者，威尔·赫顿则是《不祥之兆：21 世纪的中国与西方》一书的作者。以下是他们两人在辩论中提出的主要观点：

雅克：我认为不存在中国成为"西方化"国家的可能性。中国的崛起将伴随着新价值观念的上升，这些新价值观念不会被西方的价值观念所压倒。

赫顿：我认为所有非西方国家迟早都必须采纳西方的制度和价值观，否则就会失败。中国虽然取得了非凡的成就，但经济模式和制度必将随着经济的发展而变化。

雅克：西方根深蒂固地认为，发展中国家最终将成为而且应该成为西方现代化的克隆体。换言之，世界上只有一种现代化，那就是西方的现代化，这是一种谬论。如同技术和市场一样，现代化也是文化和历史的产物，其中一个核心问题涉及中国，即中国最终会跟我们一样，抑或会跟我们完全不一样，它最终将从根本上改变这个世界吗？或许有人会认为西方的行为规范是成功实现现代化的一个放之四海而皆准的先决条件，这是一种极度偏执、傲慢的思维方式。世界是由许许多多不同的历史和文化组成的，欧洲（以及其派生出来的美国）碰巧在两个世纪的短暂时期内主宰着世界。如今这个时代即将终结，我们正在进入一个彼此竞争的现代化时代，而不再是一个西方适用于一切的时代。所以，认为现代性只有西方这唯一一种形式，我们是唯一可以提供借鉴的人，所有非西方国家迟早都必须采纳西方的制度、做法和价值观，否则就会失败。这种将一切智慧都归于西方的看法和做法，是西方极度傲慢自大的表现。

赫顿：我认为，（中国的）这种经济发展是不能持久的，至少在实行政治改革之前是不能持久的。选举是民主的制高点，但民主还受到其他许多东西的支持和保护，这些都是相互依存的"启蒙运动"制度，它们一荣俱荣，一损俱损。亚洲正在开始一场反映人类根本欲望的启蒙运动。当这些欲望受到阻碍时，就会产生经济和社会功能失常。中国的经济社会模式严重不平衡，还缺乏创新。这个系统的不经济，被巨额储蓄掩盖了。社会当然各有各的特点，但人类对自我表现、尊严和公正的渴望是共同的，各国特有的民主制度可以让他们尽情地展现自我，并释放出巨大的活力。在《不祥之兆》一书中，我承认中国在过去30年间取得的成就，但我注意到了缺陷，并认定这些缺陷必将加重，经济模式和制度必须随着经济的发展而变化。

雅克：归根结底，你似乎认为西方的主宰地位是永恒的。事实上，它相对而言将是短暂的。它大约始于18世纪末，将渐行渐弱，但人类的情况就是这样：不同的文明彼此消长，盛衰起伏。你的观点是这次将有所不同：各国如果不在本质上与西方相似就会失败。和你一样，我承认有一些价值观念是永恒的，但中国，其实还有印度的崛起，将伴随着新价值观念的上升，这些新价值观念不会被西方的价值观念所压倒，而且肯定会与西方的某些价值观念发生冲突。在你看来，我们的价值观念总是更优秀的，我的立场是区别对待，我们有一些价值观念很宝贵而且值得珍视，有一些则不然，如奉行扩张主义和开拓殖民地的西方优越论。我对中国的文化以及其他事物也是区别对待的，有一些价值观念值得尊重，有一些则不然。

五　从"模式"问题的四次论争中得到的启示

从世界范围内"模式"问题的四次论争中，可以引出五点启示：

第一，世界文明的多样性、各国各民族发展道路、发展模式的多样性必须得到尊重。无论是在人类文明的发展史上，还是在社会主义的发展史或资本主义的发展史上，都可以看到，多样性是世界存在的本质特征。人类社会共同进步的追求，只能通过不同的文明来表达，各国人民的美好生活理想，也要通过各国不同的发展道路来实现。各种文明的各种发展道路、发展模式，应该和谐共存，在竞争、比较中取长补短，在求同存异中共同进步。各种文明、各种道路、各种模式的交流和借鉴，是人类进步的动力。这种多样性源于世界各种文明和国家的千差万别性。邓小平指出："各国的情况千差万别，人民觉悟有高有低，国内阶级关系的状况、阶级力量的对比又很不一样，用固定的公式去硬套怎么行呢？"① 世界上没有放之四海而皆准的发展道路和发展模式。

第二，把一国的发展道路、发展模式奉为"普世价值"而强加于人，或者认为凡是不符合这种"普世价值"的，就不构成为模式或不能持久存在，这在世界观上是一种先验唯心主义，在文化上表现出狂妄自大的种族优越感，在政治上则是霸权主义和强权政治。之所以说它在世界观上是先验唯心主义，是因为它并不是从客观存在的事实出发，证明自己的发展道路和模式确实具有也适合于别国的普适性，确实是一种"普世价值"，而是以狂妄自大的种族优越感为文化背景，把自己的发展道路和模式当作具有"普世价值"的原则强加于别人，像杜林的先验的世界模式论那样去构建现实世界。从政治上说，这种为达到自己的目的，把自己的发展道路和模式当作"普世价值"强加于人，或以此为评判标准去否定别国的发展道路和模式并歪曲其性质和作用，毫无疑问，只能是一种霸权主义和强权政治，它在任何场合最终都只能遭到破产的结果。

然而，强调各国发展道路和模式的多样性，并不意味着否认在人类社

---

① 《邓小平文选》第 2 卷，人民出版社 1994 年版，第 318 页。

会中存在有共同的基本规律，或否定马克思主义的普遍真理，而是阐明了人类社会共同的基本规律是通过表现各国、各民族千差万别特点的不同发展道路和模式来实现的。马克思主义的普遍真理也要适应于这些千差万别的特点，同当时当地各国各民族的具体实际相结合才能实现。所以列宁在《共产主义运动中的"左派"幼稚病》一书中，特别强调要把握民族特点和特征，使共产主义的基本原则正确地适用于民族国家的差别。

第三，各国应当牢牢抓住"符合自己实际情况"这个基本点来构建自己的发展道路和模式。无论是在革命、建设还是在改革的过程中，各国都要学习和借鉴外国的经验，但学习、借鉴，绝不是照抄照搬，而是要从自己的实际出发，使别国的经验为己所用。在这方面，我国积累有正反两个方面的丰富经验。十月革命一声炮响，给我们送来了马克思列宁主义，中国革命是十月革命的继续，但中国革命之所以成功，却并不是因为我们按照十月革命的模式去推进中国革命，反倒是因为我们从中国的实际情况出发，开创了农村包围城市、武装夺取政权这种不同于十月革命的中国革命模式，也就是说，我们是用不同于十月革命的具体模式走了十月革命所开辟的以社会主义取代资本主义的道路。而当我们党在"左"倾路线主政期间，机械地照搬苏联模式来搞中国革命的时候，中国革命遭到了严重的挫折，从来没有取得过成功，在社会主义建设中同样如此。所以毛泽东在1956年党的八大的开幕词中，强调"把马克思列宁主义的理论和中国革命的实践密切地联系起来，这是我们党一贯的思想原则"。邓小平在1982年党的十二大的开幕词中，强调"把马克思主义的普遍真理同我国的具体实际结合起来，走自己的路，建设有中国特色的社会主义，这就是我们总结长期历史经验得出的基本结论"。

第四，强调不能照抄照搬别国的经验和发展模式，这并不意味着否认像十月革命、中国的社会主义现代化建设等这样一些有划时代重大意义的事件的国际意义。这种国际意义并不在于它们可以供其他国家按葫芦画瓢地照样复制，而在于给人们提供了解决本国问题的思索依据：怎样在相同或者相似的国际大环境下，从本国的实际出发，去成就在别国已经实现的事情。俄国科学院院士季塔连科在2009年9月16日《光明日报》上发表《中国找到了一条符合国情的发展道路》一文，指出："中国的成就具有巨大的国际意义，让人们有信心去解决本国问题"，"中国的实践证明，经过30年的改革开放，中国不仅解决了本国的问题，也为世界树立了榜样。许多不赞成社会主义学说的西方学者也对中国的改革开放实践给予了充分的肯定。他们说，中国取得了理论和实践的双突破。中国共产党在坚持马克思列宁主义的同时，坚持走社会主义道路，使无限美好的'乌托邦'变成了现实的科学。在这方面，中国共产党对新形势下的理论创新作出了巨大的贡献"。

第五，各国的发展道路和模式包含优势，也包含不足和所面对的挑战与问题，不应以别国的价值标准去评判其是非。各国的发展道路和模式既然是从本国的实际出发，为解决本国所面临的问题而建构的，那就不应以别国的价值观为标准去评判，独立自主才真正体现了马克思主义。同时，各国的发展道路和模式既然是在特定条件下为应对自己所面对的问题而设计和建构的，那么，随着客观条件的发展变化、所要解决的问题的发展变化，这种发展道路和模式也必定要发生相应的发展变化，世界上并没有固定的、一成不变的发展道路和模式，因此，因为某种发展道路和模式在发展过程中发生了某种变化，就否定其客观存在，或者从某个视角出发放大、扭曲这种变化，说它还没有形成，这些都是不正确的。以瑞典模式为例，从20世纪30年代开始到80年代的半个多世纪里，瑞典模式经历了三个发展阶段的发展变化：第一阶段是"福利社会主义"，它把社会主义说成是福利，有了福利就有了社会主义，而全然不顾全国95%的生产资料掌握在100个资产阶级家族的手里，仅占人口总数5%的富翁得到全部财富的1/2以上的事实；第二阶段叫"职能社会主义"，为应对群众对于瑞典模式唯福利是图而不管生产资料所有制情况的不满，它从所有制的角度去重新概括瑞典模式，把"福利社会主义"说成是在对所有制的职能一步步地实行社会化；第三阶段是"基金社会主义"，这时的瑞典模式打算通过在企业的超额利润中逐年抽出一部分来建立"雇员投资基金"，使劳动者通过赢得参与决定企业事务的权利、参与企业资金建设，为在瑞典建立集体所有制打开大门。但其结果是，在议会通过了这个法案以后，瑞典的资产阶级联合起来进行集体反抗，把执政的瑞典社会民主党推下台，使上述法案宣告作废。尽管在这里包含有瑞典模式的巨大变化，从刻意避开生产资料所有制，到企图在资本主义社会中建立劳动群众集体所有制，却从来没有人因此而否定过瑞典模式的客观存在。

（原载《毛泽东邓小平理论研究》2011 年第 1 期）

国外近期关于"中国模式"的研究动向

自从改革开放把我国经济引上平稳较快发展的轨道以来，中国模式问题就成为世界舆论关注的对象。进入 21 世纪，特别是我国在国际金融危机中率先复苏以来，中国模式问题更是受到广泛热议。在国外近期关于"中国模式"问题的研讨中，有若干值得注意的动向。

一　关于中国模式是否客观存在的问题

早在几年以前，德国学者托马斯·海贝勒就以"中国正处于从计划经济向市场经济的转型期"，"将伴随有急剧的社会变革和政治变革"为由，否认中国模式的客观实在性。他说："在这样的条件下，我们谈论'中国模式'还为时过早"，因为"所谓的'中国模式'并不存在"。其后，英国学者里奥·霍恩 2008 年 7 月 29 日在英国《金融时报》上发表《中国模式背后的真相》一文，说中国之所以成功，恰恰是因为没有什么"模式"，"中国模式"这个概念反而掩盖了中国经验中最重要的因素：把握机会。2009 年 6 月，美国哈佛大学教授傅高义又以中国与东南亚四小虎的成功"有相似之处"为由，说它应"属于亚洲后期快速发展的一种模式"，而否认中国模式的客观存在。

针对种种否认中国模式客观存在的议论，新加坡学者郑永年 2010 年 5 月 4 日在新加坡《联合早报》上发表《为什么要提"中国模式"?》一文，声称"西方很多人并不承认中国模式的存在"，"这些人大都看到中国发展所包含的种种问题和制约因素，不认为中国已经形成一种可称之为'模式'的东西，也不相信中国的发展模式可以持续，也有一些人是在意识形态上敌视中国，他们希望中国解体和崩溃。在这些人看来，中国根本不配产生一种模式"。而他认为，"理性而言，中国模式是客观存在的，就像是盖房子，房子盖好了，肯定有个模式。问题在于如何看待和评价这所房子?"是用科学的客观的方法，还是用"审美"的方法?"如果是后者，那么政治化和道德化等倾向就变得不可避免"，"很显然，这种局面的持续，并不能对人们认识中国模式有很大的帮助"。

二　关于中国模式的发展证伪了"历史终结论"

在东欧剧变、苏联解体的时候，美国霍普金斯大学的日裔美籍学者弗朗西斯·福山曾著书立说鼓吹"历史终结论"。在那以后几十年的全球发展否定了福山的这种"历史终结论"。新加坡学者基肖尔·马赫布巴尼在2009年11月1日美国《基督教科学箴言报》上发表文章指出："《历史的终结》一书的基本假定是，西方仍将是民主和人权的世界'灯塔'。在1989年，如果有人胆敢预言，在15年内，最重要的人权'灯塔'将成为第一个重新使用酷刑的西方发达国家，那么所有的人都会大叫'不可能'。然而不可能的事情发生了。"而中国模式的发展更有力地证伪了福山的这种"历史终结论"。因为根据这种理论，当时西方人较普遍地认为中国的经济不会真正繁荣起来，除非它采用西方式的民主。然而，中国模式却使中国走出了一条高速度的经济发展伴随着社会主义政治社会结构的平衡稳定的现代化道路。这就证伪了福山的把西方资产阶级自由民主奉为普遍主义发展路径的"历史终结论"，甚至连福山本人在2009年1月初接受日本《中央公论》的记者专访时，也不得不承认"客观事实证明西方自由民主可能并不是历史进化的终点，随着中国的崛起，所谓'历史终结论'有待进一步推敲和完善，人类思想宝库需要为中国传统留有一席之地"，"世界需要在多元基础上实现新的融合"。

三　关于中国模式问题的研讨重点逐渐转向政治层面问题

多年来，西方舆论对中国模式内涵和特征的评述，大都把它归结为经济自由加政治专制和压制，把研讨的重点放在经济的改革和发展上，而给中国的政治体制扣上"专制"、"独裁"、"威权"等帽子。例如，美国智库企业研究所在 2007 年底《美国人月刊》上发表文章把中国模式分为两个组成部分：一是仿效自由经济政策的成功要素；二是"允许执政党保持对政府、法院、军队、国家安全机构以及信息自由流通的牢牢控制"，文章称之为"政治压制"。然而，在国外近期关于中国模式问题的研讨中，越来越频繁地出现以政治层面为重点，深入探讨中国的政治体制的现象。

例如，西班牙皇家埃尔卡诺研究网站 2009 年 7 月 31 日发表西班牙驻华使馆前商务参赞恩·凡胡尔的文章说，中国的政治体制常被不加修饰地简单描述为共产党独裁。然而，中国的政治制度具有源自该国传统的强烈的民族特色。新中国的成立不是割断了与历史和中国传统的联系，而是以非常杰出的方式结合了这些因素。因此，中国共产党具有与其他国家共产党完全不同的特性，而并不是传统意义上的共产党。少数人为了多数人的福祉管理国家，在中华人民共和国，这就是中国共产党全体党员。中国共产党合法性的依托是道德威望，而不是某些事先制定的规则或选举等获得权力的手段。

四 关于中国模式能够成功应对国际 金融危机的原因问题

在美国次贷危机于 2008 年引发国际金融危机以后，中国模式应对危机的方式能否奏效，在国际上曾经被打上过问号。例如，方展文在 2009 年 4 月号香港《镜报月刊》上发表的《举世关注中国模式》一文中，曾列举了若干这样的怀疑：里昂亚洲证券经济研究部主管斐思伟说，中国当前的数据还不足以保证复苏就在眼前的乐观情绪；德意志银行经济学家马佳说，中国将经历一个"双底复苏"，尽管中国经济在近期呈现了一些活力现象，但是当前的好转将会结束，将在 2010 年上半年时最后一次触底；高盛公司经济学家海伦·乔和宋雨表示，鉴于此次经济衰退来势迅猛、破坏力强，复苏之路可能会反复，因此坚持认为中国在 2009 年的 CDP 增长将低于 6%。

然而，过了一年多，国际舆论界对于中国模式应对危机能力的评价却呈现出另一番情景：2010 年 5 月 26 日《今日美国报》网站发表欧亚集团总裁伊恩·布雷默《信奉自由市场的民主国家奋力挣扎，中国却取得罕见的"成功"》一文。这篇文章鲜明对比了在几个发达资本主义国家同在中国的不同情况。比如，在经过总统选举期间的经济和政治混乱之后，美国选民非常排斥政府和任何与它有关的人；英国选民把首相戈登·布朗从唐宁街扫地出门；《巴黎人报》民调显示，60% 的受访者对萨科齐总统表示不信任；德国总理默克尔只有 32% 的支持率，仅有 17% 的人认为政府能够解决德国的各种问题……与此形成鲜明对照的是，中国"30 年来经济的两位数增长可以为政府从民众那里赢得很多好感。每年中国都会发生许多抗议事件，但它们很少是直接针对共产党的，很多抗议是请求共产党帮助解决地方部门的问题"。

那么，到底是什么原因使得中国模式能够成功应对国际金融危机的冲击呢？2010 年 6 月 15 日，海因茨·迪特里希在西班牙《起义报》上发表文章认为，中国的奇迹得益于中国共产党的领导。他说："中国之所以创造出天朝帝国的奇迹，就是由于中国共产党的统治及其干部培养制。党校以中国共产党的方针政策为依据，使他们对国家重大问题具有统一的思想认识和道德觉悟。"英国《金融时报》前驻北京记者里查德·麦格雷戈则在其近作《中国共产主义统治者的秘密世界》一书中说："在现代中国，共产主义体系主要依靠诱导而非镇压来运作，它旨在拉拢而非强迫。""在每次灾难之后，中国共产党都站起来重振盔甲并加强它的势力，不知怎地它经受住了批评家的指责，从智力或行动上超越他们，或简单地宣布他们的行为为非法，从而让在无数危急关头预言其消亡的专家学者窘迫无措。"正因为这样，中国就拥有了强大的控制风险的能力。2010 年 1 月 23 日西班牙《中国政策观察》网站发表胡里奥·里奥斯的《从中国的角度看危机》一文说，"面对全球危机，中国已经向世人展现了它强大的应对能力，显示这个亚洲巨人似乎生活在另一个星球，置身于西方富国遭受的全球危机严重影响之外"，"危机证明了中国具备足够的应对在不利的国际环境中进行发展模式转变的手段和能力。中国东南地区大批以出口加工为主的工厂原本会因为西方订单的持续下降而倒闭，但迄今这一现象并没有在这些地区转化为更大的震动。中小城市和乡村吸纳了因南方工厂倒闭而失业回乡的劳动力。而且随着有可能出现的人民币升值，在很快会到来的危机第二阶段中，农村地区就再次成为中国经济的缓冲垫。危机在证明了中国经济与外部环境息息相关的同时，也表明中国拥有强大的控制风险的能力，这很大程度上要归功于坚实强大的国家实力，它把触角伸向了各个角落。这种国家的干预能力与西方的国家地位缺乏形成鲜明的对照，并让中国拥有了更强的经济预见能力。当然，中国也有自己的问题，中国也在利用危机改变着自己的发展模式"。

五　关于如何理解中国模式的国际意义问题

在中国模式的国际意义问题上，一方面是有许多发展中国家提出要以中国模式作为自己发展经济、脱贫致富的榜样，另一方面则是历史的经验反复证明，一国的发展模式可供别国借鉴参考，但绝不能照抄照搬。在这种情况下，究竟应该怎样理解中国模式的国际意义呢？对此，俄罗斯科学院院士季塔连科作了探讨和阐述。他在 2009 年 9 月 16 日《光明日报》上刊登的《中国找到了一条符合国情的发展道路》一文中说，中国的成功具有巨大的国际意义，让人们有信心去解决本国的问题。许多人说："应该以中国为榜样！""中国能办到的事，我们为什么办不到？"说中国经验具有国际意义，并不是要简单地重复中国的经验，而是为其他国家的人民提供思索的源泉。他指出，中国的实践证明，经过 30 年的改革开放，中国不仅解决了本国的问题，也为全世界树立了榜样。许多不赞成社会主义学说的西方学者也对中国的改革开放实践给予充分的肯定。他们说："中国取得了理论和实践的双突破，中国共产党在坚持马克思列宁主义的同时，坚持走社会主义道路，使无限美好的'乌托邦'变成了现实的科学"，在这方面，中国共产党对新形势下的理论创新作出了巨大的贡献。

（原载《红旗文稿》2010 年第 17 期）

坚持推进中国模式的话语体系

　　现在，无论是在国内还是在国外，有关中国模式的问题都在受到热烈的讨论。讨论中出现的一个在议论资本主义的各种模式时从未出现过的情况是，对于中国模式是否已经形成、是否客观存在都遭到了一些人的质疑。为什么会出现这种前所未有的现象？原因在于一些人把属于事实问题的判断悄悄地变换成了属于价值问题的判断；把在客观上是否存在、已否形成中国模式这个属于事实判断的问题变换成了是不是喜欢中国模式、中国模式配不配称为模式这么一个属于价值判断的问题。按照关于模式问题的西方资本主义话语体系，凡属一国的发展模式，都应像西方一样包含有政治民主化和经济自由化，既然中国模式不包含西式的政治民主化、不符合他们的这个标准，那就不配称为模式，或者不可能持久存在，于是就一笔勾销了它的客观存在。另一些 人则在这种话语体系的冲击和影响下，也变得"明足以察秋毫之末而不见舆薪"，面对现实的中国模式也跟着质疑其已否形成、是否客观存在；还有一些人则因此而对中国模式采取消极回避的态度，主张慎言乃至禁言中国模式。显然，在这里，问题的症结涉及有关模式问题的话语体系，它说明：在关于模式问题的西方资本主义话语体系占据强势地位的情况下，我们在实践中构建中国模式的同时，也必须在理论上发展中国模式的话语体系，以取得和发展我们的话语权，向我们自己也向世界说明应该怎样观察和理解模式问题，正确阐明中国模式的形成和发展，它的内涵和特征，它的优势、存在的问题和面对的严峻挑战，以及它未来的走向，并驳斥对它的歪曲和攻击。

　　所谓中国模式的话语体系，是指中国特色社会主义在把马克思主义基本理论同中国的具体实践结合起来的过程中，在总结我国革命、建设和改

革的历史经验和人民群众的创造，又吸取和借鉴人类社会创造的文明成果
的基础上，就模式、特别是中国模式问题的各个方面发表一系列观点；它
反映了马克思主义中国化的世界观、价值观和方法论，能够帮助我们正确
分析和认识关于模式，特别是中国模式的一系列重大原则问题；因而，在
中国模式问题引起国际国内这样经久而热烈的讨论和争论的今天，坚持推
进中国模式的话语体系，就彰显出迫切的重要性。

一　中国模式的概念，是在马克思主义中国化的过程中诞生和发展的

国内一些同志之所以反对提中国模式，是因为他们认为"中国模式"
这个概念不是由中国人，而首先是由一些别有用心的外国人为了遏制中国
的进一步发展而提出来的；而另一些同志则担心将自己的发展方式定位为
"模式"，就有可能为"中国威胁论"提供口实，如此等等。

应当说，中国模式这个概念首先是由别有用心的外国人为遏制中国的
进一步发展而提出来的这种说法，是与事实完全不符合的。这里姑且不论
把外国人提出中国模式说成是为了遏制中国的进一步发展这个判断，缺乏
充分的事实根据；仅就其说中国模式这个概念不是由中国人，而是由别有
用心的外国人首先提出的说法，也是毫无根据的。因为早在 21 世纪初，
西方国家舆论界围绕"北京共识—中国模式"的提出而进行热烈的讨论和
议论的四分之一个世纪以前，邓小平在用马列主义普遍真理同本国具体实
践相结合的思想原则总结中国革命胜利的经验、指导对兄弟党关系的处理
时，就明确地提出中国模式的问题了。

在 1980 年 5 月 31 日的《处理兄弟党关系的一条重要原则》一文中，
邓小平强调说："中国革命就没有按照俄国十月革命的模式去进行，而是
从中国的实际情况出发，农村包围城市，武装夺取政权。既然中国革命胜
利靠的是马列主义普遍真理同本国具体实践相结合，我们就不应该要求其
他发展中国家都按照中国的模式去进行革命，更不应该要求发达的资本主
义国家也采取中国的模式。当然，也不能要求这些国家都采取俄国的模
式。"在 1982 年 9 月 1 日的《中国共产党第十二次全国代表大会开幕词》

中，邓小平又在用马克思列宁主义普遍真理同本国具体实践相结合的思想原则指导我国的社会主义现代化建设时，提出要从我国的实际出发，走中国特色社会主义道路，而不能照抄照搬别国的经验和模式。他强调指出："我们的现代化建设，必须从中国的实际出发。无论是革命还是建设，都要注意学习和借鉴外国经验。但是，照抄照搬别国经验、别国模式，从来不能取得成功。这方面我们有过不少教训。把马克思主义的普遍真理同我国的具体实际结合起来，走自己的路，建设有中国特色的社会主义，这就是我们总结长期历史经验得出的基本结论。"

邓小平的这些论述清楚地说明，"中国模式"这个概念是在把马克思主义的普遍真理同中国的具体实际相结合的马克思主义中国化过程中提出和发展的。它的含义并没有什么神秘可言，无非是指：为实现中国革命、建设、改革的战略目标，从中国的实际情况出发，以马克思主义为指导，所作出的制度、体制、运行机制和政策方面的抉择，所走的发展道路，所采用的行为方式和方法。就现在国内外正在热烈讨论的中国的改革开放和社会主义现代化建设模式而言，既然在30多年的发展历程中，我们为实现自己的战略目标，作出了自己在制度、体制、运行机制和政策等方面的抉择，走出了自己的道路，采用了自己的方式方法，而且取得了举世瞩目的巨大成就，那么，这一切也就构成为特定的中国模式。

毫无疑问，邓小平的上述论述，是构成中国模式话语体系的基石。

二　世界上没有一个适用于一切时代、一切国家的固定不变的发展模式，中国有中国自己的模式

在中国模式话语体系中，一条基本的原则，就是认为世界上根本就不存在一个可以适用于一切时代、一切国家的发展模式。

邓小平曾经从两个方面反复讲明这个道理：一方面是"各国的情况千差万别，人民的觉悟有高有低，国内阶级关系的状况、阶级力量的对比又很不一样，用固定的公式去硬套怎么行呢？就算你用的公式是马克思主义的，不同各国的实际相结合，也难免犯错误"；另一方面是"世界上的问题不可能都用一个模式解决。中国有中国自己的模式，莫桑比克也应该有

莫桑比克自己的模式"。

邓小平的这些论述说明，由于在不同的时代、不同的国家里，各国的国情都是各不相同的，因而就不可能有一种适用于一切时代、一切国家的固定不变的模式。为什么说就算用了马克思主义的公式，要是不同各国的实际相结合，也难免犯错误呢？这里有一个共性和个性的关系问题。毛泽东在《矛盾论》中说："共性，是绝对性。然而这种共性，即包含于一切个性之中，无个性即无共性。"马克思主义理论蕴涵着揭示社会发展规律、引领人们认识和改造世界的科学真理，蕴涵着代表人民利益和愿望、体现人类发展正确方向的理想信念，蕴涵着统一马克思主义政党思想和意志的精神力量，坚持和巩固马克思主义的指导地位，是党和人民团结一致、始终沿着正确方向前进的根本思想保证。但与此同时，马克思主义又只有同本国国情和时代特征紧密结合，才能在现实生活中得到实现，才能更好地发挥指导实践的作用。所以，邓小平强调："我们坚信马克思主义，但马克思主义必须与中国实际相结合。只有结合中国实际的马克思主义，才是我们所需要的真正的马克思主义"，"离开自己国家的实际谈马克思主义，没有意义"。

既然模式是适应于各国的具体情况、为解决各国的具体问题而诞生的，那么，在模式的问题上，突出的就是问题的特殊性方面，而不是问题的普遍性方面，所以，借口模式具有样本、示范之意，需要具有普适性、可复制性、范式性，才能称作模式，否则就不能称作模式的种种论据论证，就统统是没有根据的、站不住脚的。

三　世界的多样性是人类社会的基本特征、文明进步的动力，理应受到尊重

既然世界上没有适用于一切国家的发展模式，不言而喻，世界的多样性就是人类社会的基本特征。

2000年9月6日，江泽民在联合国千年首脑会议上发表讲话指出："世界是丰富多彩的。如同宇宙间不能只有一种色彩一样，世界上也不能只有一种文明、一种社会制度、一种发展模式、一种价值观念"，所以，

"应充分尊重不同民族、不同宗教、不同文明的多样性，世界发展的活力恰恰在于这种多样性的共存"。2005 年 9 月 15 日，胡锦涛在联合国成立 60 周年首脑会议上发表讲话，进一步指出："文明多样性是人类社会的基本特征，也是人类文明进步的重要动力。在人类历史上，各种文明都以自己的方式为人类文明进步作出了积极贡献。存在差异，各种文明才能相互借鉴、共同提高；强求一律，只会导致人类文明失去动力、僵化衰落。各种文明有历史长短之分，无高低优劣之别。历史文化、社会制度和发展模式的差异，不应成为各国交流的障碍，更不应成为互相对抗的理由"，"应该加强不同文明的对话和交流，在竞争比较中取长补短，在求同存异中共同发展，努力消除相互的疑虑和隔阂，使人类更加和睦，让世界更加丰富多彩；应该以平等开放的精神，维护文明的多样性，促进国际关系民主化，协力构建各种文明兼容并蓄的和谐世界"。

在这方面，我国传统文化中提出的"和而不同"的思想，也预示了使当代世界的多样性得到尊重的重要准则。早在两千多年前，我国的古代思想家孔子就提出了"君子和而不同"的思想，意思是说，和谐而又不千篇一律，不同而又不相互冲突。和谐以共生共长，不同以相辅相成。所以，和而不同，既是社会事物和社会关系发展的一条重要规律，也是人们处世行事所应遵循的准则，更是人类社会各种文明协调发展的真谛。中国模式话语体系强调要尊重世界的多样性，无疑是继承和发扬了我国传统文化中"和而不同"这个宝贵思想。

与此形成鲜明对照的则是，一些具有强烈的自我优越感的西方人，偏执而傲慢地把西方自身的发展模式看作是唯一正确并具有普世价值的模式，认为西方的行为规范是成功实现现代化的一个放之四海而皆准的先决条件，发展中国家最终都将成为而且应该成为西方现代化的克隆体。在这方面，英国《观察家报》专栏作家、《不祥之兆：21 世纪的中国与西方》一书的作者威尔·赫顿，可以说是一个典型代表。他在与英国伦敦经济学院亚洲研究中心的客座研究员、《当中国统治世界时：中国的崛起与西方世界的终结》一书的作者马丁·雅克就中国模式与西方的关系问题进行辩论时，说什么"我认为所有非西方国家迟早都必须采纳西方的制度和价值观，否则就会失败。中国虽然取得了非凡的成就，但经济模式和制度必将随着经济的发展而变化"；并认为"我承认中国在过去 30 年间取得的成就，但我注意到了缺陷，并认定这些缺陷必将加重，经济模式和制度必须随着经济的发展而变化"。

多样性也是世界社会主义发展道路的重要特征。列宁在《"苏维埃政权的当前任务"一文的初稿》中明确指出：在向社会主义过渡的问题上，"由于开始向建立社会主义前进时所处的条件不同，这种过渡的具体条件和形式必然是而且应当是多种多样的。地方差别、经济结构的特点、生活方式、居民的素质、实现这种或那种计划的尝试——所有这些都必定会在国家这个或那个劳动公社走向社会主义的途径的特点上反映出来"，所以他强调"必须预计到其他国家发展的一切阶段，决不要从莫斯科发号施令"。1956 年 12 月 29 日，《人民日报》编辑部根据中共中央政治局扩大会议讨论发表的《再论无产阶级专政的历史经验》一文也指出："马克思列宁主义认为，在人类社会的发展中有共同的基本规律。但是在不同的国家和民族中间，又存在着千差万别的特点"，"只有善于根据自己的民族特点运用马克思列宁主义的普遍真理，各国无产阶级的事业才能取得成功"，因为"马克思列宁主义的普遍真理只有通过一定的民族特点，才能在现实生活中具体表现出来和发生作用"。1957 年在莫斯科召开的社会主义国家共产党和工人党代表会议通过的《宣言》也确认："为生活经验所检验过的社会主义建设共同规律的创造性运用，各国社会主义建设形式和方法的多样化，是对于马克思列宁主义理论的具体贡献。"

然而，苏共搞的老子党和大国沙文主义却否定社会主义发展道路的多样性。例如，直到 1975 年，由苏联科学院副院长费多谢也夫主编的《马克思列宁主义关于社会主义的学说与现时代》还在蓄意把社会主义发展道路的多样性和什么社会主义模式多元论混淆起来，说"右倾修正主义者附和反共分子"，"断定社会主义有苏联的、中国的和古巴的等等模式。深入分析一下他们的'社会主义模式'多元论的概念就不难看出，他们实质上是企图针对现实的社会主义而设计一种与科学社会主义理论和实践毫不相容的'模式'"，1982 年，苏联的《科学的共产主义》杂志还在发表题为《社会主义多种'模式'的理论是站不住脚的》文章。这就说明，苏共的大国沙文主义也是不承认、不尊重世界的多样性的。

中国特色社会主义之所以强调要尊重和维护世界的多样性，是因为世界各国人民在漫长的历史进程中创造了各自独特的文化、传统、信仰和价值观，各种文明都以自己的方式为人类文明进步作出了积极贡献。2006年4月21日，胡锦涛在美国耶鲁大学发表演讲时指出："世界是一座丰富多彩的艺术殿堂；各国人民创造的独特文化都是这座殿堂里的瑰宝。一个民族的文化，往往凝聚着这个民族对世界和生命的历史认知和现实感受，也往往积淀着这个民族最深层的精神追求和行为准则。人类历史发展的过程，就是各种文明不断交流、融合、创新的过程。而在今天各种文明和社会制度应该而且可以长期共存，在竞争比较中取长补短，在求同存异中共同发展。一个和平共处、共同发展的世界，只能是一个各种文明相互交汇、相互借鉴，所有国家平等相待、彼此尊重，充满活力而又绚丽多彩的世界。在实际上，存在差异，各种文明才能相互借鉴、共同提高；强求一律，只会导致人类文明失去动力、僵化衰落。各种文明有历史长短之分，无高低优劣之别。所以，历史文化、社会制度和发展模式的差异，不应成为各国交流的障碍，更不应成为互相对抗的理由。"

四　尊重各国人民对于发展道路和发展模式的自主选择，反对把自己的意志强加于人，反对对别国的事情指手画脚、发号施令

中国特色社会主义历来主张在国际社会中的各国、国际共产主义运动中的各国共产党，对于发展道路和发展模式的多样性和自主选择性。所以，在1980年5月31日谈到处理兄弟党关系的原则时，邓小平就强调指出："各国的事情，一定要尊重各国的党、各国的人民，由他们自己去寻找道路，去探索，去解决问题，不能由别的党充当老子党，去发号施令。我们反对人家对我们发号施令，我们也决不能对人家发号施令。"1986年11月9日，在《用坚定的信念把人民团结起来》一文中，邓小平再次强调："我们认为国际共产主义运动没有中心，不可能有中心，我们也不赞成搞什么'大家庭'，独立自主才真正体现了马克思主义。"

随着改革开放的不断深入，我国越来越紧密地参与国际社会的各项活

动。随着经济全球化的发展，中国特色社会主义也越来越广泛地把发展道路和发展模式的多样性和自主选择性的原则主张运用到整个国际社会中来。例如，在 2003 年 12 月 26 日纪念毛泽东诞辰 110 周年的座谈会上，胡锦涛指出："各国的国情不同，不可能有一个适用于一切国家、一切时代的固定不变的模式"；"我们充分尊重其他国家选择的发展道路，绝不会把自己的意志强加于人，也绝不允许任何人把他们的意志强加于中国人民"，在 2005 年 9 月 15 日的联合国成立 60 周年首脑会议上，胡锦涛强调"我们应该尊重各国自主选择社会制度和发展道路的权利，相互借鉴而不是刻意排斥，取长补短而不是定于一尊，推动各国根据本国国情实现振兴和发展"。

中国模式话语体系，之所以这样始终一贯地反复强调要尊重各国人民对于发展道路和发展模式的自主选择，反对把自己的意志强加于人，反对对别国的事情指手画脚、发号施令，一方面是因为这种自主选择涉及各国人民的主权，不容别国干涉；另一方面则是因为无论在当代的国际关系中，还是在国际共产主义运动中，都还充斥着这种力图把自己的发展道路、发展模式和价值观强加于别国的霸权主义和霸道行径。

在第二次世界大战以后，在欧洲和亚洲诞生了一系列社会主义国家，自产生了这些新生的社会主义国家建设社会主义的道路同苏联模式的关系的时候起，苏共推行的大国沙文主义就力图把苏联模式强加于它们，而把这些国家独立自主、自力更生，根据本国本民族的特点去建设社会主义的努力，当作反苏反共的民族主义来批判和斥责，从根本上否认社会主义发展道路的多样性和自主选择性。正是针对这种情况，邓小平强调："各国党的国内方针、路线是对还是错，应该由本国党和本国人民去判断。最了解那个国家情况的，毕竟还是本国的同志"，"我们一直反对苏共搞老子党和大国沙文主义那一套，他们在对外关系上奉行的是霸权主义的路线和政策"。

在国际关系领域，则是美国把其新自由主义发展模式包装成什么"华盛顿共识"，当作具有普世价值的东西强加给别的国家。它先是以此祸害拉丁美洲国家：20 世纪 80 年代，在经济全球化对发展中国家的负面影响开始显现的时候，拉美国家爆发了债务危机和经济危机，于是，美国政府就以帮助其解决危机为由，伙同国际货币基金组织、世界银行，提出货币方面的附加条件，强制拉美国家进行以自由化、市场化、私有化以及财政和物价的稳定化为核心，后被概括为"华盛顿共识"的自由主义的经济改革，最终使这些国家成为经济重灾区。接着是在冷战刚刚结束，新自由主义的"华盛顿共识"又以"休克疗法"的面目出现，去祸害剧变解体后的苏东国家：唆使它们用急速私有化和大规模削减公共开支的办法去推进其经济转轨，结果使这些国家重演了拉美国家的悲剧，经济衰退，失业剧增，人民生活水平大幅度下降；而在1997—1998年东南亚国家爆发金融危机以后，国际货币基金组织又按照新自由主义的"华盛顿共识"，要这些国家按照全国市场经济的要求去改革经济，否则就拒绝向它们提供贷款，结果使这些国家的金融危机雪上加霜。

在国际关系中搞霸权主义和强权政治的国家，不仅力图把自己的发展道路、发展模式、价值观强加于别的国家，还竭力否定与自身相异的别国发展模式的客观存在，歪曲其性质和意义，武断地断言其不能持久。这方面的一个典型事例就是它们对于中国模式的客观存在的否定，把中国特色社会主义歪曲成资本主义，竭力宣传所谓的"中国威胁论"、"中国崩溃论"、"中国责任论"，对中国实施"西化"、"分化"，"围堵"、"接触"，妄图使社会主义中国变质，把中国重新纳入垄断资本主义统治的轨道中去。

五 要学习和借鉴外国经验，但不能
照抄照搬别国的发展模式

尊重世界各国发展模式的多样性和自主选择性，既包括不把自己的意志强加于人，不对别国的事情发号施令、指手画脚；又包括学习和借鉴外国经验，而又不照抄照搬别国的发展模式。

中国特色社会主义特别重视对外开放，学习和借鉴外国的先进经验。邓小平先是在总结中国长期处于停滞落后状态的一个重要原因是闭关自守的基础上，指出现在的世界是开放的世界，任何国家要发达起来，闭关自守都不可能的，要实现四个现代化，就要善于学习，大量取得国际上的帮助；要引进国际上的先进技术、先进装备，作为我们发展的起点。而后，邓小平又从社会主义与资本主义的关系的角度指出："社会主义要赢得与资本主义相比较的优势，就必须吸取和借鉴人类社会创造的一切文明成果，吸取和借鉴当今世界各国包括资本主义发达国家的一切反映现代社会化生产规律的先进经营方式、管理方法。"

但中国特色社会主义又坚持反对照抄照搬别国的发展道路和发展模式。在1982年9月1日的党的十二大上所致开幕词中，邓小平强调："无论是革命还是建设，都要注意学习和借鉴外国经验。但是，照抄照搬别国经验、别国模式，从来不能得到成功。"他还指出，"我们过去照搬苏联搞社会主义的模式，带来很多问题"，如"阻碍了生产力的发展，在思想上导致僵化，妨碍人民和基层积极性的发挥"。2007年12月17日，胡锦涛在一次讲话中指出，我们党在新中国成立后一段时间内"照抄照搬了苏联高度集中的计划经济等体制模式"，"阻碍了我国社会主义制度优越性的发挥"。

不仅我国在新中国成立初期照抄照搬苏联模式时吃了很大的苦头，其他社会主义国家只要不顾国情照搬了苏联经验的，也都付出了沉重的代价。匈牙利党的领导卡达尔·亚诺什曾经回忆说："关于苏联和东欧社会主义各国的关系，在初期我们没有适当考虑这些不同的特点，我们错误地认为苏联建设社会主义的经验可以原封不动地机械地搬到匈牙利和其他国家，结果每个国家都付出了沉重的代价。"

六　要适应形势的新变化、人民的新期待，不断完善适合国情的发展模式

中国特色社会主义认为，各国都要根据自己国家的实际情况来制定自己革命和建设的具体道路，构建自己的发展模式。在这里，关键是要紧紧抓住合乎自己的实际情况这一条。但因为各国面对的世情、国情、民情是在不断发展变化的，因此又要适应形势的新变化、人民的新期待，不断完善自己适合国情的发展模式。

在2008年12月18日纪念党的十一届三中全会召开30周年大会上，

　　胡锦涛特别强调："世界上没有放之四海而皆准的发展道路和发展模式，也没有一成不变的发展道路和发展模式。我们既不能把书本上的个别论断当作束缚自己思想和手脚的教条，也不能把实践中已见成效的东西看作完美无缺的模式。我们要适应国内外形势新变化，顺应人民新期待"，"不断完善适合我国国情的发展道路和发展模式"。

　　西方国家一些人借口中国的发展还存在诸多的不确定性而否定中国模式的客观存在，如有的借口中国还处在由计划经济向市场经济的转型期，伴随有急剧的社会变革和政治变革，中国模式还在发展变化之中，还没有完全定型，现在谈论中国模式还为时过早；有的更危言耸听地说什么当"中国模式"的支持者彻底搞清楚其为何物之时，也许就是中国为变化了的社会环境所限而被迫放弃"中国模式"之时。这种观点在实际上蕴涵有否定一切模式存在的可能性的含义。这是因为，世界上任何国家的发展模式，都是在特定的时间空间条件下，为实现发展的战略目标、解决人们生活中存在的突出问题而形成和发展起来的，因而随着国内外形势的发展变化，人们生活中突出问题的发展变化，它的发展模式也必定随之而发生变化，世界上哪里有什么一成不变的发展模式呢？所以，不能因为中国模式还要发展变化就去否定它的客观存在。

　　当然，对于中国模式中发生的变化，需要进行符合实际的、恰如其分的分析：变化有大有小、有影响或不影响全局、改变或不改变事情的性质之分。如确实发生了影响全局、改变模式性质的重大变化，那就显然不再应该在原来模式的范畴内议论问题了，如二战以后的美国的新自由主义模式就确实在质的规定性上改变了二战以前罗斯福时代的发展模式，突破了原来模式的框架而变成另一种性质不同的模式了，因而，人们就很自然地把它称作"新美国模式"。但以我国的情况来说，经过多年的努力，社会主义市场经济在我国已经建立起来，虽然还要不断完善，但不能借口它还要发展变化而否定其客观存在，或认为它还没有定型。虽然在今后的发展中还存在某些不确定因素，但是，由六个因素构成的中国模式的基本框架却已经牢牢地确立起来。这六个因素是：中国共产党的领导和整合，人民民主专政的社会主义基本政治制度，以公有制为主体、多种所有制经济共同发展的社会主义基本经济制度，社会主义市场经济体制，把党的领导、人民当家做主和依法治国统一起来的社会主义民主政治，以及解放思想、实事求是、与时俱进的马克思主义思想路线。在中国模式不断发展变化的历程中，这六个因素是相对稳定不变的，而且正是由这六个因素构成的基本框架规定着中国模式当前的性质和未来的走向。

用这样一种话语体系来进行观察，就不难发现中国特色社会主义一直在适应着形势的发展变化、顺应着人民的期待和盼望，不断完善地调节着自己的适合国情的发展模式。这种调节的最典型表现，当数从党的十一届三中全会以后邓小平反复强调社会主义的根本任务是发展社会生产力，到新世纪新阶段胡锦涛提出以人为本、全面协调可持续的科学发展观。这无疑是一个重大的发展变化，但这种发展变化又并不像有些人所想象的那样，似乎是从以阶级斗争为纲到以经济建设为中心那样的转变，而是一个一以贯之的指导思想和原则，在适应于国内外形势的发展变化和人民期待的发展变化时的与时俱进的发展变化。胡锦涛在阐述科学发展观的第一要义是发展时，曾经强调指出："只有紧紧抓住和搞好发展，才能从根本上把握人民的愿望，把握社会主义现代化建设的本质，把握我们党执政兴国的关键。同时，我们也必须牢记，发展应该是又好又快的发展，也就是党的十七大强调的，要努力实现以人为本、全面协调可持续的科学发展，实现各方面事业的有机统一、社会成员团结和谐的和谐发展，实现既通过维护世界和平发展自己、又通过自身发展维护世界和平的和平发展。"在2010年12月28日的中央政治局集体学习时，胡锦涛又进一步阐述说："要深刻认识发展是硬道理的本质要求就是坚持科学发展，用科学发展的眼光、思路、办法解决前进中的问题，创新发展理念、发展模式，更加注重以人为本，更加注重全面协调可持续发展，更加注重统筹兼顾，更加注重保障和改善民生，切实推动经济社会又好又快发展。"

（原载《求是理论网》2011年4月22日，
《新华月报》2011年5月下半月全文转载）

第五编

中国特色社会主义与民主社会主义

路线，开拓了马克思主义的新境界，把对社会主义的认识提高到新的科学水平，对当今时代特征和总体国际形势，对世界上其他社会主义国家的成败，发展中国家谋求发展的得失，发达国家发展的态势和矛盾，进行正确分析，做出新的科学判断，形成了新的建设中国特色社会主义理论的科学体系。说到底，它是在当今国际和国内新的历史条件下对马克思主义科学社会主义的继承和重大发展，它没有丢马克思、列宁、毛泽东，又说出了一系列他们没有说过而符合时代特征、客观实际的新话。

民主社会主义是社会民主党、社会党、工党的思想体系，是由社会党国际在1951年第一次代表大会所发表的《法兰克福宣言》中把"社会民主主义"一词颠倒而成。社会民主主义最初是一种小资产阶级的社会主义，巴黎公社以后许多社会民主党人都曾信奉过马克思主义。但在恩格斯逝世以后，在1896年第二国际第四次代表大会上，特别在伯恩施坦主义出现和流行以后，社会民主主义又成了社会改良主义。民主社会主义就是由这种作为社会改良主义的社会民主主义颠倒形容词和名词而成的。而社会党国际之所以要把社会民主主义颠倒成民主社会主义，首先是因为它的民主观发生了重大变化：社会民主党已经由二战前的把资产阶级民主当作争取和达到社会主义目标的唯一方法、手段、道路，发展成二战后的把资产阶级民主当作社会主义的组成要素和根本特征，当作目标本身（认为社会主义是民主的最高形式，而民主是社会主义目的的根本实质）；它进而认为社会民主党人同共产党人之间的分歧，已经由实现同一个目标的两条不同道路的分歧，发展成两种根本不同的社会主义目标之间的分歧。把社会民主主义颠倒成民主社会主义，其目的就是要表明它所主张的是一种民主的社会主义，一种反对无产阶级革命和无产阶级专政的社会主义，一种反对共产主义的社会主义。正因为这样，在1951年的《法兰克福宣言》中，社会党国际说："共产主义妄称继承了社会主义传统。但事实上它歪曲了这个传统，使它面目全非"；"社会主义是最高形式的民主主义"。在1956年的《关于社会主义和共产主义的声明》中，社会党国际又说："社会主义同共产主义毫无共同之处。共产党人完全歪曲了社会主义的思想"，"我们相信民主制，他们则并不"；"对斯大林的批判并没有从根本上改变共产党政权的性质"，"而他们所谓的'列宁主义'，只不过是斯大林主义错误思想和罪恶行为的早期版本"。

所以，中国特色社会主义和民主社会主义作为思想概念具有两种截然不同的含义，这是不容混淆的。它们作为两条不同的政治道路之间的原则界限也是不容抹杀的。

二　中国特色社会主义与民主社会主义作为两条不同的政治道路之间，第一个方面的原则界限在于如何对待科学社会主义、现存的社会主义国家

中国特色社会主义立足于新的国际国内历史条件，坚持、巩固和发展社会主义，民主社会主义则坚持反对共产主义，这也正是在如何对待科学社会主义和现存社会主义国家的问题上，中国特色社会主义和民主社会主义作为两条政治道路之间第一条根本性的原则界限。

反对和抵制帝国主义的和平演变，还是伙同帝国主义对苏联东欧国家发动和平演变攻势？这是中国特色社会主义同民主社会主义在如何对待科学社会主义、现存社会主义国家的问题上第二条根本性的原则界限。

在冷战即将结束的时候，邓小平就敏锐地指出，"可能是一个冷战结束了，另外两个冷战又已经开始，一个是针对整个南方、第三世界的，另一个是针对社会主义的。西方国家正在打一场没有硝烟的第三次世界大战。所谓没有硝烟，就是要社会主义国家和平演变"。他强调，"帝国主义搞和平演变，把希望寄托在我们以后的几代人身上"，"所以，要把我们的军队教育好，把我们的专政机构教育好，把共产党员教育好，把人民和青年教育好"。

反之，在 1989 年秋东欧局势发生动荡的时候，社会党国际却把其一贯反对共产主义的思想立场和方针政策，发展成对苏联和东欧国家发动和平演变攻势的行动。1989 年 6 月，社会党国际在斯德哥尔摩召开的第 18 次代表大会时发表《原则声明》说："社会党国际支持旨在通过自由化和民主化来改革共产主义社会的一切努力。"同年 11 月 2—3 日，欧洲 23 国社会党主要领导和社会党国际主席勃兰特在意大利米兰会晤，宣称"东欧各国的新进程打破了共产主义制度的僵硬"，"为民主和自由的社会主义开辟了广阔的天地"。"社会党对东欧变化应采取的方针"，一是"热烈欢迎东欧发生的变化，对东欧新的民主力量实行开放政策，同他们进行有效的合作"；二是

"希望戈尔巴乔夫的改革取得成功，而不是遭到失败"；三是"希望欧洲共同体国家和其他欧洲国家及国际组织在解决东欧问题上共同合作。积极发挥作用"；四是"对东欧各国积极而谨慎地施加影响"，"推动东欧朝着民主和自由的方向进行政治演变，目前应当给东欧的改革注入新的推动力，加速其改革进程"。1989 年 11 月 23—24 日，社会党国际理事会日内瓦会议又通过《关于东欧的立场文件》，重申"社会党国际支持旨在通过自由化和民主化改革共产主义社会的一切努力"，欢呼"欧洲各社会民主党的观点，特别是关于民主、人权以及缓和与欧洲合作的观点，对于致力于实行改革和抛弃以前统治形式的组织已经成为令人鼓舞的衡量标准"，同时"真诚地希望看到戈尔巴乔夫发起的改革能够继续下去并获得成功"。

如何改革苏联模式社会主义的缺陷和弊端，这是中国特色社会主义同民主社会主义在如何对待科学社会主义、现存社会主义国家问题上第三条根本性的原则界限。

在第一次世界大战和十月革命以后，在资本主义包围的特定历史条件下形成的苏联模式，是一种适应于战争与革命的时代主题的战备模式。在那样的环境里，它能够有效地调动人力、财力和物力去从事战争和建设，但同时，它又包含有一系列缺陷和弊端。

就经济结构来说，按照苏联模式建立起来的社会主义经济，是一种片面强调发展重工业和国防工业，造成国民经济比例失调，农业、轻工业落后，人民生活必需品长期短缺的经济。

就发展战略来说，苏联模式所实行的是一种高投入、低产出，靠不断增加投入来增产的粗放经营，它重速度而轻效益，这就使它成为一种在劳动力和天然资源上的消耗型经济，效率低下、浪费惊人。

就经济体制来说，苏联模式不顾生产力在不同部门、层次上参差不齐的发展水平，过早地推行单一的生产资料公有制结构，而消灭其他经济成分；它还实行高度集中的指令性计划经济和统一的决策机制，而排斥市场，限制商品货币关系的发展，注重行政命令而忽视物质利益，这就削弱了推动其发展的内在经济动因。

就政治体制来说，苏联模式以权力高度集中和行政强制为特征，忽视社会主义民主建设，乃至出现个人专断，用专政手段去解决党内意见分歧，导致严重破坏社会主义法制。

就对外关系来说，苏联领导人推行大党大国霸权主义，并在军备竞赛上耗费巨额资金，给国民经济带来难以承受的沉重负担。

更为严重的是，苏联领导人思想僵化，把在特定历史条件下形成和发展起来的苏联模式加以绝对化和凝固化，把它当作社会主义建设的普遍规律强行推广到其他社会主义国家去。在时代主题由战争与革命转换为和平与发展，科技革命的迅速发展更加明显地暴露出苏联模式的缺陷和弊端以后，仍然拒不对它做出相应的调整，这就使奉行苏联模式的社会主义国家由隐到显地不断爆发出社会经济政治危机。就经济方面来说，苏联在 20 世纪 50 年代末，就开始出现整个经济机制运转不灵，国民经济比例失调，农业、轻工业严重落后，影响人民生活改善，制约重工业发展的国民经济恶性循环的现象；到了 70 年代，又出现生产资源日渐枯竭，靠投入来增产的外延性扩大再生产难以为继，经济增长率明显下降等现象；进入 80 年代，各种生产要素资源接近枯竭，经济发展动因几近丧失，经济体制矛盾极其尖锐，经济增长率大幅度下降，人民生活水平明显下降。与此相适应，在社会政治方面，则爆发了 1948 年的苏南冲突，1953 年的柏林事件，1956 年的波匈事件，60年代的中苏论战，1968 年的苏联入侵捷克斯洛伐克事件，1970 年的波兰 12 月事件和 1980 年的罢工事件，直到 1989—1991 年间的东欧剧变，苏联解体。

苏联模式的这些缺陷和弊端的暴露，说明了在第二次世界大战以后，不论是照抄照搬还是部分地模仿苏联模式的社会主义国家，都面临着越来越迫切的改革任务。但在如何改革苏联模式的缺陷和弊端的问题上，中国特色社会主义与民主社会主义却存在着原则分歧。

早在结束"文化大革命"以后，我国有些人从右的方面怀疑社会主义制度，说它不如资本主义，邓小平在纠正这些错误思想的时候就强调指出："社会主义制度并不等于建设社会主义的具体做法。"他还据此而把社会主义基本制度和具体的政治经济等体制明确地区分开来，确定了在改革不适应生产力发展需要的具体体制的同时，坚持和发展社会主义基本制度的改革路线。

邓小平认为，为了实现我国的社会主义现代化，我们既要坚持社会主义基本制度，又要坚持改革不适应生产力发展的具体体制。邓小平说："我们要在中国实现四个现代化，必须在思想上政治上坚持四项基本原则，这是实现四个现代化的根本前提。"这就是说，坚持社会主义道路，坚持无产阶级专政，坚持共产党领导和坚持马克思列宁主义、毛泽东思想，这是我们实现社会主义现代化的根本前提。但与此同时，我们又要改革不适应生产力发展的经济、政治、科学技术、教育等方面的具体体制和运行机制，邓小平同志大声疾呼："如果现在再不实行改革，我们的现代化事业和社会主义事业就会被葬送。"

戈尔巴乔夫在 1985 年接任苏共总书记以后，也曾经在社会主义范围内推行过两项改革：加速社会经济发展战略和根本改革经济管理的基本原则。但因所采取的措施严重脱离实际，国民经济比例失调更加严重，以及招致企业集团利己主义，消费基金的增长大大超过消费品生产的增长等原因，而使这两次改革都陷于失败。于是，戈尔巴乔夫就使其改革由"完善社会主义"转到民主社会主义的轨道上去，以"更新扭曲变形的社会主义"。戈尔巴乔夫的这条得到社会党国际和西方社会民主党人热烈支持，并切盼其获得成功的民主社会主义的改革路线的要点有如下几条：

一是把从 20 世纪 20—30 年代形成起来的现存社会主义体制的弊端归结为人与政权、人与生产资料和自己的劳动成果、人与精神财富的三个方面的异化，宣称必须改造我们的整个社会大厦，从经济基础到上层建筑。从而完全否定了社会主义的基本制度。

二是提出要采用属于全人类共同价值标准的民主和人道主义去纠正社会主义的异化现象，去抛弃与此相抵触的简单化的阶级观点。

三是提出用公开性、民主化、社会多元论去根本改造"官僚专制制度"。戈尔巴乔夫在把社会主义自我丑化、自我否定为"犯了罪"的"极权主义"、"专横社会主义"的基础上，把蛰伏在地下和帝国主义和平演变战略培植起来的反共势力召唤、组织起来去推翻共产党的领导。

四是从排除与资本主义的对抗性到同资本主义的总统制和议会制、取消共产党的领导而实行多党制、思想政治上的多元论和经济上的私有化等等实行一体化，一步一步地把苏联东欧国家推向剧变解体。在这个过程中，戈尔巴乔夫又创建了俄罗斯社会民主党并参加社会党国际。

三　中国特色社会主义与民主社会主义作为两条政治道路之间，第二个方面的原则界限在于如何对待资本主义

关于中国特色社会主义与资本主义的关系，国内外都存在过一些误解。有的甚至把中国特色社会主义说成是"中国特色资本主义"。产生这种误解的根本原因是因为他们把社会主义和资本主义关系的不同层次给混淆了起来。邓小平在开创中国特色社会主义的时候，就明确提出了"我们坚持社会主义，要建设对资本主义具有优越性的社会主义"的历史任务。怎样实现这个历史任务？最根本的，就是要在保持和发挥社会主义固有优势的同时，又吸收和利用资本主义的一些有用的方法去发展社会生产力。他强调指出："社会主义要赢得与资本主义相比较的优势，就必须大胆吸取和借鉴人类社会创造的一切文明成果，吸取和借鉴当今世界各国包括资本主义发达国家的一切反映现代社会化生产规律的先进经营方式、管理方法。"这包括学习资本主义国家的先进科技和管理方法，引进资本主义国家的资金，利用市场经济使之为社会主义服务等。有的人担心引进资本主义的有用方法就会引进资本主义制度，针对这种疑虑，邓小平着重指出："学习资本主义国家的某些好东西，包括经营管理方法，也不等于实行资本主义制度。这是社会主义利用这种方法来发展社会生产力。把这当作方法，不会影响社会主义，不会重新回到资本主义。"

那些把中国特色社会主义叫作什么中国特色资本主义的人，其产生失误的认识论上的原因，就在于把发展社会生产力的手段和方法的层次，同社会制度、社会发展道路和方向的层次混同了起来，把前者当成后者了。他们忽略了一个根本之点，这就是我们在主张利用资本主义的一些有用东西作为发展社会生产力的方法的同时，在社会制度、社会发展道路和方向的层次上，我们不但不认为要学习和引进资本主义，相反地，还认为社会主义要比资本主义好得多，只有社会主义才能救中国，只有社会主义才能发展中国；不走社会主义道路，中国就没有前途；社会主义在经历一个长

过程发展后必然取代资本主义。当然，吸取资本主义的一些有用东西作为发展社会生产力的方法，除了积极的影响占主要地位外，也会有一些消极影响，这就是资本主义的一些消极因素、腐朽东西也必定会跟着一起涌进来，要是听任其自由蔓延，那确实会影响整个经济变质，具有使社会主义演变为资本主义的危险，但只要我们保持务必消除它们的清醒头脑，采取"两手抓，两手都要硬"等一系列有效措施，我们就能克服和杜绝资本主义腐朽东西蔓延开来、冲击和演变社会主义制度的危险。

至于邓小平所说"对资本主义具有优越性的社会主义"，它不仅表现在经济发展的速度上，而且是全方位、多层次、整体性的。经过近三十年的改革开放，我们可以看到，中国特色社会主义正沿着和平发展道路，走着一条在国际战略上超越了世界主要大国通过海外殖民、对外扩张和掠夺乃至发动侵略战争去实现传统现代化道路的，和平的发展、开放的发展、合作的发展、和谐的发展之路；在国内战略上则超越先污染后治理、先经历牺牲农业和农村以及用技术和资本密集型代替劳动密集型的传统工业化道路，贯彻以人为本、全面协调可持续发展的科学发展观的，节约的发展、清洁的发展、安全的发展、可持续发展的新型工业化之路。集中起来，归结到一点，就是中国特色社会主义要在吸取当代人类创造的文明成果的基础上，走出一条与世界资本主义大国所曾走过的传统现代化道路全然不同的、人类追求文明进步的新路。

如果说在如何对待资本主义的问题上，中国特色社会主义是吸收和利用资本主义的一些有用东西去发展社会生产力，建设对资本主义具有优越性的社会主义的话，那么，民主社会主义则在资本主义社会中，把无产阶级争取社会主义的斗争完全局限在和融化于资产阶级民主之中，说它们要"同资本主义共同生存"，而"不能简单地说什么我们要废除资本主义"；它们以充当"资本主义病床边的医生"自居，争取使资本主义社会更加民主化和人道化。而在社会主义社会，它们通过热烈支持戈尔巴乔夫的"改革"，让它去认同资本主义、"同资本主义一体化"。

四　中国特色社会主义与民主社会主义作为两条政治道路之间，第三个方面的原则界限在于如何对待马克思主义

邓小平指出，我们党从党的十一届三中全会开始制定的正确的思想路线，"就是坚持马克思主义，坚持把马克思主义同中国实际相结合"。他强调："我们坚信马克思主义，但马克思主义必须与中国实际相结合。只有结合中国实际的马克思主义，才是我们所需要的真正的马克思主义，我们正是根据这样的思想：力求实现我们的发展目标。"这样，中国特色社会主义在思想路线上，就既没有丢马克思、列宁、毛泽东，又在把马克思主义基本理论同时代特征、中国具体实际紧密结合起来的过程中，不断地与时俱进、开拓创新，说出一系列老祖宗所没有说过而又符合时代特征、中国实际的新话来。

反之，民主社会主义从 1951 年社会党国际成立时起就把世界观中立、指导思想多元化奉为自己的思想纲领。为此，它们时而把马克思主义同宗教原则并列为自己的信仰基础（如 1951 年的《法兰克福宣言》说，"不论社会党人把他们的信仰建立在马克思主义或其他分析社会的方法上，不论他们是受宗教原则还是受人道主义原则的启示，他们都是为共同的目标而奋斗"），时而把马克思主义从自己的纲领中完全排除出去（如 1959 年德国社会民主党哥德斯堡纲领说，"在欧洲根植于基督教的伦理学、人道主义和古典哲学的民主社会主义，不想宣布任何最后的真理"，只字未提马克思主义），时而又重新提到马克思主义（如德国社会民主党 1986 年纲领说，"欧洲民主社会主义的思想根源是人道主义哲学，基督教，马克思的历史和社会学说，工人运动的经验"）。但无论发生什么变化，它的指导思想都不是马克思主义。他们之所以有时还要提到马克思主义，那是因为事情正如英国《经济学家》杂志早在 1954 年 3 月的一篇文章中所指出的那样，是"由于害怕共产党人在知识分子和工人中间成为马克思威信的唯一继承人"。

五　说中国特色社会主义属于民主社会主义，毫无根据

　　归结起来，中国特色社会主义和民主社会主义作为两个思想概念，它们的含义截然不同，不容混淆。中国特色社会主义和民主社会主义作为两条政治道路，在如何对待科学社会主义和现存社会主义国家问题上，在如何对待资本主义的问题的原则界限，泾渭分明，不容抹杀。因此，中国特色社会主义和民主社会主义完全是两股道上跑的车，说中国特色社会主义属于民主社会主义，是毫无根据的。

（原载《求是》2007 年第 13 期）

科学社会主义和民主社会主义既不"同祖",也不"同根",更不是"同义语"

党的十七大报告把改革开放以来我们取得一切成绩和进步的根本原因归结为开辟了中国特色社会主义道路,形成了中国特色社会主义理论体系,指出这个理论体系是马克思主义中国化的最新成果,是党最可宝贵的政治和精神财富,是全国各族人民团结奋斗的共同思想基础,并号召全党同志要倍加珍惜、长期坚持和不断发展,不为任何风险所惧,不被任何干扰所惑,使中国特色社会主义道路越走越宽广,让当代中国马克思主义放射出更加灿烂的真理光芒。

一　澄清科学社会主义和民主社会主义关系问题上的理论是非,增强高举中国特色社会主义旗帜的自觉性和坚定性

当前,在对于中国特色社会主义理论体系来自右的方面的干扰中,有一种是民主社会主义思潮,它要用民主社会主义去曲解和取代中国社会主义。由于这种干扰不断地在报纸杂志上公开发表文章,具有相当的迷惑性。为了达到取代中国特色社会主义的目的,它不仅肆意曲解中国特色社会主义的理论和政策,把中国特色社会主义说成就是民主社会主义,而且还从理论的源头上肆意歪曲科学社会主义和民主社会主义的关系,说什么"科学社会主义和民主社会主义同祖、同根,是一回事,是同义语"。对于前一个问题,我已在别处作过辨析,在这里仅就后一个问题作一些澄清,以便在这个根本问题上保持清醒的头脑,统一思想,凝聚力量,进一步增

强高举中国特色社会主义旗帜的自觉性和坚定性。

二　科学社会主义的开创者是马克思、恩格斯，民主社会主义的鼻祖是拉萨尔、蒲鲁东；科学社会主义的根是革命的无产阶级，民主社会主义的根是小资产阶级民主派

民主社会主义，是二战以后社会民主党人给自己的思想体系名称由社会民主主义颠倒形容词和名词时提出的。那么，什么是社会民主主义、社会民主派，他们的主张是什么？

最初自称为社会民主主义者的，是 1848 年革命后法国议会中的民主共和主义者，在德国则是拉萨尔派。在《路易·波拿巴的雾月十八日》一文中，马克思曾经揭示过法国议会中的这个社会民主派说："和联合的资产阶级相对抗的，是小资产者和工人的联合，即所谓社会民主派"，在这种所谓社会民主派的联合中，"无产阶级的社会要求已被磨掉革命的锋芒，从而发生了民主主义的转折，小资产阶级的民主主义要求则丢掉了纯政治的形式而显露出社会主义的锋芒，这样就产生了社会民主派"。这种"社会民主派的特殊性质表现在，它要求把民主共和制度作为手段并不是为了消灭两极——资本和雇佣劳动，而是为了缓和资本和雇佣劳动之间的对抗，并使之变得协调起来。无论它提出什么办法来达到这个目标，无论目标本身涂上的颜色是淡是浓，其内容始终是一样的：以民主主义的方法来改造社会，但是这种改造始终不超出小资产阶级的范围"①。

在《1848 年—1850 年的法兰西阶级斗争》一文中，马克思揭示这种社会民主派所主张的社会主义，是一种"乌托邦"、一种"空论的社会主义"，其实质是"想使全部运动都服从于运动的一个阶段，用个别学究的头脑活动来代替共同的社会生产，而主要是幻想借助小小的花招和巨大的感伤情怀来消除革命的阶级斗争及其必要性，这种空论的社会主义实质上则是把现代社会理想化，描绘出一幅没有阴暗面的现代社会的图画，并且

---

① 《马克思恩格斯选集》第 1 卷，人民出版社 1995 年版，第 613—614 页。

不顾这个社会的现实而力求实现自己的理想"。①

至于德国的拉萨尔派之所以要自称为社会民主主义者,是因为在拉萨尔看来,民主应该是一种社会民主,正因为这样,他把德国工人协会的新日报定名为《社会民主报》。

那么,这些人所主张的社会民主主义,同无产阶级的革命主张有什么区别?马克思、恩格斯对于这种社会民主主义又采取什么态度?

马克思、恩格斯在1850年3月的《共产主义者同盟中央委员会告同盟书》中指出,这些民主派小资产者根本不愿为革命无产者的利益而变革整个社会,他们要求改变社会状况,是想使现存社会尽可能让他们感到日子好过而舒服,他们希望用多少是经过掩饰的施舍来笼络工人,用暂时使工人生活大体过得去的方法来摧毁工人的革命力量,他们只不过希望实现上述要求后就赶快结束革命。十分明显,这里存在着民主主义小资产者的革命半途停顿论和无产阶级的不间断革命论的根本对立。事情正如马克思、恩格斯所指出的,无产阶级共产主义者和这些民主主义小资产者的原则界限在于:"我们的利益和我们的任务却是不间断地进行革命,直到把一切大大小小的有产阶级的统治全部消灭,直到无产阶级夺取政权";"对我们说来,问题不在于改变私有制,而只在于消灭私有制,不在于掩盖阶级对立,而在于消灭阶级,不在于改良现存社会,而在于建立新社会"。②也正因为这样,马克思、恩格斯在当时就一直把自己称作共产主义者,而不是社会主义者。恩格斯曾经说过:"在1847年,社会主义是资产阶级的运动,而共产主义则是工人阶级的运动。当时,社会主义,至少在大陆方面,是'有身份的',而共产主义却恰恰相反。"③因此,在直到19世纪70年代的一段时期里,恩格斯说:"我处处不把自己称作社会民主主义者,而称作共产主义者。这是因为当时在各个国家里那种根本不把全部生产资料转归社会所有的口号写在旗帜上的人自称是社会民主主义者","虽然他们中间的许多人已越来越深刻地意识到生产资料归社会公有的必要

① 《马克思恩格斯选集》第1卷,人民出版社1995年版,第461—462页。
② 同上书,第368页。
③ 《马克思恩格斯全集》第21卷,人民出版社1965年版,第408页。

性，但是道地拉萨尔式的由国家资助的生产合作社仍然是他们纲领中唯一被正式承认的东西。因此，对马克思和我来说，用如此有伸缩性的名称来表示我们特有的观点是绝对不行的"。①

所有这一切清楚地说明了，从"祖"、从"根"上来说，科学社会主义和民主社会主义都是截然不同的。开创科学社会主义的是马克思和恩格斯，而民主社会主义的鼻祖却是拉萨尔和蒲鲁东之流；而就阶级根源来说，科学社会主义的"根"是革命的无产阶级，而民主社会主义的"根"则是小资产阶级民主派。因此，说民主社会主义和科学社会主义"同祖""同根"，纯属无稽之谈。

三　即使在 19 世纪 70—90 年代,暂时"容忍"社会民主党这个名称期间,马克思、恩格斯仍然认为这个名称是不恰当的、在科学上是不正确的

马克思、恩格斯对社会民主主义所持的态度在 19 世纪 70 年代以后进行了调整、发生了变化，这是因为在 1871 年巴黎公社失败以后出现的特殊形势，要求工人政党在革命尚未提上日程的时候，要慢慢地训练人民群众，在日常斗争中要善于妥协，服从从策略考虑的联盟，既不回避选举，也不放弃议会斗争。这种形势使得社会民主主义这个概念在国际工人运动的队伍中迅速流行起来，如西欧的许多工人政党都把自己称作社会民主党；而另一方面，马克思主义在工人运动中的广泛传播，又使那些自称为社会民主主义者的人也接受了共产主义即科学社会主义的基本原则。社会党国际总书记布劳恩塔尔说过，在开始时，"第二国际的绝大多数党在纲领上都以马克思的思想体系，他的哲学历史观、经济理论、阶级斗争理论、国家学说和革命理论为依据。因此，第二国际在其意识形态方面是一个革命的国际"。②

这种情况使得马克思、恩格斯对社会民主主义者的态度做了一些调

---

① 《马克思恩格斯全集》第 22 卷，人民出版社 1965 年版，第 489—490 页。
② 布劳恩塔尔：《国际史》（第 1 卷），上海译文出版社 1985 年版，第 291 页。

整，正如恩格斯在其临终前一年即 1894 年为重印其《"人民国家报"国际问题论文集（1871—1875）》所写序言中指出的："现在情况不同了，'社会民主主义'这个词也许过得去，虽然对经济纲领不单纯是一般社会主义的而直接是共产主义的党来说，对于政治上的最终目的是消除整个国家，因而也消除民主的党来说，这个词还是不确切的。"① 对于马克思、恩格斯对社会民主主义所持态度的这种变化，列宁在 1917 年 4 月的俄罗斯社会民主工党（布）彼得格勒市代表会议上提议用"共产党"来取代"社会民主党"的时候，曾经作过一个阐述："'社会民主党，这个名称是不恰当的，在科学上是不正确的，马克思和恩格斯不止一次地谈到过这一点。他们'容忍了'这个名称，那是因为 1871 年以后形成了一种特殊的形势：必须慢慢地训练人民群众，革命还没有提上日程。"②

所以，即使在 19 世纪 70—90 年代中期，马克思、恩格斯因为形势的变化而调整他们所持的态度，暂时"容忍"社会民主主义的时候，科学社会主义和社会民主主义也并不是一回事，绝不是什么"同义语"。

（原载《红旗文稿》2008 年第 7 期）

---

① 《马克思恩格斯全集》第 22 卷，人民出版社 1965 年版，第 490 页。
② 《列宁全集》第 29 卷，人民出版社 1985 年版，第 291 页。